# 전략의 신

당신이 쓸 수 있는 세상의 모든 전략

# 전략의 신

| 송병락 지음 |

# THE MASTER OF
# STRATEGIES

쌤앤파커스

2부

# 실전實戰

적응 전략을 넘어선 전략,
초超전략

"적이 진공하면 물러나고,

적이 정지하면 교란하고,

적이 피곤하면 공격하고,

적이 물러나면 추격한다."

**마오쩌둥**

# 언제, 어디서, 무엇을, 어떻게 하건 당신이 이기는 곳에는 '전략'이 있다

일본 최고의 자산가 손정의 소프트뱅크 회장은 자신이 읽은 4천여 권 중 인생 최고의 책으로 《손자병법》을 꼽은 바 있다. 손정의는 젊은 시절 중증 만성간염으로 6개월 시한부 인생 판정을 받았을 때 한 지인이 심정을 묻자 이렇게 답했다. "울었다, 기도했다, 책을 읽었다." 그는 초등학교 시절 일본 학생들에게서 돼지우리 냄새가 난다 하여 돌팔매질을 당하며 심한 인종차별을 받았다. 한 일본인 작가는 병들고, 돈 없고, 극심한 차별 속에서 살아온 그를 두고, 미스터 낫싱Mr. Nothing이라고 칭했다. 그런 그가 지금도 사업의 전환점이나 어려움에 부딪힐 때는 《손자병법》을 읽으면서 지침을 찾는다는 것이다.

나는 그의 전기를 읽으며 깊은 감명을 받았다. 중학교 졸업 후 사범학교에 합격해서 입학금까지 납부했지만 형편상 진학을 포기하고 입학금을 환불받았을 때의 기억이 떠올랐다. 당시에는 오리 키우는 것이 꽤나 인기가 있어서 이를 할까 생각했다. 3남인 나의 의무교육은 여기에서 끝나는 걸로 보였다. 그런데 영어, 수학이 재미있어 농사지으면서도 참고서를 엄청 많이 읽었다. 거의 외울 정도였다. 당시 대구의 한 고등학교에는 1등 졸업생에게 서울 상대 진학 시 장학금 전액을 지원해주는 제도가 있었다. 부모님과 상의해서 가까스로 그 학교에 진학했다. 요행히 열심히 공부한 결과 하루 종일 계속된 장학생 선발 시험에서 수석이 되었다. 합격 통지를 받고 쏟아지는 눈물 때문에 화장실로 갔던 기억이 생생하다. 당시 경북 지역의 수재들이 모이고, 장학 재수생 선배들까지도 뛰어드는 등 한 학년 700명이 넘는 학생 중 1등 하는 것은 그야말로 나 같은 시골뜨기에게 하늘의 별 따기였다. 서울 상대 입시에서 낙방하면 장학금은 무효였다. 그렇기에 남은 기간에 그야말로 혼을 다하고 분초를 아끼면서 공부했다. 그때 비로소 '혼魂, 운, 진인사대천명'이라는 말의 뜻을 알 것 같았다.

이렇게 우연한 계기로 오리를 키워야 하는 농사꾼에서 경제학자의 길로 진로가 바뀌었다. 지금도 기억에 생생한 것은 삼복더위에 논을 맨손으로 메는 것이었다. 한창 자라는 날카로운 벼 잎은 엎드려 일하는 나의 가슴과 얼굴을 칼처럼 아주 잘게 긁어 놓아 퉁퉁 붓고 피나기 직전 상태로 만들었다. 거기에 땀이 범벅 되고 모기에 물리니 아프고 쓰라리기가 이루 말할 수 없었다. 앞으로 살기 위하여 '어떤 길을 가야 하는가, 그리고 어떻게 가야 하는가'를 매일매일 곱씹으며 버텨냈다. 지금 생각해보면 이것은 피터 드러커Peter Druker가 말하는 '전략과 전술'이었던 것 같다.

인간은 어렵고 힘들거나 실패했을 때 무의식적으로 전략을 생각하게 되어 있다. 즉, '왜 내가 그 길을 갔던가, 앞으로는 어떤 길을 가야 하는가?'를 생각하게 되어 있다.

미국인들은 건강, 돈, 사랑, 명예, 이 네 가지(네 잎 클로버에 비유)를 가진 사람을 다 가진 사람이라고 생각한다. 이런 사람 중 상당수는 보통 사람보다 더 잘생긴 것도, 더 가문이 더 좋은 것도, 더 학벌이 좋은 것도 아니다. 그런데 어떻게 그 자리까지 올라가게 됐을까? 바로 전략적으로 생각하고 말하기 때문이다. 우선 말을 하기 전 남의 입장에서 말을 하고 그 말의 직·간접적인 영향, 부작용 등을 모두 감안한다. 그 때문에 감동을 주고 마음을 얻는다. 이런 것이 바로 '전략적 사고'다. 팀워크나 네트워크가 중요한 사회에서는 혼자만 잘났다고 최고의 자리에 올라가는 것은 아니다. 침팬지 사회에서도 힘이 약한 침팬지라도 다른 침팬지의 환심을 얻는 등 전략적 사고에 강하면 우두머리가 될 수 있다. 치열한 지식 경쟁 사회에서 가장 중요한 지식은 '전략 능력'이다.

전략 능력이란 산은 에베레스트 산보다 더 높다. 현재 그 등정 성공률이 과거보다 크게 높아진 이유 중 하나는 베이스캠프 지점이 과거 해발 약 1,000m에서 지금은 5,000m쯤에 있기 때문이다. 그래서 3,000m 남짓 더 올라가면 정상이 된다. 전략도 과거에는 태반이 군사 전략이어서 전략의 베이스캠프가 낮았다. 그러나 지금은 전략의 종류도 다양하고, 발전도 많이 했다. 전략의 베이스캠프가 높아진 것이다. 이 책이 다루는 다양한 전략을 잘 활용한다면 경쟁자보다 더 높은 곳에 전략 베이스캠프를 칠 수 있을 것이다. 이 말은 당신이 원하는 목표 지점에 더 빨리 올라갈 수 있다는 것을 의미한다.

마지막으로 나무 계단과 나무 부처 이야기를 보자. 사람들이 나무 계단을 밟고 올라가서 나무 부처에게 계속 절을 한다. 하루는 나무 계단이 나무 부처에게 불평을 했다. "우리는 출신이 다 같이 나무인데, 어째서 사람들이 나는 계속 밟고 올라가고 당신에게는 계속 절을 합니까? 대접의 차이가 너무 심하지 않습니까?" 나무 부처가 답했다. "내가 이 자리에 오기까지 칼을 얼마나 많이 맞았는지 알기나 합니까? 당신은 칼로 모서리 네 군데밖에 맞지 않았잖소?"

사람들은 우리의 삶 그 자체가 전쟁이라고 말한다. 크고 작은 삶의 전쟁터에서 각종 칼을 잘 맞아야 아름다운 사람이 된다. 한결같이 이기는 사람도 된다. 하지만 칼을 맞아도 전략을 잘 알고 맞아야 한다. 그래야 바다 같은 승자가 될 수 있다.

이왕에 바다 이야기가 나왔으니, 바다에 관한 우스갯소리 한 토막을 소개해본다. 바다를 왜 바다라고 하는가? 모든 것을 다 '받아'주기 때문이다. 사실 바다는 인간이 흙탕물, 썩은 물을 퍼붓더라도 아무런 불평 없이 다 받아서 생명력 있는 물로 만든다. 바다 같은 사람은 남이 사소한 시비를 걸어도 일일이 대꾸하지 않는다. 바다는 전쟁 때 파괴된 비행기는 물론 심지어 초대형 군함도 삼킨다. 그러고도 아무런 내색을 하지 않는다. '바다와 같은 승자가 전략의 신神이 된다. 병에 잘 걸리지도 않고, 걸려도 잘 낫는다. 그런 사람이 운도 좋은 사람이다. 중동 속담에 운 좋은 사람은 물에 빠지더라도 헤엄쳐 나오는데 그냥 나오는 것이 아니라 입에 물고기를 몇 마리 물고 나온다고 말한다.

"운運 좋은 사람의 길은 아무나 가는 것이 아니다. 혼魂으로 일하고 하늘과의 관계, 다른 사람과의 관계를 잘하는 사람에게 운은 찾아온다."

이 책을 쓰면서 많은 사람들의 아낌없는 도움을 받았다. 과거에는 미국의 전략 전문가들을 만나려고 미국행 비행기를 많이 탔으나, 최근에는 《손자병법》 전문가들을 만나기 위해 중국행 비행기를 많이 탔다. 내가 만난 미국의 전문가들은 경영학의 아버지 피터 드러커, 기업 전략의 선구자인 알프레드 챈들러Alfred Chandler 하버드 경영대 교수, 경쟁 전략의 창시자 마이클 포터Michael Porter 교수, 경제 발전 전략의 권위자 드와이트 퍼킨스Dwight Perkins 하버드 대학교 교수, 마케팅 전략의 권위자인 필립 코틀러Philip Kotler 교수, 노벨 경제학상 수상자들인 허버트 사이먼Herbert Simon, 로버트 포겔Robert Fogel 교수, 그리고 헨리 키신저Henry Kissinger, 《메가트렌드》의 저자 존 나이스비트 John Naisbitt 등이다.

2부에서 다루는 위대한 전략가들의 실전 전략 4단계는 경쟁 전략의 창시자인 마이클 포터 하버드 경영대 교수의 자문을 받아 10년 넘게 개발해온 것이다. 과거 내 책이나 글로 발표한 것은 이를 개발하는 과정에서 독자들의 귀중한 평을 받기 위해서였다. 이 책에서 드디어 그 개발을 마무리하게 된다. 이 책을 쓰는 데 많은 도움을 주신 이태진 서울대 국사학 명예교수, 송재용 서울대 경영전략 교수, 포스코 전략대학의 박재희 석좌교수, 포스코 전략대학의 이진우 교수, 유필화 교수, 게임 전략의 권위자인 한순구 연세대 경제학 교수님들께 깊은 감사를 드린다.

로저 에임스Roger T. Ames는 그의 저서 《전쟁의 기술》에서 세勢에는 기세, 형세, 위세, 환경의 상태, 세력, 형세, 형편, 권세 등 무려 13가지의 뜻이 담겨있다고 설명한다. 《손자병법》에서 병兵이라는 한자가 군인, 군대, 무기, 전쟁을 의미하듯 다양한 해석이 가능한 용어들이 많다. 내가 해석하는 각종 전략의 뜻도 독자들의 의견과 다를 수 있다. 이런 점은 그대로 받아들이기보다 자신의 전략을 수립하는 데 자료로 사용하기 바란다. 이 책을 쓰는 동안 줄곧 개인, 기업, 국가를 승자로 만드는 전략이란 참으로 중요하고, 어렵다는 생각을 했다. 막상 써놓고 보니 아쉬움이 많다. 독자들에게 조금이나마 도움이 되었으면 한다. 바라건대, 이 책이 한국에서도 세계적인 전략가들을 많이 배출하는 계기가 되었으면 하는 마음 간절하다. 독자들의 많은 지도와 편달을 바라는 바이다. 마지막으로 내게 전략을 깨우쳐주고 이 책의 출판을 도와주신 많은 분들께 머리 숙여 깊은 감사를 드린다.

"전략을 모르고 승자가 되는 것은 방향을 잃고 표류하던 배가 우연히 항구에 안착하는 것처럼 흔한 일이 아니다."

여의도에서

송병락 올림

# 1부

# 이해

理解

**경우의 수, 전략 × 전략**

# 정正의 전략 × 기奇의 전략

정석과 변화, 수 싸움을 위한 기본 전략

# 1

남도 알고 나도 아는 방법으로 싸우면 누가 이기는가?
《손자병법》에 따르면 이런 방법은 정正이다.
정의 전략은 상대와 맞서고, 지지 않기 위한 전략이다.
이기기 위해서는 상대가 예상하지 못한 기상천외한 전략이 있어야 한다.
이를 기奇의 전략이라고 한다. "정도로 또는 정석으로 싸운다."는 것은
전쟁에서 정正의 전략으로 싸운다는 말과 같다.
이번 장에서는 정으로 맞서고 기로써 승리를 결정한다는 기정奇正 전략을 살펴본다.
이는 개인, 기업, 국가를 막론하고 승리를 위한 대단히 중요한 기본 전략의 하나이다.
다윗과 같은 약자가 골리앗 같은 강자를 이기고,
베트남전의 영웅 보응우옌잡 장군이 미국을 제압했던 기정 전략이다.

# 직구를 보여주고 변화구로 승부를 건다

얼마 전 서울의 어느 대학 총장이 내게 자랑삼아 건넨 이야기가 있다. 자신의 대학병원 내 매점의 이익이 병원 수익보다 더 많이 난다는 것. 나로서는 이해하기 힘들다고 했더니, 자신이 총장인데 그걸 모르겠느냐며 병원의 병원 업무는 정正이고 매점은 기奇인데, 기 때문에 도리어 이익이 많이 생겨나 구내매점이 없거나 이를 소홀히 다루는 다른 대학병원을 수익 면에서 훨씬 앞서고 있다고 했다. 또 서울의 어느 대학 구내식당은 아무리 해도 이익이 나지 않자 고심 끝에 커피와 아이스크림 코너를 만들어 팔기 시작했다. 그러자 매출이 뛰기 시작했다. 식당 종업원의 일부를 커피숍으로 돌리니 식당에서도 이익이 생겨났다. 말하자면 식당은 정이고 커피숍은 기인데, 기를 통하여 정에서도 이익이 나게 만든 셈이다.

그런데 이런 일이 특별한 일은 아니다. 서울 중심에 있는 한 호텔은 호텔업의 정正인 숙박시설로는 돈을 벌지 못하고 회의장을 예식장으로 빌려주는 등 기奇로써 돈을 번다. 또한 독일의 프로축구단 바이에른 뮌헨도 마찬가지이다. 그들은 한때 게임에서 지고 빚더미에 올라섰다. 입장료 수입에만 의존하는 구조상 적자를 면하기 어려웠다. 그러나 구단 로고가 박힌 스포츠 용품 전용 매장을 개장하고 각종 스포츠 용품 판매 수입, 광고 수입, TV중개료 수입 등으로 수입을 다변화했다. 입장료 수입이 정이라면 기타 수입은 기인 셈이다. 오늘날 바이에른은 기정 전략으로 유럽에서 재무구조가 가장 탄탄한 구단 중 하나가 되었다. 이처럼 정만으로 승리가 불가능한 것을 기로써 가능하게 만드는 것이 기정 전략의 핵심이다.

《손자병법》은 기정 전략을 "정正으로 맞서고 기奇로써 승리를 결정짓는 것."이라고 설명한다. 야구에서도 투수는 타자를 직구[正]로 맞서다가 커브, 슈트, 체인지업 등의 변화구[奇]로 승부를 결정짓는다. 미식축구에서도, 경기 시작 때 양측 선수들은 한 줄로 서서 정면으로 서로 맞서는데, 이는 정正이다. 선수들 중 일부는 옆으로 뛰거나 공을 패스하려고 하는데, 이는 기奇다. 정으로 맞서고 기로써 승리를 결정지으려고 하는 것이다. 그럼 전쟁도 정正으로 맞서고 기奇로써 승리를 결정지은 예가 있는가? 물론이다.


## 전쟁사상 가장 유명한 기정 전략

전쟁사에서 길이 남을 만한 승리는 무엇일까? 이에 대해 《손자병법》의 권위자 황푸민黃朴民 중국 인민대 교수는 한국전쟁 당시 더글라스 맥아더 장군이 감행한 인천 상륙작전을 꼽는다. 당시 낙동강 전투에서 남쪽에는 국군과 유엔군, 북쪽에는 북한 인민군이 맞서 싸웠다. 이는 정규전 곧 정正이다. 정으로는 서로 이기기가 거의 불가능했다. 맥아더 장군이 인천 상륙작전이라는 기奇전에 성공하면서 낙동강 전선의 북한군도 패하게 되었다. 그 때문에 북한군은 물적·심리적 전투력을 상실하고 대신 중공군이 싸움에 나서게 된 것이다.

《일본 제국은 왜 실패하였는가?》를 쓴 노나카 이쿠지로 등 6명은 모두 일본의 전략 대가들로서 20년간이나 한국전쟁, 베트남전쟁 등 약자가 강자를 이기거나 또는 패자가 역전승을 한 세계 주요 6대 전투를 연구했다. 이 책은 인천 상륙을 이렇게 설명한다.

"인천항은 간만의 차이가 6.9m(세계에서 두번째)나 된다. 상륙작전이 가능한 기간은 9월의 경우 15일부터 3일간인데, 이때도 만조인 아침, 저녁 각 3시간 정도에 불과하다. 항구는 작고 월미도가 앞에 버티고 있어서 상륙은 월미도 점령 후에나 가능하다. 게다가 넓은 갯벌 때문에 상륙용 함정의 접근도 어렵다."

이런 이유 때문에 당초 미군 수뇌부는 맥아더에게 인천 상륙작전이 불가함을 경고하고 몇 번이고 포기를 종용했다. 그러나 맥아더는 반대하는 바로 그런 이유 때문에 북한군 방어가 취약할 것이라며 도리어 성공 가능성이 높다고 수뇌부를 끈질기게 설득했다. 그리고 마침내 상륙작전 승인을 받아냈다.

북한 김일성은 낙동강까지 밀어붙인 상황에서 조금 더 밀어붙이면 부산까지 탈환이 가능하다고 믿었다. 그리고 이에 정신을 빼앗겼다. 중국과 소련의 전략가들이 상륙작전의 위험을 경고했지만 무시했다. 인천에는 훈련되지 않은 소수의 병력만 배치하고 정예군을 낙동강 전선에 집중했다. 결국 맥아더는 인천 상륙작전을 애초 계획대로 추진하여 크게 성공할 수 있었다. 김일성은 청천벽력 같은 기습을 당했다. 인천 상륙작전은 바로 손자가 강조하듯 "적이 대비하지 못한 곳을 공격하고, 예상하지 못한 시점에 출격한 것이다."

한국과 유엔군은 낙동강 전투에서 정正으로 맞서고, 인천 상륙작전이라는 기奇로써 승리를 결정지은 것이다. 황푸민 교수는 인천 상륙작전과 더불어 《손자병법》의 대가 마오쩌둥이 참전함으로써, 한국전쟁이 《손자병법》 전략이 전면전에 활용된 대표적인 현대전이 되었다고 말한다.

김일성은 13만 5천여 명의 인민군에게 1950년 6월 25일 남침을 명령했다. 그러고는 '조국해방 기념일'인 8월 15일까지 부산을 비롯한 남한 전역을 점령하라고 지시했다. 당시 남한은 전쟁 준비가 전혀 되어 있지 않은 상태였다. 탱크 한 대조차 없었다. 초기 전쟁은 북한군의 일방적인 게임이었다. 국군은 8월에 부산 인근 낙동강 전선까지 후퇴한 상황에서 정예부대를 투입하여 총력전을 펼쳤다. 나라가 없어질 위기에서 방어에 총력전을 펼치는 것 말고는 대안도 없었다.

당시 한국군이 낙동강 전투에서 승리하기 위해서는 국군 10만여 명의 희생과 두 달이라는 기간이 소요될 것으로 예상되었다. 낙동강 전선에서 밀릴 경우 민간인 인명 피해만 최대 200만여 명에 달할 것으로 추산되었다. 이런 상황에서 인천 상륙작전은 수행되었고, 전세는 정반대 양상으로 뒤집어졌다. 북한이 오히려 풍전등화의 위기에 처하게 된 것이다. 정토웅 육군사관학교 명예교수는 저서 《세계전쟁사 다이제스트 100》에서 인천 상륙작전에 대해서 이렇게 평한다.

"낙동강에서 정면공격에 의한 반격은 엄청난 손실이 따르므로 인천에 상륙해 모루를 만들고, 낙동강에서부터 망치를 휘둘러 그 안에 있는 적을 섬멸하는 개념의 작전을 구사한 것이다. 〈…〉 상륙작전 개시 후 약 보름 만에 유엔군은 38도선 이남을 모두 회복했다. 적은 약 10만 명의 병력을 잃었으며 북으로 도주한 자는 채 3만 명이 안 되었다. 이후에는 중공군과의 싸움이었다."

## 약자의 선택지, 기정 전략

인류 역사상 약자가 강자를 이긴 가장 유명한 사례는 다윗과 골리앗의 싸움이다. 골리앗은 갑옷과 창으로 무장한 거인이었고, 다윗은 돌(성서에서는 물매)만을 무기로 쓰는 어린 소년에 불과했다. 다윗은 돌을 빙빙 돌린 다음에 비웃던 골리앗의 이마를 향해 힘껏 돌을 던졌다. 돌이 이마에 박히자 골리앗은 쓰러졌고, 다윗은 달려가서 골리앗을 밟고 그의 칼을 뽑아 목을 베었다. 골리앗은 정正으로 싸웠고 다윗은 기奇로써 승리를 결정지었다. 다윗이 졌다면 이스라엘은 블레셋의 노예가 될 판이었다.

베트남전은 현대판 다윗과 골리앗의 싸움이다. 보응우옌잡Vo Nguyen Giap 장군은 베트남전쟁에서 경제력이 200배가 넘는 미국과 싸워서 이겼다. 정글 전투, 유격전 등 미군들이 감당하기 어려운 그의 능수능란한 기정 전략 때문에 가능했다. 비즈니스 전략 전문가 로버트 그랜트Robert M. Grant 교수는 《현대 전략 분석Contemporary Strategy Analysis》에서 보응우옌잡 장군의 전략 핵심을 다음과 같이 설명한다.

"적이 전면전을 원하면 국지전으로 대처하고, 속전속결을 원하면 지구전을 하고, 정규전을 원하면 비정규전을 한다."

"우리의 전략은 전쟁을 오래 끄는 것이다. 지구전만이 우리의 정치 카드를 최대한 활용할 수 있고, 물질적인 핸디캡을 극복할 수 있으며, 우리의 약점을 강점으로 전환시킬 수 있다. 우리의 군사력을 증가시키고 지속하는 것이 우리가 고수하는 원칙이다. 성공이 확실할 때 공격을 하고 손해라고 판단되면 전투에 응하지 않았다."

마오쩌둥은 아시아 최강 일본군대와 싸워서 이겼고, 미국의 적극적인 지원을 받는 막강한 장제스蔣介石 군대와도 싸워서 이겼다. 그는 장제스를 대만으로 쫓아내고 중국 대륙을 차지했다. 에드가 스노우Edgar Snow의 《모택동 자전》에 따르면 마오쩌둥은 힘든 전쟁에서 승리의 핵심은 정正규전이 아니라 유격전 등 기奇전이라고 누누이 강조한다. 장제스의 국민당군은 진지전陣地戰을 원했지만 마오쩌둥의 홍군은 전혀 응하지 않았다. 국민당군 병력의 10~20분의 1밖에 안 되는 상태에서 유격전 또는 게릴라전을 선택했다. 또한 싸울 때는 반드시 다음과 같은 전술원칙에 의존했다. 이 원칙에서 벗어난 홍군의 전투는 대부분 실패로 끝났다.

"적이 진공하면 우리는 물러나고, 적이 정지하면 교란하고, 적이 피곤하면 공격하고, 적이 물러나면 추격한다."

이것이 마오쩌둥의 유명한 군사원칙인 '16자 전법'이다. 그 핵심을 중국의 군사 역사학자 마쥔馬駿 교수는 이렇게 요약한다. "너는 너의 방식대로 싸워라. 나는 나의 방식대로 한다."

특이한 점은 마오쩌둥이 궈화뤄郭化若의 《손자병법 초보연구》를 군사교본으로 사용했다는 것. 반면 장제스 군대가 사용한 것은 리델 하트Liddell Hart의 《전략론》 같은 서양 전략가의 책이었다. 리델 하트는 자신의 책보다 《손자병법》이 크게 앞선다는 사실을 자신을 방문한 장제스 군대의 전략 전문가들에게 알린 바 있다.


## 인천공항과 기정 전략

세계 1,800여 공항의 모임인 국제공항협의회ACI는 세계 공항서비스 평가ASQ에서 인천공항을 10년 연속 세계 최고의 공항으로 평가했다. 이채욱 전 인천공항공사 사장에 따르면, 인천공항은 여객의 출입국 수속에 출국 19분, 입국 12분이 소요되는데, 국제기준인 출국(60분), 입국(45분)보다 3배 이상 빠른 것이다. 승객의 출입국을 디지털 전산처리할 수 있기 때문에 얼마 전에는 출입국 카드도 폐지했다.

이채욱 사장이 취임했을 당시만 하더라도 싱가포르의 창의공항 사장을 면담 요청했다가 시간이 없다는 이유로 거절당했지만, 이제는 창의공항과 싱가포르 교통장관 일행이 인천공항을 배우려고 방문하고 있는 상황이다. 인천공

## 《손자병법》에서 노자, 노자에서 한비자가 나왔다

지금 우리가 읽는 《손자병법》은 손자(본명 손무. BC535~480)가 쓴 것을 《삼국지》의 영웅 조조가 재해석한 것이다. 손자와 조조 모두 다양한 실전 경험이 풍부하다. 손자의 정수는 전략이다. 중국에는 청나라 때까지 병법서가 4,000여 권이나 있었다. 중국은 전쟁의 나라, 전략의 나라라고도 불리운다. 북경대 리링李零 교수는 병학에 대해서 이렇게 설명한다.

"병학과 전략문화가 가장 많이 발달한 나라는 중국이다. 중국의 정치학은 일종의 병학이다. 때문에 양자는 분리 불가능하다. 중국의 병학은 생존철학, 투쟁철학이다. 이를 모르면 중국인의 철학, 사고방식을 알 수 없다. 철학은 지혜에 관한 학문인데, 생존이 걸린 지혜를 논하는 병학이야말로 가장 높은 차원의 지혜에 관한 학문이다. 병학은 종합적인 학문이다. 손자에서 노자, 노자에서 한비자가 나왔다."

중국 철학계의 덩샤오핑鄧小平이라는 리쩌허우李澤厚도 손자에서 노자, 노자에서 한비자가 나왔다고 설명한다. 《손자병법》에 관한 책은 상상을 초월할 정도로 많다. 소계량蘇桂亮의 저서 《일본손자병법서지견록》에 따르면 일본에는 이미 오래전 《손자병법》에 관한 책이 372권이 넘었다. 한국은 세계에서 《손자병법》이 가장 먼저 보급된 나라다. 서기 2세기경에 고구려에 보급되었고, 7세기에는 일본에 전파하기까지 했다.

항은 얼마 전까지 세계 최고의 공항으로 알려진 네덜란드의 스키폴공항이나 싱가포르의 창의공항보다 더 안전하고, 빠르고, 친절하며, 편리하고, 청결한 공항으로 평가되었다. 창의공항과 일본 나리타공항은 모두 스키폴공항을 벤치마킹한 공항이다. 그러나 이젠 인천공항이 세계 많은 나라에 공항 운영 노하우를 수출하여 많은 수입을 올리고 있다.

나는 인천공항 건설 전 세계 공항 연구를 위해 스키폴공항, 프랑크푸르트 공항, 시카고공항 등을 방문한 바 있다. 유럽 최대 공항인 프랑크푸르트공항을 방문했을 때 지금도 기억에 남는 것은 지하에 여객용 가방을 컨베이어벨트로 분류하는 엄청난 시설이었다. 컨베이어벨트가 시속 약 60킬로미터로 움직이니 가방들이 서로 부딪히는 소리가 요란했다. 잠그지 않은 가방 열쇠를 몇 차례 분실한 적이 있었는데, 그 이유를 짐작할 수 있었다.

인천공항은 신속한 항공기의 이착륙 서비스와 관련된 공항 본연의 수입(항공기 착륙료, 수하물시설 사용료 등)뿐만 아니라 쇼핑시설, 식 음료점, 숙박시설 등 관계 수입도 중시한다. 또한 전통문화 공연장을 마련하여 365일 상시 공연을 한다. 전통공예품 체험 시설도 만들어서 외국인들의 많은 인기를 얻고 있다. 기정 전략으로 보면 공항 본연의 업무는 정正이고 그 외의 것은 기奇다. 인천공항이 세계 최고 수준에 올라간 것도 기정 전략으로 설명할 수 있다.


## 상자 안 생각과 상자 밖 생각

기奇의 특성은 '기奇상천외' 함이다. 중국 고사에 나오는 재미있는 이야기를 보자. 중국 송나라 장군 필재우는 싸울 때 적을 피곤하게 만들려고 일부러 공격과 후퇴를 반복했다. 하루는 삶은 콩에 향료를 섞어서 길바닥에 뿌려놓고 후퇴했다. 적의 굶주린 말을 유혹하기 위해서였다. 아니나 다를까 적의 굶주린 말들은 콩을 먹느라 정신이 없었다. 아무리 채찍질을 해도 움직이지 않았다. 바로 이때를 노린 필재우는 반격하여 승리했다. 기상천외한 작전 아닌가.

〈포춘〉 지가 매년 발표하는 '세계에서 가장 존경받는 기업'에 수년 동안 빠지지 않고 등장한 기업이 구글이다. 구글은 '상자 밖 생각'을 강조한다. 직원들에게 시간의 20퍼센트를 일상 업무[正]와 관계없는 일, 곧 기奇에 사용하라고 권한다. 그런데 20퍼센트의 특별한 시간에 나오는 기상천외한 아이디어들이 구글랩에 접수되어 체계적으로 개발된다. 구글랩Google Labs은 혁신 인큐베이터 역할을 한다. 곧 기흚 전략의 발전소인 셈이다. 이런 기정 전략은 일상생활에도 두루 활용된다. 깜짝 놀랄 해결책은 기정 전략에서 찾는다고 생각하면 된다. 몇 가지만 살펴보자.

### 선물에 담긴 기와 정

아주 오래전 나는 서울 근교에 새 집을 지어 이사 간 어느 분에게 감나무 묘목을 선물한 적이 있다. 최근 오랜만에 그 집을 찾았더니 감이 주렁주렁 달린 감나무를 가리키면서 내가 오래전에 선물로 준 감나무라고 해서 깜짝 놀랐다. 그는 주렁주렁 열린 감을 볼 때마다 내 생각이 난다고 하면서 고맙다는 말을 되풀이했다. 당시 이사 가는 집에 가지고 가는 일반적인 선물은 성냥이나 양초, 이런 것이었다. 이는 정正의 선물이다. 그러나 나의 감나무 선물은 기흚다. 값도 비싸지 않으면서 오랜 세월 동안 사람을 즐겁게 하고, 감사하게 만드는 것이 선물의 기정 전략이다.

### 암 퇴치와 기정 전략

저명한 정신과 의사인 다비드 세르방-슈레베르David Servan-Schreiber는 암에 걸렸던 경험을 토대로 책을 출간했다. 그는 《항암》이란 책에서 스탈린그라드 전투와 암 퇴치는 그 근본 원리가 같다고 설명한다. 탱크, 대포, 비행기로 중무장하고 쳐들어온 독일군은 소련이 볼 때는 거대한 암 덩어리. 너무나 크고 강해서 기정 전략의 정正, 즉 정면공격으로서는 도저히 이길 수 없었다. 그 때문에 보급품을 지키는 방어가 허술한 부대를 공격함으로써 보급을 방해하자 독일군이 무너지기 시작했다. 같은 이치로 몸속에 생긴 커다란 암 덩어리를 수술로 제거하는 것은 기정 전략으로 보면 정이다. 그러나 제거하기도 어렵고 제거해도 재발하기 쉽다. 생각 끝에 그는 암 덩어리에 영양분이 공급되는 혈관 재생을 막았다. 그러자 암세포가 줄어들었고 곧 건강이 회복되었다. 이는 전형적인 기 전략이다.

### 잘못된 버릇을 고치는 기정 전략

게임중독에 빠진 아이의 나쁜 버릇을 고친다고 매번 야단치고 혼내는 것은 정이다. 그러나 태권도나 피아노를 가르쳐 스스로 심취하게 하면 저절로 게임은 멀리하게 된다. 단순히 시키는 것은 정, 새로운 즐거움을 찾아줌으로써 치료하는 것은 기다.

### 맥도날드와 부동산

맥도날드의 창설자인 레이 크록은 이런 말을 했다. "남들은 나를 햄버거 장사꾼이라고 하는데, 나는 사실 부동산으로 돈을 벌었다." 햄버거는 정이고, 부동산업은 기다. 레이 크록의 맥도날드는 다른 햄버거 회사와는 정(햄버거)으로 맞서고 기(부동산)로써 앞서게 되었다. 그는 부동산업이란 상자 밖 생각으로 경쟁자를 앞서나간 것이다.

한문으로 '奇' 자는 큰 대大 자에 옳을 가可 자를 더한 것奇=大+可인데, 상상을 초월할 정도로 많은 뜻이 담겨 있다. 상대방에게 예상 밖의 결과를 안겨주는 것은 모두 기에 속한다. 이는 아무리 어려운 문제에 직면하더라도 기상천외한 해결책이 있음을 시사한다. 다음의 기를 나타내는 단어들을 보면서 기

| 정正 | 기奇 |
| --- | --- |
| 야구의 직구 | 변화구 |
| 정규전 | 비정규전(또는 비대칭전) |
| 상식 범위 내의 것 | 상식 범위를 벗어나는 것 |
| 전통적 방식 | 비전통적 방식 |
| 상대가 예상하는 것 | 예상하지 못 하는 것 |
| 원칙 | 변칙 |
| 진지전 | 이동전 |
| 정상적 공격, 정면공격 | 비정상적 공격, 측면·우회·가짜 공격 등 |
| 주공主攻 | 조공助攻 |
| 남도 알고 나도 아는 것 | 남은 모르고 나만 아는 것 |

: : 생활 속 기와 정

의 의미를 곱씹어보자. 읽을 때 기묘한 전략, 불가해한 전략 등 단어 끝에 전략을 붙여서 읽어보자.

"기묘한, 놀라운, 독창적, 변칙적, 보기 드문, 불가해한, 비밀스러운, 비대칭적, 비범한, 비정규적, 비정상적, 상상을 초월하는, 새로운, 신기한, 예상외의, 이상한, 진귀한, 파격적, 혁신적, 희귀한, 희한한, 기상천외한 전략 …"

그런데 누구의 입장에서 기상천외하다는 것인가? 항상 상대방의 입장에서 그러하다는 것이다. 가령 나는 기상천외한 유머라고 생각해서 했는데, 썰렁한 것은 상대방이 이미 알고 있기 때문이다. 상대방에게는 이미 정이 되었다는 것이다. 우리가 일상생활에서 당면하는 많은 문제도 기와 정으로 나누어볼 수 있다. 위에 있는 표를 보면서 정과 기의 차이를 더 자세히 생각해보기 바란다.

언뜻 블루오션과 레드오션 전략이 떠오르기도 한다. 사람들은 치열한 경쟁을 하고 있는 레드오션을 버리고 경쟁을 하지 않아도 되는 블루오션으로 가라고 한다. 그러나 기정 전략은 이보다 더 넓고 깊은 뜻이 담겨 있다.

"적이 아는 형形으로 적의 알려진 형形을 대적하는 것은 정正이고,

적이 모르는 무형無形으로 적의 알려진 형形을 대하는 것이 기奇이다."

## 상대가 정일 때 기를 생각한다

삼성전자는 어떻게 소니를 제압했는가? 아날로그 TV 시대에는 일본 소니가 세계 최고 회사였다. 아날로그 TV 제조로는 여전히 삼성전자가 소니를 따라잡지 못할 것이라고 말하기도 한다. 그럼 이를 넘어서는 방법은 무엇인가? 아날로그 TV는 정, 디지털 TV는 기인데, 기로써 넘어서는 것이다. 아날로그 TV를 만들 때 삼성전자는 소니를 정으로 생각하고 소니를 넘어설 수 있는 기, 곧 PDP를 생각했다. 그런데 디지털 TV도 PDP, LCD, LED, OLED TV 등으로 진화했나. 삼성전자는 일본 TV 회사들을 PDP로 제압한 후, 그들이 따라오면 다시 LCD로 올라서는 방식으로 업그레이드를 반복함으로써 끊임없이 상대를 따돌렸다.

이와 같이 상대를 정으로 생각하고 이를 앞설 수 있는 기를 생각하는 것이 기정 전략의 핵심이다. 반대로 나를 정으로 보고, 남을 아래로 끌어내리는 것은 네거티브 전략이고, 장기적으로는 패하는 전략이다. 오늘날 남다른 기 전략으로 눈부신 경제 성장과 한류의 경쟁력을 끌어올렸으나, 정正에 안주하고 방심한다면 언제든 다시 추락할 수 있음을 직시해야 한다.

스스로 정이라고 생각하는 인간과 조직은 30~40점짜리에 불과하다. 치열한 경쟁시대에는 누구나 정 이외에 기도 갖추어야 한다. "우리는 최고의 회사다." "학벌, 가문 다 좋아서 아무런 문제가 없다."라고 강조하는 조직과 사람은 정만 알고, 기를 모르는 것이며, 쇠퇴일로로 치달을 수밖에 없다.

## 기가 정이 되고 정이 기가 된다

기존 산업은 정, 신산업은 기다. 카메라 산업의 경우 과거 필름 카메라가 정일 때 디지털 카메라는 기였다. 그러나 지금은 기가 정이 되었다. 시간이 흐르면 변증법처럼 기가 정을 대체하게 된다. 기정의 자리바꿈은 산업계에 흔한 일이다. 수레와 자동차, 유선전화와 무선전화, 석유와 대체연료 등 산업 역사는 기정 자리바꿈의 역사라 해도 과언이 아니다. 따라서 기정의 전환점을 잘 파악하고 대응하는 것이 중요하다.

정수현 9단은 저서《바둑 읽는 CEO》에서 "정석은 정형화된 돌의 수순을 가리키는 말로, 모범적이고 정통적인 방식"이라고 설명한다. 과거 400여 년간 바둑의 정석은 일본 정석이었다. 그러나 1990년대에 들어서면서 한국이 후지쯔배 대회에서 10년 연속 우승하는 등 세계 메이저 기전棋戰을 재패하게 되자 일본 정석은 한국 정석에 자리를 내주었다. 정수현은 일본 정석을 아름다운 사실화, 한류 정석을 예상외의 추상화에 비유하기도 했다.

전쟁에서 A, B, C 3개 부대가 있다고 하자. 오전에는 A와 B가 주공(격)부대로서 정正병이고, C는 조공부대로서 기奇병의 역할을 할 수 있다. 오후에는 주공과 조공 부대를 조금 또는 완전히 바꿀 수도 있다. 부대가 많을 때는 무한

한 형태의 정병과 기병의 배합을 만들어낼 수 있다. 축구에서도 상대팀의 수비진과 공격진, 그리고 전략에 따라서 팀을 4-3-3, 4-4-2, 4-3-1-2 시스템 등으로 다양하게 변화시킬 수 있다. 2014년 브라질 월드컵 때 우승한 독일 팀은 4-2-3-1 포메이션을 주로 사용했다. 그리고 이 포메이션이 현대 축구의 정석처럼 활용되고 있다.

이처럼 기와 정은 적이 예상 못하게 얼마든지 유연하게 변화시킬 수 있다. 디지털의 경우 0과 1로 무한한 숫자를 만들어낼 수 있듯이 기와 정의 두 가지로서도 마찬가지다. 즉, 기전에도 유격전, 심리전, 게릴라전 등 많은 형태가 있다. 손자는 이렇게 설명한다.

"전세는 기奇와 정正에 불과하지만 그 변화로써 무궁무진한 전법을 만들어낼 수 있다. 기정奇正의 상호 전환은 마치 원형 고리의 순환처럼 끝도 시작도 없다. 누가 그 끝을 알 수 있을까?"

손자병법 전문가 리링 북경대 교수는 《손자병법》에서 가장 어려운 것은 세勢이고 세 중에서도 가장 어려운 것이 기정奇正이라고 했다. 이제 당신은 기정 전략에 대해서 확실히 이해했을 것이다. 상대도 알고 당신도 아는 정正의 전략은 맞서거나 지지 않기 위한 전략임을 알게 됐을 것이다. 승리하기 위해서는 상대가 예상 못한, 기상천외한 기奇의 전략이 있어야 함도 알게 됐을 것이다. 그리고 상대가 누구이건 항상 상대를 정으로 생각하고 이를 뛰어넘을 수 있는 기를 생각해야 함도 알게 됐을 것이다.

다음 장에서는 《손자병법》의 정수, 혹은 영혼으로 불리는 '전승 전략全勝戰略'과 서양의 《손자병법》이라는 카를 폰 클라우제비츠의 '총력 전략總力戰略'을 살펴본다. 동서양을 대표하는 이 두 병서를 비교 분석해보자.

# 전승 전략
# ×
# 총력 전략

승 리 의  본 질 에  대 해  묻 는 다

《손자병법》, 클라우제비츠의 《전쟁론》은
동서양을 대표하는 병서이다.
이 두 병서가 말하는 이상적 승리와 전략은 무엇인가?
두 병서의 기본 차이는 무엇이며, 전략 실행과 관련된 차이는 또한 무엇인가?
그리고 이 두 병서의 저자는 어떤 상황에서 이 책을 집필하게 되었는가?
이번 장에서는 세계 최고의 전략서인 《손자병법》과
서양 최고 전략서인 《전쟁론》의 내용과 핵심 전략 그리고 그 차이를 비교 분석한다.

# 싸우지 않고 이기는 전승全勝, 싸워 이기는 파승破勝

대장내시경 검사 때 용종이나 암이 발견되면 가급적 빨리, 그 중심重心, Center of Gravity을 찾아서 잘라내야 한다. 이는 몸을 파破하여 암을 이기는 것으로 파승破勝이라고 한다. 《전쟁론》의 요체는 "전쟁은 정치적 목적을 폭력적 수단으로 관철하는 것"이다. 정치적 목적을 가장 빨리 달성할 수 있도록 하기 위해서 적의 중심을 찾아 총력을 다해 최대한 빨리 파괴하여 승리하는 것, 즉 파승을 강조한다. 이는 후일 필요한 병력, 전쟁 기간 및 비용을 절감케 하므로 가장 경제적이라는 것이다. 이것이 '총력(절대) 전략'이다. 볼링을 할 때노 중심이 되는 킹핀(5번 핀)을 공격하는 것이 최선이다. 기업이나 조직을 공격할 때도 핵심인물을 공격하는 것이 최선이다.

반면에 《손자병법》은 원치 않는 싸움을 피하며 원하는 것을 얻으라고 말한다. 한 지인의 모친은 건강관리를 잘하여 107세의 연세로 타계했다. 살아생전 바른 건강관리와 긍정적인 사고방식으로 아예 암이라는 질병이 몸에 쳐들어오지 못하게 했다. 즉 암과 싸우지 않고 이겨낸 것이다. 이는 《손자병법》의 근본 철학이다. 싸우지 않고 적을 굴복시키는 것不戰而屈人之兵을 강조한다.

몸을 온전히 유지한 상태에서 이기는 것을 전승全勝이라 한다. 《손자병법》과 《전쟁론》은 이처럼 서로 상반된 철학에 바탕을 둔다.

전소 ⟺ 파破

전승全勝 ⟺ 파승破勝

전승 전략의 핵심은 전소이다. 한 글자로 표시하면 논어는 인仁, 도교는 도道, 성서는 애愛, 《손자병법》은 전소이다. 전은 온전함(다치지 않음), 부분이 아닌 전체, 그리고 최소 비용으로 승리한다는 뜻이 담겨 있다. 반면 파破는 파괴와 부분이라는 뜻이 있다. 이 두 병서는 기업 경영 전략이나 개인 전략의 뿌리가 된다. 두 병서 모두 대단히 난해하지만 비교해보면 같은 점과 차이점이 잘 드러난다. 두 병서가 말하는 이상적 전략을 좀 더 자세히 살펴보자.

## 전승 전략으로 이기라는 《손자병법》

전승 전략의 요체는 "싸우지 않고 이기거나, 싸우고 이겨야 할 경우에는 상대에게도 피해를 최소로 하라."는 것이다. 먼저 《손자병법》에 대한 리델 하트의 말을 보자.*

"《손자병법》은 병법에 관한 인류 최초의 저서이다. 아직까지 그 어떤 병서도 깊이나 범위에 있어서 이를 능가하지 못했다. 이 책은 전쟁에 관한 지혜의

*새뮤얼 그리피스, 《손자병법》, 1971, 리델 하트의 서문 참조.

정수를 농축한 것이다. 과거 모든 군사사상가들 중 손자에 비교할 수 있는 사람은 클라우제비츠뿐이다. 그는 손자보다 2천 년 이상의 세월이 흐른 다음에 《전쟁론》을 썼지만 그의 이론은 손자보다 더 낡고, 시대에 더 뒤떨어진다."

헨리 키신저 역시 그의 저서《중국 이야기》에서 세계 최고의 전략서로《손자병법》을 꼽는다. 나는 오래전 KBS에서 한반도 및 동아시아 정세에 관하여 키신저와 대담을 한 바 있는데, 그는 미국이 과거 중국의 국공國共내전부터 한국전쟁, 베트남전쟁에 이르기까지 아시아와의 전쟁에서 좌절감을 맛본 것은《손자병법》을 잘 몰랐기 때문이라고 고백하기도 했다. 아울러《손자병법》의 핵심개념 중 하나인 '세勢'는 서양에 없는 개념으로 잘 이해하지 못했다고 토로했다.

키신저가 생각하는 '세勢'는 어떤 상황이 전개되는 전략적 추세나 잠재적 에너지다. 로저 에임스는《전쟁의 기술》에서 세勢는 기세, 형세, 위세, 환경의 상태, 세력, 형세, 형편, 권세 등 무려 13가지의 뜻이 있다고 설명한다. 리링 북경대 교수도《손자병법》은 단순한 군사 전략서가 아니라 중국인의 사고방식, 문화 및 시혜의 총체라고 밝힌 바 있다.

황푸민 중국 인민대 교수는 저서《해독 손자병법》에서 전승全勝을 다음과 같이 두 차원으로 나눈다. 그리고 이는 상호 연관 및 보완 관계에 있다고 설명한다.

'싸우지 않고 적을 굴복시키는 것'은 높은 차원의 전승이며, 이는 벌모伐謀와 벌교伐交로 이기는 이상적 승리다. 또 부득이 전쟁(벌병伐兵과 공성攻城)을 해야 하는 경우에는 최소의 손실로 최대의 승리를 얻는 낮은 차원의 전승 전략이 필요하다는 것이다. 이러한 개념하에 적에 대한 공격 순위를《손자병법》에서는 다음과 같이 설명한다. 여기서 나오는 모謀는 전략이고, 벌모伐謀란 전략을 친다는 뜻이며, 교交는 외교이고 벌교伐交는 외교관계를 친다는 것이다.

"최상책은 적의 전략을 꺾는 것이고(벌모伐謀), 상책은 외교로 적을 굴복시키는 것이며(벌교伐交), 하책은 군대를 격파하는 것이고(벌병伐兵), 최하책은 적의 성을 공격하는 것이다(공성攻城)."

전승 전략을 활용한 유명한 사례는 태국에서도 찾을 수 있다. 잘 알려져 있다시피 태국은 아시아 국가 중 세계열강의 지배를 받지 않은 유일한 나라이다. 19세기 당시 태국은 바람 앞의 등불 같은 형국이었다. 동쪽 베트남은 프랑스가 점령했고, 서쪽 미얀마는 이미 영국이 점령한 상태였다. 그 어떤 제국주의 군대가 진주해도 스스로 막을 수 없는 상황이었다. 고민을 거듭하던 태국왕 몽꿋(Mongkut, 1851년 집권)은 절묘하게 국제 상황을 활용했다. 영국과 프랑스의 관계를 잘 알고 있었던 그는 외교적 수완을 발휘해 태국을 완충지대로 만드는 데 성공했다. 베트남은 많은 대가를 치르고 프랑스와 싸워서 승리한 다음에야 식민통치를 벗어났으나 태국은 처음부터 싸우지 않고 아예 식민지가 되지 않았다. 몽꿋은 '적을 알고 나를 알면 백 번 싸워도 위태롭지 않다'는 《손자병법》 원리를 가장 잘 활용한 고수였다. 영국과 프랑스라는 적과 그들의 관계를 아주 잘 알았기에 설득에 성공했던 것이다.

냉전 당시 미국의 대소對蘇 작전 역시 전승 전략이 활용된 좋은 예다. 당시 미국 레이건 대통령은 소련의 막강한 군사력을 제압할 수 없다고 판단하고, 당시 소련이 겪고 있던 경제 위기를 활용했다. 당시 소련이 지원하던 쿠바 등 중남미 지역과 체코 등 동유럽에 위기를 조성하여 소련이 과다한 군비지출을 계속하게 만들었다. 그리고 사우디와 협조해 석유가격을 낮게 유지함으로써 소련의 주 수입원인 석유 수출에 타격을 입혔다. 결국 세계 공산 체제 유지를 위해 막대한 군비를 지출한 소련 경제는 부도에 이르렀다. 여기서 주목해야 하는 것은 정작 소련 지도부는 이 모든 것이 미국의 경제 전쟁이었음을 전혀 감지조차 못했다는 것이다. 미국은 적이 모르는 경제 전략으로 승리한 것이다.

## 총력 전략의 교과서, 《전쟁론》

《전쟁론》의 대가 피터 파렛Peter Paret은 《현대 전략을 만든 사람들Makers of Modern Strategy》에서 《전쟁론》의 총력전을 이렇게 설명한다.

"전쟁은 폭력행위로, 폭력의 사용에는 논리적 한계가 없다. 폭력행위는 하나의 생명체가 다른 무생물체에 가하는 것이 아니다. 저항이 전혀 없는 무생물체에 대한 폭력행위는 전쟁이 아니다. 전쟁이란 항상 두 생명체 간의 충돌이다. 어느 쪽도 자신의 행동을 완전하게 통제할 수 없다. 또한 쌍방은 서로에게 폭력행위를 상요한다. 그 때문에 어느 쪽도 상내방보나 너 잘하려고 할 수밖에 없고 그 과정에서 쌍방의 폭력은 고조될 수밖에 없다."

피터 파렛은 클라우제비츠가 말하는 '이상적 전쟁'이 바로 이런 총력전(또는 절대전쟁)이라고 해석한다. 피터 드러커는 기업에 이러한 총력 전략이 대단히 위험할 수 있다고 경고한다. 윌리엄 텔의 사과를 겨냥한 화살처럼 승리하면 다행이지만, 실패하면 목숨을 잃을 수도 있기 때문이다.

싸우면 반드시 이겨야 된다는 서양인들의 생각은 《전쟁론》의 생각과 궤를 같이한다. 이런 전쟁관은 제1, 2차 세계대전 과정에서 너무나 많은 병사들의 불필요한 희생을 불러왔다. 특히 제1차 세계대전 당시 프랑스 성인 남자의 3분의 1이 사망하기도 했다. 손자의 전쟁관이 일찍이 서양에 소개되었다면 많은 생명을 구할 수 있었을지 모르겠다. 미국의 남북전쟁 때 북군의 윌리엄 셔먼 장군이 사용한 방법도 총력전이었다.

"총력전의 목적은 적의 군대뿐만 아니라 주민의 전쟁 의지도 파괴하는 것이다. 셔먼 군대는 가는 곳마다 남군이 전쟁을 수행하는 데 필요하다면, 주택, 철도, 창고, 농경지 할 것 없이 모조리 파괴했다."*

## 동서양 병법의 기본 차이 5가지

《손자병법》과《전쟁론》을 체계적으로 비교 분석한 연구는 1991년에야 처음으로 등장한 것으로 보인다. 미 육군전쟁대학의 마이클 헨델Micheal I. Handel 교수가 전략 교재로 쓴《손자와 클라우제비츠》가 그것이다. 그는 두 병서의 비교연구 결과를《전쟁의 대가들Masters of War》이라는 책으로도 출판했다. 마이클 헨델은 두 병서의 근본 차이는 전쟁 패러다임과 관련된 것으로 다음 5가지라고 지적한다.

첫째는 이상적 승리에 관한 관점 차이다. 전승 전략과 총력 전략의 차이다.

둘째는 적 중심을 어떻게 파괴하느냐의 관점 차이다. 손자는 적 중심을 적의 의지와 동맹관계 등으로 보고 심리전이나 속임수 등 비군사적 수단에 의한 파괴를 중시한다. 반면 클라우제비츠는 적 중심을 적의 군대로 보고 결정적 시점에 최대한의 군사력을 동원해서 최대한 타격하는 총력전을 주장한다. 전 미 국무장관 헨리 키신저는 저서《중국 이야기》에서《손자병법》을 따르는 동양 전략이 직접적 충돌보다 심리전을 통해 승리를 추구하는 반면에,《전쟁

---

*피어슨 에듀케이션사, 사회과 교과서《국가의 건설》, 2008.

론》을 중시하는 서양 전략은 주로 군사적 수단을 통한 직접적 공격에 의해 승리를 추구한다고 설명한다.

셋째는 군사력의 행사에 관한 것이다. 손자는 적의 전략을 쳐서 전쟁 의지를 분쇄할 것을 강조하며 군사력은 최후의 수단으로만 사용하라고 권한다. 심리 요인을 중시하는 심리전의 최초 주창자이다. 반면에 클라우제비츠는 국가가 정치적 목적을 달성하기 위해서는 군사력 사용이 필요할 뿐만 아니라 가장 효과적 수단으로 간주한다. 마치 볼록 렌즈로 햇빛을 모으면 불이 나듯이, 적의 중심에 군사력을 최대한 집중하면 파괴할 수 있다는 것. 비근한 예로 미국이 이라크와의 전쟁에서 사담 후세인을 찾아 체포한 것이 좋은 예다. 일본은 메이지유신(1868) 후 독일을 배우는 과정에서《전쟁론》을 수용한 후, 러일전쟁(1904~05) 때 그 원리를 활용해 효과를 보기도 했다. 마이클 헨델은《전쟁의 대가들》에서 이렇게 말한다. "최단 시간 내에 결정적 성과를 달성하기 위하여 동원 가능한 최대한의 병력을 최초부터 사용해야 한다."

넷째는 전쟁 수행에 대한 관점 차이다. 클라우제비츠가 말하는 전쟁은 군대 간의 싸움으로 '좁은 의미의 전쟁'을 의미한다. 이 때문에 전쟁에서 지휘관이 가장 중시해야 할 것은 역시 군사적 수단이다. 반면에 손자가 말하는 전쟁은 '넓은 의미의 전쟁'이다. 키신저는《중국 이야기》에서 손자의 통찰력이 전쟁을 넓은 의미로 보고 전쟁에서 군사적 및 비군사적 수단을 아울러 중시하는 것이라고 지적한다.

"군사적 또는 전략적 경쟁에서는 모든 요인이 중요하고 또한 서로 연결되어 있다. 즉 기후, 지형, 외교, 정보요원이나 첩자의 보고, 보급과 군수, 세력의 균형, 역사적 인식, 기습, 사기土氣 모두 중요하다. 이들은 모두 서로에게 손자는 걸출한 군사가였던 조부와 고위관직을 지낸 아버지로부터 병학을 전수받은 후 《손자병법》을 썼다. 그는 본래 제齊나라 사람이었으나 내란으로 인해 오吳나라로 피신했다. 당시 오나라와 초楚나라는 대단한 강국이었다. 초에서 먼저 넘어온 오자서伍子胥가 오왕 합려闔閭에게 손자를 일곱 차례나 추천했으나 거절당했다가 여덟 번째에 이르러서야 합려와 만나게 되었다. 합려는 손자에게 받은 《손자병법》을 180명의 궁녀에게 사냥터에서 테스트하도록 했는데, 손자는 이들을 2개 팀으로 나누고 각 우두머리는 왕의 두 애첩에게 맡겼다.

그러나 왕의 총애를 받고 있던 애첩들이 손자의 말을 들을 리 없었다. 방향을 지시해도 그저 웃기만 했다. 그러자 손자는 그 자리에서 두 애첩의 목을 잘랐다. 왕이 거듭 만류했으나 손자는 목숨을 걸고 전략을 수행했던 것이다. 그런 일을 본 터라 궁녀들은 일사분란하게 움직였다. 손자는 전쟁을 놀이 정도로 생각하는 합려의 생각을 고치고, "장수는 상황에 따라서 왕의 명령을 따르지 않아도 된다."라는 유명한 병법 원리를 그에게 일깨우고자 했던 것이다. 이 일을 계기로 손자는 오왕 합려에게 인정받고, 《손자병법》도 병경兵經으로 대접받게 되었다. 위대한 《손자병법》을 오늘날 볼 수 있는 것도 어쩌면 이 같은 위대한 만남이 있기에 가능하지 않았을까.

영향을 미친다."

다섯째는 이 두 전략이 가진 상반된 장단점의 차이다. 《손자병법》의 강점은 싸우지 않고 이기거나 최소의 비용으로 승리하는 것이다. 단점은 이에 치중하다 보면 외교, 정보, 속임수 등에 지나치게 의존하고, 기술을 소홀히 하기 쉽다는 것이다. 또한 적과 일전을 치러야 하는 상황임에도 이를 기피하게 되기도 한다. 전쟁의 본질인 폭력성을 소홀하게 다루고, 이상적 승리를 강조하므로 현실성이 떨어진다는 점도 있다. 속임수와 정보의 중요성도 과대평가할 소지가 크다. 《전쟁론》의 강점은 주장이 현실적이고 군사 전쟁에 타당하다는 점이다. 단점은 폭력을 강조하므로 병력 희생이 지나치게 많을 수 있다는 점이다. 또한 비군사적 수단을 경시하고, 속임수, 정보 등 비물질적 요인을 과소 평가할 수 있다. 물론 손자와 클라우제비츠의 공통점도 많은데, 중요한 지점 은 다음과 같다.

- ✤ 전쟁을 결정하는 것은 정치다.
- ✤ 전쟁 중 지휘관에 대한 국가지도자나 정치의 간섭이 있어서는 안 된다.
- ✤ 전쟁은 가급적 피해야 하며 불가피한 경우 속전속결로 승리해야 한다.

앞에서 제시한 다섯 가지 차이는 두 병서에 관한 많은 전문가들의 대체적 인 견해이다. 마이클 헨델은《전쟁론》전문가에서 시작해《손자병법》전문가 가 된 사람이다. 반면 리링 북경대 교수는《손자병법》전문가로 출발해서《전 쟁론》전문가가 된 사람이다. 리링은 저서《유일한 규칙》에서 손자와 클라우 제비츠의 차이를 이렇게 설명한다. "클라우제비츠는 힘을 중시하며 전쟁이 먼 저이고 예의는 나중이라는 점을 강조하는 반면, 손자는 전략을 중시하며 예의 가 먼저이고 전쟁은 나중이라는 점을 강조한다."

두 병서가 이런 차이를 보이는 이유는 뭘까? 우선 두 사람의 지위에서 오 는 배경의 차이가 크다.《전쟁론》은 클라우제비츠가 초급장교에서 소장이 될 때까지 전쟁에 직접 참가한 지휘관의 입장에서 전투 중심의 실전 경험을 바탕 으로 집필한 것이다. 전투지휘관의 경우 일단 전쟁을 시작하면 총력을 다해 적을 파괴해야 된다. 총력전이 그의《전쟁론》의 핵심이 된 이유이다. 반면《손 자병법》은 손자 본인이 왕과 상의하는 국가 최고지휘관의 입장에서 쓴 것이 다. 전쟁은 국가 대사이므로 신중히 결정해야 함을 첫 줄에서 강조한 것도 이 때문이다. 그리고《손자병법》을 재해석해 완성한《삼국지》의 영웅 조조도 국가 최고지휘관의 입장에 있었던 영향이 적지 않다. 클라우제비츠는 전쟁지휘관, 손자는 국가 최고전략가의 입장에서 쓴 것이다. 이 때문에 이 두 병서를 대립되는 관점에서 볼 것이 아니라 헨델이 주장하는 바와 같이 상호보완적인 면에서 수용할 필요가 있다.

저술 방법에도 차이가 있다.《손자병법》은 간략하고 철학적이며 거시적이고 추상적이다. 전쟁의 사례는 단 하나도 없다. 반면《전쟁론》은 197개의 전쟁 사례를 들고 있다. 문화적으로도《전쟁론》은 기술을,《손자병법》은 전략을 중시한다.

## 전쟁 수행에 필요한 다양한 '옵션'들

앞서 본 기본 차이는 '전쟁을 어떻게 볼 것인가' 하는 패러다임과 관련된 것이다. 그렇다면 전쟁 실행에서 필요한 전략은 어떤 특이점이 있는가? 마이클 헨델은 이렇게 지적한다.

"손자와 클라우제비츠 주장의 주된 차이는 정보의 가치, 속임수의 유용성, 기습 공격의 실현 가능성, 전투 행위의 신뢰성 있는 예측과 통제이다. 〈…〉 군사 지휘관의 필요한 자질로 손자는 전쟁 고수의 계산되고 합리적 선택을 중시하나 클라우제비츠는 군사적 천재의 예술적 직관을 결정적 요인으로 뽑았다."

### 정보를 어떻게 볼 것인가?

임진왜란 때 한산대첩 승리에는 김천송이라는 목동의 정보가 결정적이었다. 그는 자신의 소와 말이 걱정되어 한산도 일대가 훤히 내려다보이는 미륵산 정상에 올라가서 사방을 살펴보았다. 마침 왜선 70여 척이 견내량에 들어와 머무는 것을 보고, 이 사실을 즉각 이순신 선단에 알렸다. 이순신은 이 정보를 토대로 그 유명한 한산도 대첩 전략을 세웠다. 일본 수군은 한산대첩 패배로 선박 73척 중 59척이 파괴되고 정예병 포함 9천여 명을 잃었다.

한산대첩 대패로 일본군은 제해권을 잃었고, 수륙병진책, 호남 진출, 중국 대륙 진출의 꿈이 모두 물거품이 되었다. 평양까지 진출해 있던 왜군은 보급품 수송에 심각한 타격을 받고, 남해안 지방으로 퇴각하지 않을 수 없었다. 임란을 일으킨 도요토미 히데요시豊臣秀吉는 일본 수군에게 조선 수군을 만나면 전투를 피하라는 지시를 했다. 자신의 조선 방문 계획도 포기했는데 조선 수군이 두려웠기 때문이라는 설도 있다.

손자는 정보를 대단히 중시하며 정보 수집은 얼마든지 가능하다고 말한다. 그러나《전쟁론》은 정보 수집에 대하여 뜻밖에 회의적이다. 그 이유를 다음과 같이 설명한다.

"전쟁 중에 획득하는 정보의 대부분은 모순되고 잘못된 것이거나 상당 부분 애매하다. 〈…〉 요는 대부분의 정보는 잘못된 것이다. 인간의 두려움이 거짓말이나 부정확한 말을 하게 만든다. 일반적으로 인간은 좋은 소식보다 나쁜 소식을 믿으며 나쁜 소식을 과장하게 된다."

### 기만술의 유용성

리링 북경대 교수는《손자병법》을 다룬 자신의 책 제목을《전쟁은 속임수다》로 했다. 손자는 12가지 기만술을 강조한다. 이를 광범위하게 사용해서 상대의 역량을 감퇴시키고 자신의 역량은 증폭시킬 것을 강조한다. 《전쟁론》은 기만술을 인정은 하지만 《손자병법》처럼 강조하지는 않는다.

### 기습공격의 실행 가능성

손자는 기정 전략을 강조하듯 기습을 대단히 중시한다. 그 실행 가능성도 높다고 생각한다. 그러나 클라우제비츠는 기습의 효과를 크게 기대하기 어렵다고 주장한다. 시행 과정에서 많은 문제가 발생하기 때문이라는 것이다.

### 승리를 장담할 수 있는가?

손자는 적과 아군의 능력을 다음의 7가지 기준으로 평가해보면 승패를 미리 예측할 수 있다고 지적한다. 그리고 절대적이 아니라 상대적 능력을 중시한다.

✛ 어느 쪽 국가 지도자의 리더십이 더 좋은가?

✛ 어느 쪽 장수가 더 유능한가?

✛ 천시天時와 지리地利는 어느 쪽이 더 유리한가?

✛ 법제도는 어느 쪽이 더 좋은가?

✛ 무기는 어느 쪽이 더 우수한가?

✛ 병사들의 훈련은 어느 쪽이 더 잘되어 있는가?

✛ 상벌 시스템은 어느 쪽이 더 좋은가?

반면에 클라우제비츠는 승리의 주된 결정 요인이 군대의 수적 우세라고 밝한다. 다른 요인들, 즉 무기, 군사장비, 군대의 훈련 등은 적군도 아군처럼 할 수 있기 때문이라는 것이다.

## 합리적 의사결정과 천재적 통찰력

손자는 전쟁에 능통한 지휘관의 잘 계산되고 합리적인 의사결정이 전쟁을 결정짓는 데 중요하다고 말한다. 그러나 실제 전쟁을 보면 때로 순간의 판단으로 좋은 결과를 이끌어내는 경우가 있다. 바로 클라우제비츠가 강조하는 예술적인 통찰력을 지닌 천재적 지휘관이 나타났을 때이다. 클라우제비츠는 탁월한 지휘관의 혜안이 전쟁의 승패를 가르는 결정적인 기준이라고 하면서, 이를 '쿠 데일Coup d'Oeil'(혜안), 통찰력이라고 말한다.

'쿠 데일'과 관련해 흥미로운 일화가 있는데, 정주영 회장에게서 직접 들은 이야기다. 경제난 타개에 깊은 관심을 갖던 박정희 대통령이 정주영 회장에게 이런 지시를 했다고 한다.

"중동에 한국 건설회사 진출 가능성을 좀 알아보시오."

박정희 대통령이 중동 진출과 관련해 관료들에게 타당성을 알아보라 지시했는데, 관료들은 한결같이 부정적인 대답만 내놓았다고 한다. 중동에 다녀온 관료들은 섭씨 50도나 되는 뜨거운 날씨와 용수가 절대적으로 부족해 우리 기업이 진출하기에 어렵다고 보고했다는 것이다. 관료들이 못미더웠던지 대통령은 마지막 방법으로 기업인 정주영 회장이 직접 가서 진출 여부를 판단해보라는 것이었다. 이내 정주영 회장은 중동에 직접 둘러본 후 이렇게 답했다. "건설공사에는 모래가 결정적인데 모래가 널려 있고, 낮에는 덥고 저녁에는 서늘하기 때문에 공사는 저녁에 하면 되고, 물은 적당히 조달하면 되니까 중동은 건설공사에 최적지입니다." 이후 정 회장은 사우디아라비아 주베일 공사에서 거액을 손에 쥐었다.

많은 한국 건설사들이 1970년대 초 중동에 진출하여 달러를 벌어왔다. 이 때문에 세계적인 유류파동을 잘 극복할 수 있었고, 중화학 공업화에 필요한 달러도 벌 수 있었다. 정주영의 전략적 통찰력의 공이 컸다.

전쟁 지휘관은 적군을 보면 싸울 것인가, 후퇴할 것인가를 잘 판단할 수 있다. 어머니는 아이의 울음소리를 들으면 왜 우는지, 아프면 어디가 얼마나 아픈지 금방 안다. 표정을 보면 거짓말인지 아닌지도 금방 안다. 이런 것이 쿠 데일, 곧 통찰력이다. 기업 경영인들을 보면 정주영 같은 창업자(소유자) 중에는 쿠 데일이 뛰어나고, 전문경영인들 중에는 잘 계산되고 합리적인 의사결정에 뛰어난 사람들이 많다. 한국 기업들이 짧은 기간에 서구 일류 기업들을 따라잡은 것은 이 두 가지를 잘 결합했기 때문이다. 즉, 두 전략 중에서 어떤 전략이 절대적으로 우위에 있다기보다는 상황에 맞게 적절하게 활용하는 것이 중요하다는 말이다.


## 손자가 말하는 승리의 5가지 방법

부부싸움에 관한 재미있는 일화가 있다. 아버지가 어머니와 싸우기만 하면 항상 졌다. 보다 못한 아들이 아버지께 물었다. "어떻게 어머니와 싸움만 하면 항상 집니까? 같은 남자로서 보기에 너무나 딱할 정도입니다." 아버지의 대답은 이러했다. "잘 봐라. 내가 항상 지는 것이 아니다. 중요하지 않은 것은 골라서 져

주고 중요한 것은 반드시 이긴다." 그러더니 조금 있다가 말을 이었다. "그런데 말이야, 내가 인생을 살다 보니 중요한 것이 아무것도 없더라." 손자가 강조하는 것은 무엇보다 불필요한 싸움을 하지 말라는 것이다.

'이상적 승리'에 대한 관점을 새롭게 하는 말이다. 마이클 헨델은 손자의 이상적 승리의 다섯 가지 방법을 국가, 기업은 물론 개인도 참고할 것을 권한다.

### 손자가 말하는 이상적인 싸움

♣ 싸우지 않고 이기고, 싸워야 할 경우에는 상대의 피해도 최소화한다.

♣ 상대는 물론 자신의 강점과 약점을 잘 파악하여 합리적 결정을 한다.

♣ 일단 싸움이 시작되면 최대한 빨리 끝내야 한다.

♣ 상대의 약점과 자산을 이용하여 상대를 약화시킨다.

♣ 넓은 범위에서 기만술을 사용하여 자신의 역량을 증대시킨다.

### 손자가 말하는 승자의 조건

♣ 승자는 승리의 조건을 만든 다음 싸우고, 패자는 싸움을 시작하고 나서 승리의 조건을 찾으려고 한다.

♣ 적정의 변화에 따라 유연하게 대응해서 승리를 취한다.

♣ 적은 분산시키고 아군은 집중한다.

♣ 고수는 전략으로, 하수는 감정으로 싸운다.

♣ 어떤 싸움이건 주도권을 잡아야 한다.

**손자가 말하는 전쟁 중 리더의 경계사항**

✤ 일시적 감정으로 싸우지 않는다.

✤ 난폭하고 조급하게 굴지 않는다.

✤ 살려고만 하다가는 포로가 되기 쉽다.

✤ 명예나 자존심에 매달리지 않는다.

✤ 사소한 일에 얽매이지 않는다.


## 손자의 전쟁사상

《손자병법》은 꼭 해야 하는 싸움은 신중하게 하며(신전愼戰), 필요 없는 싸움은 하지 않고(비전非戰), 실익이 없는 싸움은 거부하고(부전不戰), 사소한 싸움은 방지하고(지전止戰), 싸울 때는 먼저 이겨놓고 싸운다는(선승先勝) 사상을 배경으로 한다. 표범은 이길 수 없는 싸움은 하지 않는다. 마오쩌둥은 항상 "싸움은 이길 수 있으면 하고, 없으면 하지 말라."고 강조했다. 중국 병법의 대가 오여숭과 오현림은 《손사병법·손빈병법》에서 선승사상이 중국 병법의 오래된 전통이라고 지적한다.

《손자병법》은 전쟁을 논하나 평화 수호 목적에서 출발한다. 이는 싸움을 나타내는 한자 '무武'에 나타나 있다. 무는 창을 나타내는 과戈와 멈출 지止가 합쳐진武=止+戈 글자이다.

무기의 사용을 멈추게 하는 것이 진정한 무예라는 지과위무止戈爲武는 중국 병학兵學의 전통이다. 한산도에도 '지과문'이 있다. 전쟁이 그치기를 바라는 마음도 담았겠지만, 종국에 싸우지 않고 평화를 지키는 것이 무武의 목적임

을 다시 한 번 상기한 것이다. 부드러움이 딱딱함을 이긴다는 노자의 이유극
강以柔克剛 사상과도 일맥상통한다.


## 백전백승은 최선인가

짝짓기 계절, 양의 일종인 가젤 수컷은 다른 수많은 수컷들과 2주간에 걸
친 싸움에서 백전백승에 가까운 승리로 의기양양했다. 그러나 힘이 다 빠져서
들개 무리들에게 잡아먹혔다. 백전백승은 최선인가? 직장 상사와 백전백승하
는 사람은 직장을 잃고, 배우자와 백전백승하는 사람은 가정을 잃는 법이다.
상대방에게 50의 피해를 주고 나는 49의 피해를 받는 식의 백전백승은 이기더
라도 상처뿐인 승리다.

국가 간의 전쟁에서 설령 백전백승을 하더라도 그 과정에서 수많은 병사
들이 죽어 나간다. 경제적 손실도 막대하다. 나라는 전쟁고아, 과부, 상이군인
이 넘쳐난다. 패배한 적국이 후일 보복해 오면 다시 전쟁을 해야 하고 설령 보
복하지 않더라도 대비해야 한다. 전쟁으로 적의 피해가 나의 3배 이상 되면 적
이 보복한다는 연구도 있다. 전쟁으로 나라 경제가 파탄 나고 국력이 쇠퇴하
게 되면 제3국의 침략을 받을 수도 있다.

중국의 수나라는 고구려와 생사가 걸린 전쟁을 계속하다가 망했다. 고려의
우왕은 국가의 존망이 걸린 명나라와의 전쟁을 고집하다가 자신도 나라도 모
두 망쳤다. 이에 반대한 이성계는 위화도 회군으로 조선을 세웠다. 일본은 제
2차 세계대전 때 미국과 전쟁을 시작하여 원자탄을 맞고 항복했다. 유럽 국가
들도 제1, 2차 세계대전에 참여해 서로 승자라고 했지만 결국 모두 큰 손해를

보았다. 적군 100명을 죽이고 승리하기 위해 아군이 99명이 죽어야 된다면 이는 상처뿐인 승리다. 이런 승리는 승리가 아니다.

우리는 종종 잘나가던 회사가 다른 회사를 인수하고 나서 위기를 맞는 경우를 본다. 대부분 인수 회사가 경쟁 입찰에서 너무 높은 가격으로 인수하기 때문이다. 가령 100개 회사가 한 회사를 인수하는 입찰 경쟁에서 가장 높은 가격을 써내는 회사는 승자가 된다. 그러나 이는 입찰 참여자들의 평균가격을 지나치게 상회하는 가격이 된다. 이런 가격에 인수하는 회사는 승자의 저주를 면하기 어렵다. 인수 후 부도가 나는 경우도 흔하다.

백 가지 병이 들어 모두 완치에 성공해도 물심양면으로 피해가 막대하다. 전신이 상처투성이가 된다. 온 가정이 불행해진다. 이런 사람이 많으면 온 나라에 병원, 약국, 의사, 간호사들이 넘쳐나서 병원같이 된다. 백전백승은 도리어 재앙이 될 수 있다. 따라서 손자가 말하듯 병이 몸에 침입하지 못하게 해서, 병과 싸우지 않고 승리하는 것이 최상책이다. 그 때문에 손자는 백번 싸워 백번 이기는 것이 최상이 아니라고 하는 것이다.

## 《전쟁론》의 영향

나폴레옹 이후 유럽에서 가장 유명한 장군으로, 1871년 독일 통일에 공헌한 헬무트 폰 몰트케Helmuth von Moltke 프로이센 참모총장은 자신의 사고방식을 결정지은 것으로 성서, 그리스의 시인 호머Homer,《전쟁론》, 이 세 가지라고 밝힌 바 있다.《전쟁론》이 독일에서 본격적으로 각광받기 시작한 것은 그가 독일 통일 전쟁에 그 전략원리를 잘 활용했기 때문이다. 그는 클라우제비츠의 열성 제자였다.

독일 군인들은 그 전략원리를 교육받고 실천했다. 다른 유럽 나라들도 큰 영향을 받았다. 《전쟁론》의 영향을 받은 나라는 전쟁이 시작되면 적 힘의 중심을 찾아서 파괴하고자 했다. 전쟁은 쉽게 격렬해지기 쉬웠고, 제1차 세계대전에 참전한 나라는 모두 엄청난 병력 손실을 입었다.

일본은 메이지 유신 후 독일의 법, 제도, 철학, 과학기술 등을 도입하는 과정에서 《전쟁론》을 받아들였다. 러일전쟁(1904~1905) 때 《전쟁론》의 원리를 사용했다. 일본의 공격정신, 직접적이고 단순한 전략, 전쟁의 주도권 확보 등은 모두 클라우제비츠가 강조한 것이다.*

사회학자 지그문트 노이만Sigmund Neumann과 마르크 폰 하겐Mark von Hagen은 '혁명, 전쟁, 군에 대한 엥겔스와 마르크스' 라는 기고글에서 이렇게 말한다.** 공산주의의 창시자인 마르크스와 엥겔스는 《전쟁론》을 공부했고 총력 전략의 시조들이다. 전쟁은 정치를 다른 수단으로 지속하는 것이라는 《전쟁론》의 주장은 이들에게 큰 영향을 미쳤다. 즉, 계급 간의 전쟁이란 격렬한 수단에 의한 정치의 연속이라는 식의 해석을 가능하게 만들었다. 마르크스와 엥겔스는 공산주의 혁명을 전쟁처럼, 그 전쟁은 총력전처럼 진행해야 된다고 말하며, 공산주의 혁명 초기 자본가 계급을 결정적 시점에 총력을 다해서 파괴할 것을 주장했다. 사실 어느 나라에서나 공산주의가 자리 잡는 순간 지주

* 마이클 하워드, 《카를 폰 클라우제비츠》, 1977.
** 피터 파렛, 《현대 전략을 만든 사람들》, 1986.

와 자본가 계층에 대한 피의 숙청작업이 시작되는 것은 이런 주장 때문이다.

마케팅 전문가인 알 리스Al Ries와 잭 트라우트Jack Trout가 명저《마케팅 전쟁Marketing Warfare》에서 최고의 마케팅 책으로《전쟁론》을 꼽았듯이,《전쟁론》은 서양 마케팅은 물론 기업경영에도 지대한 영향을 미쳤다.

전략의 신은 평소 사람이나 상황을 바꾸어 싸우지 않고 이기고자 한다. 그럴 시간이 안 되면 상대의 두뇌(심리 또는 전략)를 공격해 생각을 바꾸게 한다. 이는 고수의 방법이다. 서로 치고 받고 싸우는 것은 하수의 방법이다.《손자병법》에 따르면 가장 잘 싸우는 방법은 싸우지 않고 이기는 것이다. 이것이 전승전략이다.

60명의 사무라이와의 결투에서 전승한 미야모토 무사시宮本武蔵는 단칼에 적의 중심重心을 내리쳐서 이겼다. 볼링의 고수는 중심핀인 킹핀을 공격한다. 서양의 명의는 대장내시경 검사에서 용종이 발견되면, 즉시 제거한다. 이는 모두 적과 싸우는 즉시 중심을 찾아서 바로 파괴하라는《전쟁론》의 가장 이상적인 방법이나.

지금까지 우리는《손자병법》과《전쟁론》의 이상적 전략을 살펴보았다. 그리고 다섯 가지 기본 차이와 전략실행에 관한 차이도 알게 되었다. 그리고 두 병법이 주창된 시대적 배경도 알게 되었다. 여기서 가장 중요한 것은 두 병법이 상호보완적이라는 것이다.《손자병법》의 전승 전략이 무조건 좋은 것만도 아니고《전쟁론》이 무조건 옳지도 않다. 문제는 이 두 병서의 강점을 융합하여 더 좋은 전략을 찾아야 한다. 이제 그 방법을 생각해보자.

# 융합 전략 × 독창 전략

**창조적    모방은    전략이다**

# 3

단순한 모방으로는 적을 이길 수 없다.
적의 강점을 융합해서 앞서 나가는 융합 전략과 고유의 독창성으로
남을 앞설 수 있는 독창 전략을 살펴본다.
이 두 가지는 전승全勝을 위해 반드시 필요한 주요 전략들이다.
융합 전략은 요즘과 같이 경계가 모호한 시대에 적용하기 좋은 전략이다.

# 남의 강점을 융합하라

별개의 물질, 아이디어, 무리 등을 결합하여 새로운 것을 만드는 것이 융합 fusion이다. 산소와 수소가 융합하면 물이 된다. 봄春과 가을秋이라는 글자가 융합되면 나이(춘추春秋)를 뜻하는 새로운 말이 된다. 또 핵융합은 그 과정에서 엄청난 에너지를 발생시키기도 한다. 몽골족은 바로 핵융합에 비견되는 엄청난 군사력을 키우면서 초강대국들을 줄줄이 지배할 수 있었다. 이러한 융합 전략은 흔히 말하는 혼합 전략mixed strategy과 차이가 있다. 가위바위보 게임에서 가위, 바위, 보를 3분의 1씩 섞어서 내는 것과 음악회에서 한국, 미국, 일본 노래를 차례로 부르는 것은 단순히 뒤섞는 혼합 전략이다. 그러나 K팝 가수들이 노래는 한글, 인사는 영어, 춤은 서양식, 의상은 유럽식 등으로 하는 것은 융합이다.

국내 도시로서 유례없이 융합 전략으로 성공한 도시가 있는데, 바로 창원시다. 최근에 창원시가 국가산업단지 건설 40주년 기념 심포지엄을 개최해 참석한 적이 있다. 나는 그곳에서 세계적인 미래학자로 알려진 존 나이스비트와 회의 하루 전에 만나 의견을 나누었는데, 그는 대화 내내 창원시의 발전상에 놀라움을 감추지 못했다. 호주 캔버라 시를 벤치마킹했던 창원시가 오히려 지금은 캔버라 시를 여러 부문에서 크게 앞선다고 평가했다. 행정도시를 지향한 캔버라에 대해서는 단지 행정기관만이 모여 있을 뿐 특별한 시너지를 내지 못하고 있다고 평가했으나, 이와 달리 창원시에 대해서는 바다와 산을 활용한 친환경 도시로서 사람이 살기 좋은 세계적인 산업도시로 성장했다고 평가했다. 두 도시 모두 허허벌판에 불과했지만, 평지에 건설된 캔버라와 달리, 창원은 주위에 바다, 산, 인접 도시가 적지 않아 시민들이 생활하기에 쾌적하다. 나는 심포지엄에서 룩셈부르크와 싱가포르의 강점을 융합하여 이 두 나라를 앞서는 비전을 제안했다. 창원시는 인구 면에서 룩셈부르크의 2배 규모에 이르고 면적은 싱가포르보다 더 넓다. 인구 구조와 주변 환경의 강점을 잘 융합한다면, 소득 면에서 룩셈부르크를 앞서고 삶의 질 면에서도 싱가포르를 충분히 앞설 수 있다는 계산에서였다.

융합 전략과 관련한 다른 사례를 들어보자. 자동차 부품회사인 만도는 제동장치와 조향장치를 융합한 부품으로 미래의 비즈니스 모델을 찾는다. 미래 자동차 산업의 핵심 키워드로 떠오르고 있는 자동주행이나 자동주차 시스템의 핵심 기술이기 때문이다. 따라서 기존의 제동장치나 조향장치에 대한 투자 외에도 카메라와 레이더 기술 개발에 큰 힘을 쏟고 있다. 이러한 비전은 모두 융합된 기술로만 가능하다. 음악, 영화, 컴퓨터, 통신, 시계, 지도, 게임, 사진기 등의 수많은 기술이 융합되고, 6만여 개의 특허 기술이 담겨 있는 스마트폰만 보더라도 미래 융합 전략의 중요성은 크게 강조해도 모자람이 없다. 여기에 융합의 비중을 어떻게 하며, 그 위에 어떠한 차별성을 구현할 것인지가 과제인 셈이다.

나는 언제 어디서건 기업인, 학자들을 만날 때마다 융합 전략이 특히 한국인과 잘 맞는다는 점을 강조하곤 한다. 혹한과 혹서가 공존하는 기후적 특성뿐 아니라, 역사적으로도 열강 틈바구니에서 생존하며 균형과 조합의 DNA를 알게 모르게 키워왔기 때문이다.

칭기즈칸과 몽고인들은 한때 러시아를 250여 년간 다스렸다. 또한 원나라를 세워 중국을 다스리기도 했으며, 무굴제국을 세워 인도를 통치하기도 했다. 무굴은 페르시아 말로 몽고라는 뜻이다. 무굴제국은 인도에 진출한 영국의 동인도회사가 들어서며 멸망할 때까지 인도를 다스렸다. 그뿐인가? 몽고는 중동과 멀리 유럽 일부까지도 지배했다. 더욱이 100만이 채 안 되는 인구로 자신들보다 인구가 수백 배에 이르는 나라를 정복했다. 이러한 대제국이 어떻게 가능했을까? 역사학자들은 칭기즈칸의 탁월한 융합 전략과 독창 전략이 있었기에 가능했다고 설명한다.

문화인류학자 잭 웨더포드는 저서 《칭기즈칸, 잠든 유럽을 깨우다Genghis Khan and The Making of The Modern World》에서 몽고군의 전략적 우수성을 이렇게 설명한다. 몽고군은 점령지의 기술을 적극적으로 받아들였다. 중국의 화약기술, 유럽의 주조鑄造기술, 중동의 화염방사기술 등에 유목민적 특성인 기동성과 몽고인의 심리전술에 녹여냄으로써, 전 세계 어느 나라도 당해낼 수 없는 군대로 만들었다. 이러한 특성은 대제국을 건설하면서도 계속됐는데, 그들은 자신들의 문화를 심으려 노력하기보다 현지의 문화를 적극적으로 수용하고 지역적 특성에 맞게 인종과 종교를 활용해 통치했다. 그들이 오로지 중시한 것은 그들 문화의 장점과 개인의 능력이었다. 칭기즈칸은 그들이 정복한 다양한 지역 사람들로부터 얻은 새로운 기술, 아이디어, 해결책, 전략,

장비 등을 모방하고 융합하는 데 가히 천재적이라고 해도 부족함이 없었다.

학문의 영역에서도 융합 전략은 통한다. 세계적 권위의 노벨상 수상자 면모를 봐도 쉽게 알 수 있다. 허버트 사이먼Herbert Simon 교수는 행정학 박사학위를 가졌으나, 결국 경제학으로 노벨상을 받은 사람이다. 그를 만나려고 미국 카네기멜론 대학교를 방문한 적이 있는데, 정말 독특한 인물이었다. 컴퓨터공학을 전공한 사람이 심리학 교수로 재직하고 있는 것부터 나로서는 생소했다. 심리학은 그저 취미이고, 피아노 실력은 피아니스트인 어머니로부터 배워 거의 프로 수준이며, 할 줄 아는 외국어만도 20개가 넘고, 체스 실력은 그와 제자들이 함께 개발한 컴퓨터 프로그램으로 프로 체스 선수를 이길 수 있을 정도였다. 이런 능력 덕분이었는지 그는 심리학, 경제학, 컴퓨터공학 분야에서 일반 전공자들과는 확연히 차이가 있는 독창적 이론을 발표했다.

피터 드러커도 마찬가지다. 생전 피터 드러커는 강연과 인터뷰 등 기회가 날 때마다 젊은이들에게 3~4년마다 전공분야를 한 개씩 새로 선정해서 전문가 수준으로 실력을 높이라고 조언했는데, 그 스스로도 30세부터 실천해 전문가를 능가하는 수준의 전공분야만 15개가 넘었다. 재미삼아 시작했던 일본예술을 캘리포니아 대학교에서 5년 동안 가르친 것도 그런 연유에서였다. 어쩌면 그가 경영학의 아버지로서, 경영학에 관한 한 누구도 따라올 수 없는 지대한 영향력을 끼친 것도 이런 학문적 융합 능력에 기인하였을 것이다. 피터 드러커는 내게 "한국 골동품이 왜 중국, 일본 것보다 더 아름다운지 아느냐?"며 진지한 표정으로 두 차례나 물은 적이 있다. 처음에는 그저 한국인인 내게 건네는 인사치레 정도로 치부했으나 두 번째 그 말을 들었을 때는 그 질문의 진정성을 느낄 수 있었다. 일본, 미국 등 외국에 보관되어 있는 옛 한국의 예술품들, 특히 일본에 있는 '백제관음상'을 보며 나는 그가 던진 질문의 답을 내 두 눈으로 확인했다. 언젠가 전문가들과 함께 일본에 있는 한국의 고 예술품들을 많이 살펴볼 기회가 있었는데, 오사카 도예박물관에서 고려자기를 둘러볼 때 안휘준 전 서울대 박물관장이 내게 이런 말을 했다.

"피카소는 멋진 그림으로 유명하지만, 우리 조상들은 그런 그림을 이미 수백 년 전에 도자기에 그려 넣을 정도였습니다."

이제는 명실상부한 융·복합의 시대이다. 어떤 사람들은 자신의 전공분야를 이런저런 이유로 잘못 선택했다고 후회하지만, 앞에서 강조한 것처럼 미래는 다양한 영역을 잘 융합해 독창적인 지식을 창출해야 승자가 된다. 나아가 아예 학문을 통째로 전공해야 된다는 주장도 있다. 개미 연구로 유명한 에드워드 윌슨Edward O. Wilson 하버드 대학교 생물학 교수는 앞으로 세 갈래 학문 분야인 자연과학, 사회과학 및 인문과학이 하나로 통합될 것이라고 말하기도 했다. 지식의 대통합, 곧 통섭의 시대가 된다는 것이다.

예전에 인텔과 휴렛패커드 사를 방문한 적이 있다. 그들은 이미 오래전부터 전자산업과 자동차산업이 융합될 것이리 보고, 미래의 최대 전자산업은 자동차산업이 될 것이라 예측했다. 그리고 오래지 않아 현실이 되고 있다. 마찬가지로 암 치료에 있어서도 방사선 치료, 약물치료, 수술, 적절한 운동, 특별한 식생활, 스트레스 조절(요가, 명산, 호흡 등) 등 다양한 요법의 적절한 융합을 필요로 하고 있다. 미국의 텍사스 의대 암센터는 한의학을 연구 중이다. 양방과 한방의 융합도 이들의 결합과 무관치 않다.

## 독창성으로 경쟁자를 제압한다

오늘날 스위스는 1인당 국민소득 수준이 주변국들에 비해 모두 크게 앞선다. IMD 국제경영개발원와 WEF 세계경제포럼라는 세계 최고 수준의 글로벌 경쟁력 연구기관도 들어서 있다. 또한 스위스는 인구가 800만이 약간 넘는 것에 비해 세계 500대 기업을 14개나 보유하고 있으며 7년 연속 글로벌 경쟁력 세계 1위국으로 선정된 바도 있다. 세계 500대 기업보다 규모가 한 단계 낮은 히든 챔피언 수도 81개나 되는 걸 감안하면, 양과 질 모든 면에서 우리(2014년 기준 12개)보다 낫다.

그런 스위스는 소국으로서 이웃 강대국들을 상대로 한 창조적 국방 전략으로 가장 잘 알려져 있는 나라이다. 지리적으로 북쪽은 독일, 서쪽은 프랑스, 남쪽은 이탈리아, 동쪽은 오스트리아에 접해 있는데, 주변국 중 어느 한 나라도 스위스보다 인구가 적은 나라는 없을 만큼 위험한 조건에 놓여 있다. 이들 주변국 중 어느 나라라도 마음만 먹으면 몇 달 안에 스위스를 점령할 수 있다. 하지만 스위스는 이러한 약점을 정확하게 이해하고 대비한 것으로 유명하다. 동서남북 전 방위에 걸쳐 이웃나라를 향하도록 땅굴을 파놓고, 비상시에는 이들을 향해 포탄과 전투기가 바로 날아갈 수 있게 해놓은 것이다. 이웃나라가 침공하면 국민 모두가 목숨 걸고 나라를 지킬 각오가 되어 있다는 것과 이웃나라 입장에서도 엄청난 피를 흘리지 않고서는 도저히 점령할 수 없다는 것을 드러내놓고 경고하는 것이다. 아예 침략에 대해 꿈도 꾸지 못하게 하는 것으로, 이 전략은 제2차 세계대전 당시 기가 막히게 통했다. 제2차 세계대전 당시 히틀러는 애초 스위스 침공을 계획했으나 이 사실을 알고서 스위스를 단념했다. 이 덕분에 스위스는 제1, 2차 세계대전의 참화를 피한 유일한 유럽 국가가 될 수 있었다. 대국에 둘러싸인 스위스가 영세 중립국으로서 평화를 누릴 수 있었던 것은 이러한 독창적인 국방 전략 때문이다.

독창 전략의 다른 예를 들어보자. 한국 바둑은 독창 전략의 정수다. 헨리 키신저는 서양인의 전략 사상을 이해하기 위해서는 체스, 동양인의 전략 사상을 이해하기 위해서는 바둑을 이해해야 된다고 말한 바 있다. 그런 바둑에서 한국은 동아시아 3국을 통틀어 독보적이다. 일본은 세계바둑 메이저 대회인 후지쯔배에서 한국이 10년 연속(1998~2007) 우승하자 이 대회를 폐지하기도 했다. 우승뿐 아니라 준우승도 일본, 중국 선수보다 한국 선수가 더 많이 하기도 했다. 농심배 바둑대회에서도 14회(2013년까지) 중 한국이 11회, 중국이 2회, 일본이 1회 우승했다.

명지대 바둑학과 정수현 교수는 한국이 이처럼 최강국이 된 이유 중의 하나로 기존의 정석에서 벗어난 신新정석, 곧 독창성을 바탕으로 한 '한류 정석'을 끊임없이 개발했기 때문이라고 밝힌다. 그는 한류 정석의 특징으로 '실전 중신이 패러다임, 형태관념이 초월, 격시 탈피, 포서저 매라 준시, 기존 정서의 재해석, 최대의 효과 추구'라는 6가지를 든다. 한국의 기사들은 이론과 모양에 입각한 일본식 정석에서 벗어나 실전 상황이라는 맥락에서 돌의 효율성을 추구하여 능수능란하게 수를 구사함으로써 기존 정석에 집착하던 일본, 중국의 기사들을 당황케 했다. 말하자면 미적·원리적 형식의 틀에 지배되어 미처 생각지 못했던 수를 실리적인 면에서 새로운 시각으로 정석의 영역에 새롭게 도입한 것이다. 한류 정석은 기존의 일본식 정석에서 과거에 간과되었거나 무시되었던 수를 재해석하며 그로부터 신정석을 도출해낸 것이다.

이처럼 다양한 영역에서 독창적인 성과를 이루기 위해서는 몇 가지 단계가 필요하다. 임권택 감독의 영화적 성취는 몇 가지 힌트를 제공한다. 임 감독은 조선의 화가 오원 장승업의 일생을 그린 영화〈취화선〉으로 칸 영화제에서 감독상을 수상했다. 사실상 장승업에 대한 기록은 그림 이외에는 전무했다고 하는데, 나는 언젠가 임 감독에게 어떻게 영화로 만들었는지 물은 적이 있다. 그는 장승업 그림 세계의 발전이 자신과 매우 흡사하다는 생각에 오히려 별 어려움 없이 만들 수 있었다고 답해주었다.

감독 초창기에 그는 미국 서부영화를 모방해 영화를 만들었는데, 대부분 실패했다. 하지만 거듭 영화를 제작하며 다양한 시행착오를 겪다 보니, 어느새 플롯도 제작 기술도 세계적인 수준에 이르더라는 것이다. 또 어느 순간부터는 외국영화보다 더 잘 만들 수 있다는 자신감을 가졌다고 한다. 임 감독은 자신의 영화적 성장을 다음의 4단계로 나누어 설명했다.

**1단계 모방** : 외국 영화를 모방하여 제작하는 단계.
**2단계 캐치업** : 외국 영화처럼 만들 수 있는 단계.
**3단계 혁신** : 외국 영화보다 조금 더 잘 만들 수도 있는 단계.
**4단계 독창** : 임권택 감독만의 독창적 영화를 만들 수 있는 단계.

물론 예외는 있다. 앞의 2단계에는 정답이 있다. 모방 대상이 곧 정답이다. 3단계는 정답이 있을 수도, 없을 수도 있다. 그러나 4단계는 하나의 정답이 없다. 흥미로운 것은 임 감독이 혁신의 단계보다 독창의 단계를 중시한다는 것이다. 우리는 흔히 혁신을 최종 단계로 이해하는 경우가 많지만, 실은 혁신 위에 독창성이 없다면 완벽한 독보적 위치를 점했다고 보기는 어렵다.

이와 관련해 아모레퍼시픽은 주요한 시사점을 준다. 아모레퍼시픽은 스스로 서양식 화장품의 모방, 제조업체로서 세계 일류의 화장품 회사를 넘어서는 것이 불가능하다고 판단했다. 그래서 그들이 선택했던 것이 '설화수'라는 이름으로 잘 알려진 한국적 독창성에 기반한 한방 화장품이다. 글로벌 화장품 회사가 걸어왔던 방식에 더해 200여 종의 유기농 한방 약재를 활용해 성분을 차별화했고, 용기와 로고에는 한국의 도자기, 기와의 처마 끝 등 우리만의 아름다움을 살려냈다. 이는 어느 나라사람들도 할 수 없는 한국인의 독창적인 것이었다. 결과는 즉각적이었고 엄청난 성공을 거두었다. 현재 아모레퍼시픽은 그 성공을 바탕으로 아시아적 미의 정수를 고객에게 제공한다는 기치 아래 '아모레퍼시픽 Way'에 더욱 박차를 가하고 있다.

## 융합 전략, 동물의 왕국에서 배워라

칭기즈칸 군대가 세계를 제패할 수 있었던 것은 탁월하고 독창적 전략과 전술 때문이었는데, 그중 상당 부분은 그들이 야생동물 사냥에서 터득한 것이다. 몽고인들은 기마민족으로 어릴 때부터 말을 타고, 동물을 기르고, 동물을 사냥하면서 산다. 동물의 전략 전술을 가장 잘 알고 있던 민족이었다. 《손자병법》의 대가 리링 교수는 그의 책 《유일한 규칙》에서 동물의 생존전략과 병법의 연관성에 관해 이렇게 설명한다.

"병법의 많은 사상이 사냥에서 나왔다. 동물의 싸움은 줄곧 인류 간 전쟁의 참고서였다. 그들은 서로 먹이를 빼앗기 위해 싸우고, 식수를 빼앗기 위해 싸우고, 영역을 빼앗기 위해 싸우고, 교배권리를 빼앗기 위해 싸운다. 이런 동물의 모습은 인류의 추한 모습을 비춰주는 거울과 같다."

저명한 정치가와 경영자들이 텔레비전 프로그램으로 '동물의 왕국'을 꼽는 것도 이와 무관치 않다. 사마귀는 매미를 잡으려 하고, 그 사마귀를 참새가 노리고, 그 참새를 독수리가 노리는 약육강식의 생존 현장은 인류가 살아가는 이전투구의 터전과 매우 닮아 있는 것이다.

한 무리의 들소를 생각해보자. 들소 무리가 빙 둘러 서 있으면 사자가 쉽게 공격을 하지 못한다. 심지어 역으로 들소가 사자를 공격할 때도 있다. 그러나 힘을 합친 사자 무리가 공격하면 들소 무리는 도망갈 수밖에 없다. 도망가더라도 다른 들소보다 더 빨리 도망가면 살아남을 수 있다. 이는 들소 간의 경쟁이다. 경쟁에서 지면 사자에게 잡아먹힌다. 사자와의 전쟁에서 지면 목숨을 잃는다. 경쟁이 곧 전쟁이고 전쟁이 곧 경쟁이다. 약육강식의 논리가 지배하는 동물의 세계에서는 눈 깜짝하는 사이 목숨을 잃는 경우가 많다.

세렝게티에서 악어는 강물을 마시는 얼룩말, 가젤 등을 보면 물속으로 잠행해서 기습공격을 한다. 코뿔소는 2톤이나 되는 몸뚱이로 전속력으로 달리면서 공격하는 돌격전의 명수이다. 하이에나는 일대일로 사자를 이기는 것은 불가능하지만 큰 무리를 이루어 공격하기 때문에 사자가 사냥한 먹이를 훔칠 수 있다. 또한 거북이는 등에 지고 다니는 튼튼한 방어 장비가 있어서 적을 만나면 머리, 다리, 꼬리를 모두 숨겨서 싸움을 피한다. 백조는 침입자의 뼈를 부숴놓을 정도로 강력한 공격력을 가졌지만 높이 날고 부드럽게 움직이며 평생같은 짝과 사는 등 환경에 우아하게 적응하며 필요 없는 싸움을 하지 않는다.

이처럼 동물의 세계는 그야말로 전략의 교과서이다. 수많은 전략가들이 동물의 특성에 맞게 전략을 수립한 것도 당연하다. 마키아벨리는 《군주론》에서 군주가 배워야 하는 덕목으로 '여우의 지략'과 '사자의 용맹'을 꼽았으며, 손자는 독수리 같은 맹금류나 토끼의 민첩함을 중시했다. 또한 이사야 벌린Isaiah Berlin은 여우와 고슴도치의 연구를 통해서 인물들을 분석했는데, 플라톤이나 헤겔은 고슴도치, 아리스토텔레스, 셰익스피어, 괴테는 여우형으로 분류하며 이들의 전략적 강점을 설명하기도 했다. 그러나 오늘날은 특정 형태의 전략만으로는 생존하기 어려운 시대이다. 사자의 용맹함, 토끼의 섬세함, 여우의 똑똑함이 어느 것 하나 소홀해서는 생존할 수 없다. 무엇보다 동물들이 어떤 강점을 융합하여 경쟁상대를 앞설 수 있었는지 그들만의 융합 전략을 찾아내는 것이 필요하다.

동물의 종류는 대단히 많고 전략 또한 다양하다. 경영 전략의 대가 헨리 민츠버그Henry Mintzberg는 거미, 다람쥐, 물소, 늑대, 올빼미, 원숭이, 사자, 공작, 타조, 카멜레온 등 10종의 동물을 통해 10가지 전략을 설명한다. 또한 영국의 전략가 로렌스 프리드먼Lawrence Freedman은 인간과 같이 집단 전쟁을 하며 속임수, 연합 및 폭력의 사용에 있어서 상당 성노 선략적인 동물인 침팬지를 분석하는 것이 유용하다고 말하기도 한다. 그에 반해 그는 개미들의 전략에는 회의적인데, 집단 전쟁을 수행하는 데 있어 전략은 없고 본능적으로 상대 집단을 보면 대 살육 작전을 편다는 것을 이유로 든다. 그러면서 그는 인정사정 없는 개미가 핵무기를 갖게 되면 1주일 안에 지구를 끝장낼 것이라고 다소 이색적인 주장을 펼치기도 한다.

이처럼 다양한 전략을 찾아볼 수 있는 동물의 세계는 전략의 백화점이다. 인간은 동물과 다르지만, 먹고 경쟁하고 전쟁한다는 면에서 같은 점이 많다.

인간의 살인은 평시에는 범죄행위지만 전시에는 의무가 된다. 전쟁에서 과학적 살인을 저지르는 인간은 동물보다 더 사악해진다. 자유를 원한다는 점, 생존경쟁에서 승리해야 살아남는다는 점은 동물의 두 가지 특성인데, 이는 인간의 경우에도 마찬가지이다.

## 한국 기업에 맞는 융합 전략

"기업가 정신 발휘에 있어서 세계 제일은 단연 미국이 아닐까요?"

"어림없는 소리죠. 세계 제일은 단연코 한국입니다."

이 말은 미국의 경제 월간지 〈Inc.〉의 편집장과 피터 드러커의 대담 중 한 토막이다. 왜 피터 드러커는 한국의 기업가 정신에 후한 점수를 주었을까? 피터 드러커는 세계적인 기업모델로 미국, 일본, 독일의 세 가지 대표적인 모델이 있다고 설명한다. 미국 기업은 이윤을 중시하는 경제적 모델, 일본 기업은 인간관계를 중시하는 인간적 모델, 독일 기업은 사회관계를 중시하는 사회경제적 모델이라는 것. 그에 따르면 미국 기업은 이윤추구형 기업이고, 주주주권모델이며 호황일 때 잘 작동된다. 일본 기업은 인간관계를 중시하며 공업화 사회에서는 잘 작동하나 경기침체를 잘 벗어나지 못한다. 반면에 독일 기업은 경제적 성공과 사회 안정을 동시에 달성할 수 있으나 노사경직적이라는 것이다.

나는 신입생들 대상 경제원론 강의에서 융합 전략과 이 세 모델을 설명한 다음 한국이 이 세 모델 중 어느 것을 따라해야 하는지 손을 들어보라고 했다.

미국, 일본 기업 모델 순으로 손을 든 수가 많았다. 손을 든 학생들에게 융합 전략이란 경쟁자들을 모방하는 것이 아니라 그들의 강점을 융합하여 앞서갈 수 있는 것이 아니냐고 하니 머쓱해했다. 결론적으로 이 세 가지 기업 모델은 모두 불완전하다. 피터 드러커가 강조하듯 기업은 경제적, 인간적, 사회적 측면을 균형 있게 중시해야 한다. 1997년 경제위기 직후 많은 이들은 한국 기업이 미국 기업모델을 따라야 한다고 주장했다. 그러나 미국 대표기업의 하나인 GM은 승승장구하는 듯했으나 2009년 부도가 났다. 미국 기업의 CEO들의 과다한 보수가 문제가 됐다. 최고 수준의 보수를 받는 기업 CEO 100명 중 25명의 평균 보수는 이미 몇 년 전 1,700만 달러나 되었다. 회사가 국가에 납부하는 세금보다 더 많은 경우도 있었다.

한국의 삼성전자 등 많은 기업들은 이미 미·일·독 회사들의 강점을 융합하여 그들을 앞서고 있다. 나는 《메가트렌드》로 유명한 존 나이스비트에게 이런 말을 건넸다. "한국 기업은 미국, 일본, 독일의 기업을 모방할 것이 아니라 그들의 강점을 융합하여 모두 앞설 수 있는 기업을 만들어야 되고, 이미 삼성 등 많은 기업이 그렇게 하고 있습니다." 이런 전략이 한국인이 잘할 수 있는 융합convergence 전략이라고 했더니 그는 옳은 전략이라고 했다.

로버트 헤이스Robert Hayes 등 4명의 하버드 경영대 교수들은 저서 《오퍼레이션, 전략 그리고 기술−경쟁우위를 추구한다Operation, Strategy, and Techno logy Pursuing the Competitive Edge》에서 미국의 제조업 생산시스템은 '규모를 위한 대량생산시스템'이고 일본의 경우는 '린 생산방식'인데, 과거 많은 기업들이 이를 하나의 최선의 방식One Best Way으로 간주하여 모방하려고 했다면서, 이것이 잘못이라고 지적했다. 각 기업은 모방할 것이 아니라 독창적 생산시스템을 개발해야 하며, 소기업이 거대기업을 이길 수 있고 성장하려면 차별만이 답이라는 것이다.

그런 면에서 정주영 회장의 기상천외한 독창 전략은 오늘날 기업가들에게도 중요한 메시지를 던진다. 정 회장은 울산 미포의 황량한 백사장 사진과 5만 분의 1 지도 한 장, 그리고 스코트 리스고에서 빌린 26만 톤짜리 유조선 도면을 들고 막무가내로 영국 바클레이즈 은행을 찾았다. 그러고는 돈을 빌려주면 백사장에 조선소를 짓고 배를 만들어 팔아서 돈을 갚겠다고 했다. 그러나 바클레이즈 은행은 완성된 배를 사겠다는 사람이 나오기 전에는 대출이 불가하다며, 선박을 구매할 보증인을 구해오면 대출해주겠다고 약속했다. 현실은 절망적이었다. 세상에 존재하지도 않는 조선소의 배를 선뜻 구매하겠다는 사람이 있을까? 그러나 정 회장은 더욱 백방으로 뛰어다녔다. 세계적인 재력가들을 만나 자신의 조선소가 훨씬 싼 가격에 더 좋은 배를 공급할 수 있다고 설득에 설득을 거듭했다. 그러고는 그리스의 선박왕 오나시스의 처남 리바노를 설득하고 유조선 2척을 주문받는 데 성공했다. 바클레이즈 은행이 돈을 빌려준 것은 물론이다. 피터 드러커가 그토록 강조했던 기업가 정신이 바로 정 회장의 이러한 면모였던 것이다.


## 창조적 모방 전략의 강점을 살린다

초보 심마니가 험준한 계곡을 올라가는 고수를 따라갈 때는 바로 뒤에서 따라가면 안 된다. 산전수전 겪은 고수는 굴러오는 바윗돌을 피해가는 법을 알지만 초보 심마니는 그렇지 못하기 때문이다. 다치지 않게 먼 발치에서 고

## 한국인의 융합성을 촉진하는 요인

한국인은 각종 융합요인에 둘러싸여 살고 있다고 해도 과언이 아니다.

**1** 대륙과 해양문화의 융합이다. 한국은 반도국가로서, 대륙문화와 해양문화를 잘 융합할 수 있는 위치에 있다.

**2** 4계절 기후의 융합이다. 한국은 나라 전체로 볼 때 4계절이 가장 뚜렷한 나라 중 하나이다. 봄·여름·가을·겨울의 기후에 따른 의복, 주거, 음식 등 생활환경이 다양하게 융합되어 있다.

**3** 동·서양문화의 융합이다. 한국인은 아침에 한식, 점심에 양식, 저녁에 중식이나 일식 등을 우리 음식처럼 먹는다. 서양인들은 생선회, 생선 젓갈, 배추김치 등을 잘 먹지 않는다. 한국인은 식재료에 대한 수요도 다양하다. 한국 문화에는 서양을 대표하는 미국, 동양을 대표하는 중국, 그리고 일본, 이 세 나라의 문화가 가장 많이 융합된 나라이다.

**4** 다양한 종교가 융합되어 있다. 한국은 동아시아에서 기독교 신자가 가장 많은 곳으로 불교, 천주교 신자가 다양하게 공존하는 나라이다. 이에 더해 동양의 유교문화가 서양 종교와 잘 융합된 나라이다. 종교적 융합에 관한 한 세계 최고 수준이다. 유럽의 지성으로 불리는 자크 아탈리Jacques Attali 전 유럽은행 총재는 이렇게 말하기도 했다. 유교에 기독교가 합쳐진 것을 신유교라고 하는데, 한국은 동아시아 최고의 신유교 국가이다.

**5** 개발도상국과 선진국의 생활과 사고방식이 다양하게 융합되어 있다. 한국은 단기간에 후진국에서 출발하여 선진국 수준에 올라섰다. 후신농업국, 개발도상국, 선진서비스 사회의 생활을 다 경험한 사람들이 한국처럼 많은 나라는 거의 없다. 한국은 선·후·개발도상국의 요인들을 가장 많이 경험한 나라이다.

**6** 한방과 양방이 융합되어 있다. 최근 미국의 많은 의과 대학들이 한의학에 관심을 갖기 시작했다. 한국은 의학을 한방으로 출발했으므로 양자를 가장 잘 융합할 수 있는 나라 중의 하나이다.

수의 움직임을 잘 살펴야 제대로 배울 수 있는 법이다.

같은 맥락에서 일본의 시계회사 세이코는 신생 기업으로서 스위스 시계의 정밀성을 모방하는 한편, 전지 작동 시계인 쿼츠 시계quartz watch를 세계 최초로 개발해 스위스 시계회사를 앞설 수 있었다. 컴퓨터 업계의 강자 IBM도 마찬가지다. IBM은 에니악ENIAC이 고가의 컴퓨터 시장을 선점하고 있을 때, 에니악 컴퓨터를 모방하는 것 이상으로 훨씬 저렴하고 대중적인 컴퓨터를 개발함으로써 시장을 석권했다. 피터 드러커는 이들 기업의 전략을 두고 전형적인 창조적 모방 전략이라 치켜세웠다. 그렇다면 창조자와 모방자의 차이는 무엇인가?

창조자는 제품을 중시하지만 창조적 모방자는 시장을 중시한다. 창조자는 기술을 중시하나 창조적 모방자는 고객을 중시한다. 창조적 모방 전략은 하이테크 산업에서 빈번하게 발생한다. 하이테크 산업의 창조자는 하이테크 기술과 제품을 중시하고 고객과 시장을 경시하기 쉽다. 이때 창조적 모방자는 고객과 시장을 중시하는 방향으로 하이테크 제품을 혁신할 수 있다.

일본은 메이지유신(1868년) 후 수출 주도형 공업화 전략으로 비약적인 경제 성장을 하여 1970년대 초까지 유럽 선진국들을 모두 추월했다. 한국도 1960년대 초부터 수출 주도형 공업화 전략을 줄기차게 추진하여 현재 선진 공업국 대열에 합류했다. 여기서 다만 한국은 일본을 그대로 모방한 것이 아니라 중공업과 건설업을 전략 산업으로 육성하고 공업단지를 적극 개발하는 등 창조적 모방 전략을 택했다. 중국도 한국의 전략을 모방했으나 사회주의적 자본주의와 국가주도형 기업을 통한 창조적 모방 전략을 택했다.

다음으로 주식회사와 시장경제, 이 두 가지의 창조적 모방이다. 노벨 경제학상 수상자 로버트 포겔 시카고대 교수는 한국 등 동아시아가 1750년 이전까지 문화, 경제적인질과 규모 면에서 모두 서양보다 앞서 있었다고 말한다. 시카고의 그의 사무실을 찾았을 때 그 이유를 물었다. 그러자 그는 이렇게 설명했다. 산업혁명이 시작되기 전까지는 동서양 모두 농경사회라는 점에서 큰 차이가 없어 보이지만, 실제로 동아시아의 경우 침술, 화약, 종이, 도자기 등의 발달로 서양 문화가 감히 따라올 수 없는 수준이었다는 것. 그러나 서양이 산업혁명을 주도하고, 주식회사라는 조직과 자본주의 시장경제 시스템이 비약적으로 발전하면서 동아시아를 크게 앞서게 되었다는 것이다.

## 독창 전략과 융합 전략에서 초超전략을 찾는다

이미 앞서 말한 바와 같이 칭기즈칸과 몽고군은 융합 전략에 특출했다. 그런데 이들은 독창 전략에도 뛰어났다. 칭기즈칸은 군대를 십호제, 백호제, 천호제, 만호제 등으로 십진법에 의하여 조직했다. 그 중심조직은 천호제인데, 이는 오늘날 군대조직의 기본이 되기도 힌다. 또한 군대는 보병은 없고 기병과 독창적인 기병문화가 있었다. 세계 최고 수준의 기동성을 유지하기 위하여 독창적 군대장비나 독창적 식량조달 방법도 있었다. 일본 역사문화탐방회가 분석한 바에 따르면 몽고군의 강점은 다음과 같은 7가지 요인이다.*

독창적인 군대의 편성, 기동력 중심의 전술, 군대 규율의 엄격한 엄수, 활, 투석 등의 첨단무기 활용, 이슬람 상인의 협력, 식료의 상시 확보(가축을 대동),

---

*일본역사문화탐방모임歷史文化探訪の会, 《비주얼 도설세계사ビジュアル図説世界史》, 일본문예사, 2008.

잔학 전술이 그것이다. 몽고군은 독창 전략과 융합 전략에 모두 강했다. 이 두 전략을 잘 결합한 초超전략으로 러시아, 중국, 인도는 물론, 중동, 유럽 여러 나라들을 정복할 수 있었다.

애플의 독창성과 융합은 익히 알려져 있다. 스마트폰은 6만여 개의 특허가 필요한 융합제품이다. 애플은 여기에 더해 소프트웨어, 엔지니어링, 디자인 등의 독창적 전략에도 강했다. 애플 수석 부사장을 지낸 바 있는 제이 엘리엇Jay Elliot이 저서《아이 리더십The Steve Jobs Way》에서 밝힌 것처럼 스티브 잡스는 세상을 바꿀 수 있는 제품을 만들려고 했다. 스티브 잡스의 총력 제품 이론 whole-product theory이 그 핵심이다. 최상의 제품 개발을 위하여 최상의 인재가 마치 전쟁을 하는 군대처럼 총력을 다해서 제품을 개발해야 한다는 것이다. 그는 소프트웨어가 아무리 좋아도 하드웨어가 그에 맞지 않으면 성능을 제대로 발휘할 수 없다며 이 두 가지의 융합을 강조했다. 결국 그의 독창 전략과 융합 전략은 초전략이 되어 세상을 바꾸는 계기가 되었다.

유대인의 사례도 눈여겨볼 만하다. 심리학자로서 노벨 경제학상을 수상한 대니얼 카너먼Daniel Kahneman 프린스턴대 교수는 유대인 출신으로 미국과 이스라엘 국적을 갖고 있다. 그는 유대인 교육의 세 가지 특성으로 혁신, 복수의 외국어 교육, 학문 간 연계 중시 태도를 꼽았다. 유대인의 경쟁력이 독창과 융합성이라는 것. 서울대 부총장으로 재직하던 시절 유대인 교육에 이것저것 관심이 많아 이스라엘 전문가들을 만나서 많이 물어본 적이 있다. 그들 또한 학문 간의 연계 교육이, 어릴 적부터 단절된 지식에 함몰되지 않고 다양한 영역의 학문에 호기심을 불러일으킬 수 있도록 도우며, 복수의 외국어 교육도 상이한 문화의 융합을 촉진함으로써 틀에 박힌 생각에서 벗어나게 한다는 것을 강조했다.

흔히 한국인에 대해 불가능한 목표를 세워놓고 초과 달성하는 민족이라고 말한다. 피터 드러커는 기업가 역량 발휘에 있어서 한국인을 세계 제일로 꼽는다. 한국인이 종합성·융통성·창의성에 있어서도 가히 세계 최고 수준이다. 한국인은 융합 DNA가 있다고 할 정도로 융합 전략에 강하다. 이미 조선, PC, TV, 스마트폰 등 여러 제품에서 4대 강국을 앞서고 있으며, K팝 등 한류 열풍도 이런 점과 맥을 함께한다.

앞서 말한 것처럼 융합 전략은 중국, 일본, 미국, 독일의 방식 등 경쟁자들을 모방하는 것이 아니라 그들의 강점을 융합하여 앞설 수 있는 길을 찾는 것이다. 이는 한국인의 독특한 강점이다. 세계에서 중국과 일본 두 나라를 모두 가장 잘 알 수 있는 국민은 한국인이다. 수십 세기 이래 강국들에 둘러싸여 있던 핸디캡은 이제 그들을 잘 알고 활용할 수 있는 강점이다. 또한 어쩔 수 없는 생존 전략이기도 하다.

# 양의 전략 × 음의 전략

드러낼 것인가, 감출 것인가

지금까지 융합 전략과 독창 전략 등 주로 '자신의 역량을 높이는' 양의 전략을 살펴보았다.
이 장에서는 반대로 '상대의 역량을 떨어뜨리는' 음의 전략을 살펴본다.
서로 죽고 죽이는 전쟁에서는 상대의 역량을 약화시키는 음의 전략이 대단히 중요하다.
이런 전략에는 여러 가지가 있으나 여기서는 주로 《손자병법》과
《삼십육계》를 통해 음의 전략을 살펴보기로 한다.
전쟁 4.0 또는 하이브리드 전쟁시대는 정보전쟁, 사이버전쟁, 테러 등
각종 음의 전략이 판칠 수 있는 시대이다.

## 양陽의 전략과 음陰의 전략

마쥔馬駿 교수에 따르면 사전 통보 없이 공격하는 것은 음陰의 전략, 사전 통보 후 거절할 때 공격하는 것은 양陽의 전략이다. 이를테면 코소보 전쟁 때 인종청소를 감행했던 세르비아에게 취했던 미국의 전략은 양의 전략이다. 미국은 인종청소를 그만두라는 NATO의 경고를 세르비아가 수용하지 않을 경우 보복하겠다고 포고한 다음에야 세르비아에 대한 공격을 감행했다. 세르비아는 처음에는 이런 요구를 거절하다가 폭격을 받은 후에야 이를 받아들였다. EU가 재징위기에 직면한 그리스에게 공무원 수와 봉급 감축, 연금이니 선심성 예산 축소 등의 조치를 취하지 않으면 구제 금융을 지원하지 않겠다고 통보하는 것도 일종의 양의 전략이다.

상대방이 당선되면 내가 낙선되는 선거전에서 특히 네거티브 전략이 많이 사용된다. 상대방의 언행이나 생활관의 왜곡, 과거와 다른 현재 발언의 왜곡 인용 등 수단 방법을 가리지 않고 남을 해쳐서 내가 당선되려고 하는 사람일수록 이런 음의 전략을 많이 사용한다.

네거티브 전략 전문가인 커윈 스윈트Kerwin Swint는 저서 《네거티브, 그 치명적인 유혹》에서 네거티브 전략의 성공률은 50퍼센트 이상이라고 지적한다. 그는 유권자들이 네거티브 캠페인을 싫어할 것이라는 생각과 정치판의 추악한 중상모략을 좋아하지 않을 것이라는 예상은 실제 연구 결과와 상반된다는 결론을 내놓는다. 이러한 결과는 유권자들과 언론이 후보들 간의 싸움에 집중하기 때문이라는 것이다.

## 《손자병법》과 《삼십육계》의 속임수

전략의 신이라 평가받는 조조의 어린 시절 이야기다. 조조는 삼촌이 자신의 비행을 아버지에게 고자질한 데 대해 앙심을 품게 되었다. 조조는 이내 삼촌에게 되갚아줄 요량으로 꾀를 내어 다시 삼촌을 만났을 때 짐짓 마비 증세로 쓰러진 척했다. 깜짝 놀란 삼촌이 조조의 아버지에게 급히 연락했다. 그러나 황급히 달려온 아버지에게 말짱한 표정으로 말했다. "저는 건강한데 삼촌이 또 험담을 했나 봅니다." 꾀는 훌륭하게 통했고 이후 아버지는 삼촌의 말을 곧이곧대로 믿지 않게 되었다. 이 흥미로운 이야기에서 조조의 잔꾀는 《손자병법》이 말하는 전략의 상수일까?

언젠가 한 경영교육기관의 대표라는 분이 이런 말을 한 적이 있다. 《손자병법》과 《삼십육계三十六計》를 혼동하여 《손자병법》을 평가하기를 "칼을 빌려 남을 해치는 차도살인借刀殺人과 같은 대단히 악한 계책을 가르치는 것"이므로 자신은 배우지 않겠다는 것이었다. 나는 쓴웃음을 짓고 말았지만, 이분 말고도 많은 이들이 《손자병법》과 《삼십육계》를 혼동하곤 한다. 그런데 《손자병법》은 과연 악한 계책일까? 많은 사람들은 이 두 책이 같다고 생각하는데, 실상은 그렇지 않다. 엄연히 다른 책이다. 《손자병법》은 앞에서 우리가 살펴본 바와 같이 전승 전략, 기정 전략 등 큰 틀에서 고민하는 전략서인 반면에 《삼십육계》는 상황에 맞게 음모하는 계책이 주를 이룬다. 집필된 시기도 《손자병법》은 2,500년 전의 책이고, 《삼십육계》는 남북조시기의 왕씨 성을 가진 사람이 1600년경에 만든 것으로 추정되어, 1,000년에 가까운 차이가 있다. 황푸민 중국 인민대 교수는 이 둘의 차이를 이렇게 설명한다.

"이 두 가지는 동일한 차원에서 볼 수 없다. 《손자병법》은 강한 것과 유연한 것을 서로 보완하고 기奇와 정正을 서로 결합하며 허와 실을 함께 사용해야 한다고 하며, 실력과 계략 모두를 중시한 정정당당한 전략이다. 그러나 《삼십육계》는 주로 음모를 많이 사용한 것이기에 동일시 할 수 없다."

리링 북경대 교수도 《손자병법》과 《삼십육계》는 아무런 관계가 없다고 밝히며, "《삼십육계》는 아주 통속적인 내용이고 시간상으로도 《손자병법》과 연관 지을 수 없을 만큼 훨씬 뒤에 나온 것이다. 내용상으로도 아무런 연관이 없다. '차도살인'과 같은 것은 고차원적인 내용이 아니라 그냥 사람들의 입을 통해 전해 내려온 트릭trick일 뿐이다."

그러나 '전쟁은 속임수다.' 이는 리링 북경대 교수의 책 제목이기도 하지만 실제 '전쟁' 상황이라면 말이 달라진다. 적을 죽이지 않으면 나와 가족이 죽고 나라가 망할 수도 있는 전쟁에서는 어떤 수단과 방법을 써서라도 적을 죽이고 승리해야 한다. 그러므로 《손자병법》이 밝히듯이 기만술로 적의 힘을 약화시키는 것 또한 대단히 중요하다. 아무리 '악한 계책'이 아니더라도 《손자병법》은 전쟁은 속여야 하는 것兵以詐立이라고 직시한다. 특히 심리전을 통한 기만술은 대단히 중요하다. 많은 사람들은 《손자병법》 같은 좋은 책이 왜 사람 속이는 것을 당연시하는가 하고 의문을 품는다. 그리고 전쟁의 속성이 사람을 속이는 기술이라고 하는 데 대해 큰 반감을 갖기도 한다. 이는 평시의 인간관계를 기준으로 할 때는 맞는 말이다. 그러나 전쟁에서 살인은 군인의 의무이다. 군인 자신이 살고 가족이 살고 국민이 사는 길은 적을 많이 죽이는 것뿐이다. 심지어 그런 사람에게 표창과 훈장을 준다. 적을 죽이지 않으면 자신, 가족, 친척, 친지들을 죽게 만들 수 있다. 이를 막기 위해서는 가급적 적을 많이 죽여야 한다.

임진왜란 당시 일본군의 진주성 함락으로 인해 6만여 명의 조선 군인과 주민이 죽었다. 이태진 교수는 이와 관련해 "일본군이 제2차 침입 때 도공을 비롯하여 10만에 가까운 조선인을 포로로 만들었다."라며 그 이유가 농업 노동력 확보뿐 아니라 포르투갈 상인들로부터 조총을 구입할 때 생긴 부채를 갚기 위해서라고 설명한다.* 그들은 무차별적으로 군인과 양민을 죽이고, 코나 귀를 칼로 잘라 소금에 절인 후 일본으로 가지고 갔다. 많은 양의 귀를 전리품으로 획득한 자들에게는 포상이 따랐다. 또한 생포한 포로들을 포르투갈 상인들에게 노예로 팔아넘겼다. 이처럼 전쟁의 본질은 사악하다. 죽지 않으면 죽여야 한다. 《손자병법》은 바로 이런 절박한 상황 아래서 속임수가 필수적이라고 말하는 것이다.

《손자병법》에 등장하는 속임수 12가지는 시계始計 편에 나와 있다. 이를

*이태진, 《새한국사》, 2012.

12 궤도詭道라고 한다. 이 12가지는 크게 두 부류로 나뉜다. 하나는 상대방에게 가짜를 보여주는 것으로 첫 4가지인데 이를 시형示形이라고 한다.

- 공격할 능력이 있으면서도 없는 것처럼 보인다(能而示之不能).
- 공격할 의도가 있는데도 없는 것처럼 보인다(用而示之不用).
- 가까운 곳을 공격할 것임에도 먼 곳을 공격하는 것처럼 보인다(近而視之遠).
- 먼 곳을 공격할 것임에도 가까운 곳을 공격하는 것처럼 보인다(遠而示之近).

다른 하나는 상황에 따라서 다르게 대응하는 속임수로 다음의 8가지인데, 이를 권변權變이라고 한다.

- 이익으로 적을 유인한다(利而誘之).
- 적을 교란시킨 다음 취한다(亂而取之).
- 견실한 적에 대해서는 대비를 잘한다(實而備之).
- 강한 적과는 교전을 피한다(强而避之).
- 성급한 적은 교란시킨다(怒而撓之).
- 자신을 낮추어 적을 교만하게 만든다(卑而驕之).
- 적이 쉬려고 하면 피로하게 만든다(佚而勞之).
- 적이 친밀하면 이간시킨다(親而離之).

## 한국전쟁 당시 중공군의 속임수

중공군 사령관 펑더화이彭德懷는 미군의 전략을 잘 모른 채 한반도에 출병했다. 그는 첩보를 통해 미군들은 특히 보급로가 끊기고 퇴로가 차단되는 것을 몹시 불안해한다는 사실을 알아냈다. 그래서 부하 지휘관들에게 후퇴하면서 무기의 일부를 길가에 버리고, 포로로 잡은 미군들을 석방하면서 이렇게 말하라고 지시했다.

"이제 우리 중국 인민군은 중국으로 돌아간다. 식량이 부족해서 당신들을 잡아가도 먹일 수 없으니 놓아주는 것이다. 당신들도 이제 고국으로 편안히 빨리 돌아가라."

이후 미군들은 이 기만술에 제대로 놀아났다. 중국군이 한반도를 심각하게 여기지 않는다고 여겼으며, 그들의 목적이 정치외교적인 보여주기에 급급해 참전한 것이라는 인상을 받은 것이다. 맥아더 장군도 크게 다르지 않았는데, 그는 크리스마스까지 전쟁을 끝낼 수 있을 것으로 호언장담하며 후방에 대한 방비를 느슨하게 했다. 이에 펑더화이는 예하 사단에게 군 장비를 경장비로 바꾸어 신속히 미군 후방에 침투하게 만들었다. 중공군의 기습은 미군에게 그야말로 청천벽력 같은 사태였다. 순식간에 3천여 명의 장병들이 포로로 잡혔으며, 이는 미국 역사상 단일 전투에서 가장 많은 미군이 포로로 잡힌 굴욕적인 패배였다.

## 도쿠가와 이에야스의 속임수

임진왜란을 일으킨 일본의 도요토미 히데요시는 오사카 성을 세웠다. 천하를 통일한 자신도 공격할 수 없을 만큼 튼튼하게 건설했으며, 성 안에는 엄청난 재물도 쌓아놓았다. 하지만 세월까지 막을 수는 없는 터라 그는 죽었고, 그의 아들 도요토미 히데요리豊臣秀賴가 대를 이어 성의 주인이 되었다. 틈을 봐가며 오사카 성을 노리던 도쿠가와 이에야스에게 도요토미 히데요시의 죽음은 기회였다.

그러나 무엇보다 오사카 성을 점령하려면 성에 쌓여 있는 막대한 재물부터 최대한 소진하게 만들어야 했다. 도쿠가와 이에야스는 '도요토미 가문의 부흥'이라는 거짓 기치를 내걸고 도요토미 히데요리로 하여금 아버지와 가문을 위하여 많은 신사와 사찰의 수리 및 신축을 하게 만들었다. 모략에 속아 넘어간 히데요리는 이를 추진하느라 많은 재산을 탕진했다. 재물이 소진되었다고 판단한 도쿠가와 이에야스는 그제서야 오사카 성에 대한 공격을 시작했다. 그러나 몇 차례의 공격에도 오사카 성은 난공불락이었다.

상황이 이렇게 되자 도쿠가와 이에야스는 도요토미 히데요리에게 화평의 조건으로 해자(성 주위에 둘러 판 못)를 매립하면 공격하지 않겠다는 허언으로 화평을 제안했다. 도요토미 히데요리는 이를 믿고 해자를 모두 매립했다. 해자가 잘 매립되어 공격 여건이 충분히 소성되었나고 판난한 이에야스는 드디어 성을 공격하는 데 성공했다. 성이 점령당하자 도요토미 히데요리와 그의 생모는 항복조차 할 수 없는 급박한 상태에서 할복 자살했다. 자자손손 번창하는 도요토미 왕국을 건설하려던 히데요시의 꿈은 '멸문지화'를 당함으로써 물거품이 되었다. 반대로 도쿠가와 이에야스가 오사카 성을 점령할 수 있었던 것은 기만술, 벌모, 벌병 및 공성전 등 다양한 전략을 융합한 '전략의 융합' 덕분이었다.

### 미국 정보기관의 속임수

2003년 이라크 전쟁 당시 미군은 이라크 부총리가 미국 망명을 신청했다는 허위정보를 흘렸다. 수뇌부의 망명은 이라크 국가 지도자들에 대한 극악한 배신 행위였다. 그 부총리는 이를 부정하는 기자회견을 하지 않을 수 없었다. 미군정 보기관은 그가 기자회견 후 이라크 지도부가 있는 곳으로 갈 것이라고 예상했다. 아니나 다를까 회견을 마치자마자 그는 국가지도부가 있는 방공호로 돌아갔는데, 당시 동석한 미군정보요원이 그 위치를 알려줌으로써 미군은 지도부가 있는 곳의 위치를 파악했다. 미군은 즉시 그곳에 무차별 공격을 개시했다. 이라크는 미국의 기만술에 제대로 걸려듦으로써 심각한 타격을 입었다.

### 쿠웨이트의 속임수

이라크가 쿠웨이트를 침공할 당시 쿠웨이트는 미국의 많은 로비 회사, PR 회사들을 고용하여 심리전으로 속임수를 썼다. 예를 들면, 쿠웨이트는 한 여성을 동원하여 이라크 군인들이 쿠웨이트 병원 보육기관에서 많은 영유아들을 꺼내 방치하여 죽게 하는 것을 직접 목격했다고 울먹이면서 거짓 증언을 하게 했다. 그리고 이라크 군인들이 쿠웨이트인들에게 무차별적인 살인, 강간, 강도, 약탈, 방화 등 무자비하고 비인간적인 만행을 저지르므로 미국이 빨리 개입하여 이를 막아야 한다고 생각하도록 만들었다. 그 결과 미국은 걸프전(1990~91)에 참전했고, 결국 쿠웨이트는 이라크의 침공으로부터 벗어날 수 있었다.

## 성서에 등장하는 속임수

호기심 많고 조심성 없는 야곱의 딸 디나. 그녀는 이방인들을 구경하려고 여기저기 기웃거리다 세겜 성의 추장 세겜의 눈에 들었다. 그녀에게 첫눈에 반한 세겜은 성적 충동을 이기지 못하고 그녀를 강간한다. 그 후 세겜은 야곱을 찾아가서 자신이 디나를 진정 사랑하므로 결혼을 허락해달라고 간청했다. 지참금과 혼수 모두 원하는 만큼 해주겠다고도 했다.

그러나 야곱과 그의 아들들에게 이방신을 섬기는 그들과 사돈이 되는 것은 크나큰 수치였다. 어떤 조건을 제시해도 들어줄 수 없었다. 그러나 그들은 세겜에게 단 한 가지 조건만 들어주면 결혼을 허락하겠노라고 말했다. 그 조건은 세겜 성의 모든 남자가 한 사람도 빠짐없이 할례를 받아야 한다는 것이었다. 이는 사실 세겜 성을 치려는 음모였지만, 세겜 성의 남자들은 눈치채지 못하고 모두 할례를 받았다. 3일이 지난 후, 할례를 받은 남자들은 칼에 베인 부위가 퉁퉁 부어오르고 통증이 심해졌다. 야곱과 아들들이 정확히 의도한 것이었다. 그러고는 그날 야곱과 그의 아들들은 세겜 성에 난입해 남자들을 닥치는 대로 죽였다. 가축과 재물을 빼앗은 것은 물론이있다. 세겜과 세겜 성 사람들 모두가 야곱의 속임수에 당했던 것이다.


## 한국전쟁 때 중공군의 속임수

한국전쟁 당시 참전한 어느 중공군 지휘관의 이야기다. 그는 상부로부터 밤새워 부대를 이끌고 남쪽 목표지점에 집결하라는 명령을 받았다. 그러나 목표지점에 도착하기도 전에 날이 훤히 밝았다. 공중에는 미군 폭격기들이 중공군을 찾아서 바쁘게 날아다녔다. 잘못하면 미군 비행기의 폭격을 받아 자신의 부대 전부가 몰살당할 수 있는 상황이었다. 이때 중공군 지휘관은 부하들에게 위장을 해제하고 오히려 대로 복판을 질서정연하게 행군하도록 명령했다. 결과는? 미군 비행기들은 그들을 한국군으로 판단하고 폭격을 하지 않았을 뿐만 아니라 오히려 엄호까지 했다. '만천과해滿天過海'는 하늘을 속이고 바다를 건넌다는 말인데, 그 중공군 지휘관은 이 계책을 잘 사용하여 사지에서 살아나온 것이다.

### 노르망디 상륙작전의 성동격서

제2차 세계대전 중 가장 중요한 전투는 미·영 연합군의 노르망디 상륙 작전이다. 총사령관 아이젠하워 장군은 이따금 칼레 지방에 출격해 노르망디에 집중된 나치군의 주의를 분산시켰고, 고무로 만든 가짜 탱크들을 수없이 배치해 칼레 지방 침공이 임박한 듯 심리전을 썼다. 독일군으로 하여금 험한 절벽이 많은 노르망디보다 칼레 해안이 더 중요하다고 믿게 만들었던 것이다. 독일군은 연합군이 칼레 해안에 상륙할 것이라고 믿고 병력을 그곳에 집중 배치했다. 그 결과 독일군은 노르망디 전투에서 패하고 패망의 길을 걷게 되었다. 이처럼 동쪽에 소리를 내고 서쪽을 치는 것을 성동격서聲東擊西라 하는데, 이는 《삼십육계》의 제6계이다.

### 임진왜란 당시 왜군의 반간계

임진왜란 당시 왜군은 뜻대로 이순신을 격파하지 못하자 그를 제거하려고 노력했다. 그래서 사용한 것이 기만술이다. 왜군의 이중간첩 요시라要時羅는 경상우병사 김응서에게 가토 기요마사加藤淸正가 조선에 갈 것이라는 허위 정보를 흘렸다. 김응서의 보고를 들은 선조는 마침 가토 기요마사를 제거할 방안을 논의하고 있던 중이어서 즉각 이순신에게 가토 기요마사를 해상에서 요격하라는 명령을 내렸다. 그러나 가토 기요마사는 이미 조선에 도착한 뒤였다. 왜군은 이순신의 출격에 대비하여 매복하고 기다렸다. 그러나 이순신은 부정확한 정보를 믿고 출격할 수는 없다고 판단하여 출격하지 않았다. 선조는 왕의 명을 거스른 이순신을 통제사에서 파직하고(1597년 3월) 한양으로 압송했다. 결국 이순신을 제거하기 위한 왜군의 반간계에 조선 조정이 놀아난 꼴이 되었던 것이다. 반간계는《삼십육계》중 33번째의 계책이다.

### 칭기즈칸이 즐긴 가짜 삼십육계

칭기즈칸 군대의 기동성은 세계 어느 군대도 당해낼 수 없었다. 칭기즈칸은 적을 유인할 때 적보다 조금 빨리 도망쳐서 적으로 하여금 조금만 더 추격하면 따라잡을 수 있을 것이라고 믿게 만들었다. 마치 어른이 아이를 데리고 놀듯 하는 것이다. 도망가다가 다른 나라에서 잡은 병사를 맨 뒤에 따라 오게 하여 일부러 몇 명은 잡히도록 했다. 가끔 일부러 보석상자도 버리고 도망기면서 추격하는 적들로 하여금 진짜 도망가는 것으로 믿도록 했다. 그러나 기다렸던 매복 장소에 도착하면 질풍노도와 같은 반격을 시작해 추격하던 적들은 일시에 풍비박산이 나게 만들었다. 《삼십육계》중 주위상走爲上, 즉 도망가는 것이 상책이라는 제36계를 역으로 활용했던 것이다. 몽고군은 힘이 부족하여 도망간 것이 아니라 힘이 부족한 척함으로써 상대를 방심케 했다. 바로 가짜 '36계'를 쓴 것이다.

우리는 지금까지 자신의 역량을 키우는 양의 전략이 아니라 상대의 역량을 약화시키는 음의 전략을 주로 《손자병법》과 《삼십육계》를 중심으로 살펴보았다. 《삼십육계》는 차도살인과 같이 상대를 죽이는 것도 마다하지 않으나 《손자병법》의 음의 전략은 12궤도(속임수)에 나타난 바와 같이 고차원적인 것으로 주로 심리전에 가깝다. 야구에서 투수가 타자를 속이거나 축구선수가 상대선수를 속이는 것들도 이에 해당된다. 음의 전략, 특히 《삼십육계》가 강조하는 많은 음의 전략은 서로 죽고 죽이는 전쟁 상태에서 사용하는 전략이지, 이웃에게 적용할 수 있는 것은 아니다.

# 베스트 전략 × 유니크 전략

최고가 될 것인가, 독보적일 것인가

이순신 장군의 탁월한 군사 전략은
국토가 일본과 중국 땅으로 분할되는 것을 막았다.
우리는 앞 장에서 군사 전략이 손자의 말처럼
국민의 생사와 국가의 존망을 결정하게 됨을 알았다.
오늘날 국민의 생활수준을 결정하고 국부를 생산하는 경제 주체는 기업이다.
기업이 이를 얼마나 잘하는가는 그 경쟁 우위에 달렸다.
기업의 경쟁력은 부강한 나라를 만든다.
이번에는 기업들이 경쟁 우위를 창출할 수 있는
주요한 경쟁 전략을 살펴보기로 한다.

# 최고가 될 것인가, 독보적일 것인가

기업이 경쟁하는 목적은 수익성 증대이다. 수익성 증대를 위해 경쟁은 필연적이다. 하지만 수익성을 높이기 위해 반드시 베스트 경쟁에 몰입할 필요는 없다. 베스트 경쟁은 경쟁자와 똑같은 제품을 똑같은 방법으로 생산하는 것을 말한다. 반면에 유니크 경쟁은 자신만이 생산할 수 있는 독특한 방법으로 차별화해 경쟁자를 제압하는 것이다. 그렇다면 이 두 가지는 구체적으로 어떤 차이가 있을까?

베스트 경쟁의 목표는 1등, 유니크 경쟁의 목표는 상대와 직접 대결을 피하며 수익 증대를 가져오는 것을 목표로 한다. 점령하기 위한 산봉우리가 한 개밖에 없다면 베스트 경쟁이 필요하며, 새로운 시장이 가능하다면 유니크 경쟁이 적합하다. 전쟁, 권투, 격투기에서처럼 상대를 넘어뜨려야 승자가 되는 구조라면 베스트 경쟁이 필요하지만 유니크 경쟁은 상대를 굳이 쓰러뜨릴 필요는 없다.

서울-부산 간 교통수단에는 비행기, 기차(고속철도), 고속버스, 자가용, 택시 등 여러 가지가 있다. 이 중 비행기 회사들 간에 베스트 경쟁을 하도록 하면 가격 경쟁이나 시장점유율 경쟁이 된다. 그러나 고속철도처럼 다양한 교통 수단을 통해 유니크 경쟁이 가능하다. 이렇게 되면 이윤 중심의 경쟁인 셈이다. 과거 미국에서 아메리카 항공사와 델타 항공은 전 탑승객에게 공짜 점심을 주는 등 과도한 가격 경쟁을 하다가 모두 큰 손해를 보았다. 이런 경쟁은 1등에 오른 항공사라도 상처뿐인 영광이다. 경영학에서 모범적인 경영 사례로 자주 인용되는 사우스웨스트 항공사는 지정석 폐지, 비즈니스석 폐지, 화물 자동 환승 폐지, 737 비행기만 사용하는 등 유니크 경쟁으로 수익성 중심의 항공사로 자리 잡기도 했다. 우리나라 저가 항공사들의 전략도 이와 비슷한 점이 있다.

개그맨들로 하여금 똑같은 개그를 하여 그중 베스트를 뽑는다면 모방 경쟁에 불과하다. 그러나 유니크 경쟁을 하게 하면 독특하고 혁신적 개그를 하게 된다. 베스트 경쟁은 모방, 유니크 경쟁은 혁신을 촉진한다. 얼마 전 한국능률협회가 주최한 수백 명의 기업 경영인이 참석하는 조찬회에서 서수민 PD가 '개그콘서트'에 관한 강연을 했다. 참여하는 전체 개그맨은 100여 명인데, 매주 19개 정도의 개그 코너를 만들고, 그중 약 14개를 골라서 방송한다는 것. 방송에서 탈락한 코너에 출연한 개그맨들은 그 주의 주급을 받지 못한다. 따라서 개그맨들 간의 경쟁이 치열하다. 우선 공채 경쟁도 8번 떨어지고 합격하면 다행이라고 할 정도로 치열하다. '개그콘서트'가 장기간 큰 인기를 얻고 있는 중요한 이유 중의 하나는 철저한 유니크 경쟁이다. 이런 경쟁은 모두 똑같은 개그를 하여 일등을 뽑는 베스트 경쟁이 아니라, 독특한 것만이 살아남을 수 있는 유니크 경쟁이다. 지금까지 롱런한 개그맨들은 한결같이 독특한 개그로 살아남을 수 있었다는 것이다. 예능의 영역에서도 유니크 경쟁은 국민으로

## 군사 전쟁과 기업 경쟁의 차이

**1** 전쟁은 가급적 적군을 많이 죽여야 하는 것이고, 기업 경쟁은 가급적 수익을 많이 올리는 것이다.

**2** 평시에는 사람을 죽이면 범죄자가 되지만, 전시에는 죽이지 않으면 범죄자가 된다. 전시에는 가급적 많이 죽여야 한다. 기업 경쟁은 폭력 행위가 아니라 수익 증대를 위한 경쟁자들 간의 다툼이다. 전쟁은 상대를 파괴해야 하나 경쟁에서는 그럴 필요가 없다. 서로 도움을 줄 수도 있다.

**3** 주체가 다르다. 군사 전쟁의 주체는 국가이나 경영 전략의 주체는 기업이다.

**4** 전쟁에서는 상대가 보통 하나이나 경쟁에서는 다수인 경우가 많다. 경쟁에서는 기업의 수익을 5대 세력이 나누어야 한다. 즉, ① 같은 제품의 생산자뿐만 아니라 ② 고객, ③ 공급자, ④ 대체재 생산자, ⑤ 잠재적 진입자 등이다. 일반적으로 경쟁 대상자라고 하면 ①만을 생각하나 마이클 포터는 위의 5가지가 모두 경쟁 세력이라고 한다. 따라서 경쟁자는 다수이다.

**5** 전쟁에서는 승자가 못 되면 패자가 된다. 권투, 태권도, 축구 같은 스포츠에서도 마찬가지다. 그 때문에 베스트가 되어야 한다. 마이클 포터는 이런 경쟁을 '베스트가 되기 위한 경쟁(competition to be the Best)'이라고 한다. 그러나 기업 경쟁에서는 각자 독특한(유일한, Only One) 길을 가면 다른 기업을 무너뜨리지 않고 승자가 될 수 있다. 많은 사람들은 전쟁과 같이 기업 경쟁도 승자만이 살아남을 것이라 생각하지만 이는 잘못된 생각이다. 기업 경쟁에서는 승자가 얼마든지 많을 수 있다. 이런 경쟁을 두고 마이클 포터는 '독특하게 되기 위한 경쟁(competition to be Unique)'이라고 말한다.

**6** 전쟁은 쌍방이 점령할 목표가 동일하다. 그러나 기업 경쟁에서는 다른 고지(업종)가 얼마든지 많다. 통계청이 발행한 《한국표준산업분류》에 따르면, 한국에는 대분류로는 21개의 산업이, 세세분류로는 1,145개의 산업이 존재한다. 승자가 업종마다 있다고 하면 이처럼 많아질 수 있다는 말이다.

하여금 다양한 예능을 즐길 수 있게 한다. 또한 개그 수준을 높이고, 개그맨, 시청자 모두에 도움이 된다.

기업의 경우에도 크게 성공한 것은 베스트 경쟁보다 유니크 경쟁을 통해서다. 다수의 사람들이 뛰어난 피처폰으로 경쟁자를 제압하려 했을 때 애플의 스티브 잡스는 스마트폰으로 시장의 영역을 한 차원 끌어올렸다. 가수 싸이는 독특한 생김새, 춤, 노래 스타일, 의상, 배경, 한글 가사로 된 노래로 빌보드를 장악했다. 어설프게 미국 팝의 성공 방식을 따라하는 대신에 자신만(한국식)의 코드로 세계인들의 관심을 끌어모았다. 유니크 경쟁은 이처럼 강점이 많다.

흔히 베스트 경쟁에 대해 기업은 현재의 제품을 최고로 만들면 된다고 생각한다. 하지만 유니크 경쟁에 적극적인 기업은 다양한 고객의 수요를 충족시키고자 한다. 일상생활에서 옷, 음식, 과자, 책, 노래, 연속극 등에 규격화된 베스트는 없다. 거리를 지나다니는 여성들의 패션만 보더라도 이것도 좋고 저것도 좋다. 음식점도, 음식도, 과자도, 노래도, 가수도, 연속극도, 탤런트도 수없이 많고 제각기 강점이 있다. 한국에서 한 해에 출판되는 책의 종류도 3만 5천 권이 넘는다고 한다. 그 책 중에서 베스트셀러 순위, 가장 위쪽에 자리 잡은 책만이 좋은 책은 아니다.

무엇보다 소비자는 다양하고 니즈 또한 다양하며 계속 변한다. 그러므로 수많은 기업들이 다양한 제품이나 서비스를 생산하게 된다. 국민 전체의 관점에서 하나의 베스트 자동차, 베스트 옷, 베스트 유행가, 베스트 연예인, 베스트 신발이란 것이 있을 수 없다. 최고의 신발이 있다면 온 국민이 사시사철 그 신발만 신게 될 것이 아닌가? 그러나 유니크한 신발은 얼마든지 많을 수 있다. 그 종류가 이루 말할 수 없이 많다. 같은 비빔밥이라도 내용물, 그릇, 식당 분위기, 반찬 등 독특하게 만들 수 있다. 하나의 베스트 음식점, 베스트 비빔밥은 있을 수 없다. 이처럼 유니크 경쟁은 다양한 수요를 충족시키는 다양한 제품의 생산을 가능하게 한다.

기업마다 특성과 강점·약점이 다 다른데, 베스트 경쟁을 위해 하나의 베스트 제품을 생산하려 하면 그 기업의 특성과 강점을 살릴 수 없다. 이는 마치 모든 가수로 하여금 하나의 베스트 노래를 부르고, 모든 연속극 배우가 하나의 베스트 연기를 하도록 하는 것과 같다.

## 비교 우위인가, 경쟁 우위인가

"예천은 금산 인삼, 영주 사과 같은 상품이 없어서 희망이 없습니다." 얼마 전 경북 출신 기업인들의 모임에서 강연한 적이 있는데, 그 자리에서 어떤 기업인이 내게 이런 말을 했다. 그래서 나는 이렇게 물었다. "그럼 안동은 고등어를 생산하기 때문에 간고등어를 판매합니까?" 그는 그제야 깨달았다고 하면서 그럼 "어떻게 해야 되나요?"라고 묻기에 지역 특성에 맞는 브랜드에 대한 답을 해주었다.

마이클 포터 교수는 비교 우위가 주로 자원에 의해 결정된다면, 경쟁 우위(경쟁력)는 두뇌에 따라서 결정된다고 말한다. 한국이 철광석 자원 없이 포스코(구 포항제철)를 시작할 때 국내외 많은 사람들은 비교 우위가 없다고 하면서 많은 반대를 했다. 그러나 시간이 흘러 포스코는 세계 최고 수준의 철강회사가 되었다. 그 이유는 철강산업의 경쟁이 비교 우위보다 경쟁 우위에 기반했기 때문이다. 1960년대 한국의 공업화 초기에 일본은 한국에 전자제품, 한국은 일본에 수산물 수출에 비교 우위가 있었다. 그래서 서로 비교 우위 제품을 수출하는 데 주력했다. 그러나 지금은 비교 우위가 무색하다. 비교 우위론에 계속 따랐다면 한국은 계속 일본에 생선을 수출하고 전자제품을 수입했어야 한다.

네덜란드는 국토의 4분의 1이 해수면보다 낮다. 바다를 메워서 만든 땅이 많다. 그래서 네덜란드는 '신이 주신 땅이 아니라 사람이 만든 땅'이라는 말이 있다. 이런 땅에서 꽃을 재배해서 세계 각국에 수출하고 있다. 반대로 에티오피아는 국토의 6할이 경작 가능함에도 불구하고 실제 경작지는 1할에 불과하다. 네덜란드가 일류 선진국, 에티오피아가 최후진국 상태에 머무는 것은 이러한 전략의 차이 때문이다. 네덜란드, 싱가포르, 스위스 같은 나라는 자원이 없지만 국가 경쟁력 세계 최고 수준의 나라가 되었다. 전 세계적으로 보면 자원이 많은 나라는 가난하게, 적은 나라는 부자가 된 경우가 많다. 네덜란드는 석유 생산국이 되고부터 경제가 어려워졌다. 이를 '네덜란드병dutch disease'이라고 한다. 자원이 없는 것은 위장된 축복Blessing in disguise이란 말도 있다. 많은 사람들은 부모의 유산을 받지 못한 것을 불행으로 생각할지 모르나 위장된 축복인 경우도 많다. 나와 함께 한국 통일에 관한 글을 쓰기도 했던 레스터 서로우Lester Thurow MIT 교수는 이런 말을 했다.

"누구나 비교 우위는 있다. 심지어 극빈국 방글라데시도 비교 우위는 있다. 그러나 비교 우위에 따라서 살면 아주 가난하게 살아야 한다."

## 진정한 경쟁력은 경쟁 우위다

한 기업의 경쟁 우위는 경쟁사보다 지속적으로 높은 수익성에서 나온다. 비교 우위가 다른 기업보다 낮은 기회비용에서 나오는 것과는 차이가 있다. 수익은 가격에서 비용을 뺀 것이므로 경쟁 우위는 경쟁사보다 지속적으로 높은 가격, 지속적으로 낮은 비용, 또는 이 둘을 같이할 때 발생한다. 비교 우위는 제품의 기회비용 감소를 중시하지만 경쟁 우위는 경쟁사보다 지속적인 비용 감소는 물론 더 높은 가격에 따른 수익 증대를 강조한다. 그런데 경쟁 우위와 경쟁력의 차이는 무엇인가?

경쟁 우위 개념의 창시자 마이클 포터는 기업의 경우에 경쟁 우위, 한 지역이나 국가의 경우에 경쟁력competitiveness이라는 용어를 사용한다. 예를 들어 "포스코는 경쟁 우위가 있다." "포항은 경쟁력이 있다." "한국은 경쟁력이 있다."라고 말하는 식이다. 하지만 포항의 경쟁력이 포스코의 경쟁 우위에 따라서 결정되면 양자는 결국 같게 된다. 글로벌 시대는 지구 전체, 또는 전 세계가 하나의 지역이 된다. 결국 글로벌 경쟁력GC : Global competitiveness이라는 표현이 사용된다. 그럼 한국 내에서의 경쟁력과 글로벌 경쟁력은 어떤 관계가 있을까? 바둑, 여자골프, 스마트폰, TV 등은 국내 1등이 세계 1등이 되는 경우가 많다. 이런 경우 양자는 일치한다.

그렇다면 경쟁 우위는 어떤 방식으로 측정할까? 가령 과거 10년간 M 제약회사의 연평균 투하자본수익률ROIC이 20퍼센트이고, N 철강회사의 그것이 15퍼센트라고 하면 어느 것이 경쟁 우위가 있는가? M 회사가 경쟁 우위에 있다고 생각할지 모르겠으나 꼭 그렇지만은 않다. 이를테면 같은 기간 제약회사들의 연평균 ROIC가 30퍼센트, 철강회사들의 그것이 5퍼센트라고 한다면 평가는 다를 수밖에 없다. N 철강회사에 경쟁 우위가 있는 것이다. 경쟁 우위를 비율로 따지는 이유가 있다. 가령 M 회사는 10억 원을 벌고, N 회사는 5억 원을 벌었다면 어느 것이 경쟁력이 더 있는가? 자본금이 같으면 M 회사이다. 그러나 자본금이 M 회사는 100억 원이고, N 회사는 1억을 사용했다면 N 회사의 경쟁력이 월등히 강하다. 그러므로 수익을 자본금에 대한 비율 곧, ROIC로 보아야 하는 것이다. 그러면 경쟁 우위의 뜻을 좀 더 분명히 하자.

✤ 한 기업의 경쟁 우위는 그 수익성을 같은 업종의 다른 기업의 평균 수익성과 비교하는 것이다.

✤ 한 기업의 수익성이 다른 기업에 비하여 지속적으로 높으면 그 기업은 경쟁 우위가 있다고 말한다. 지속적으로 높은 수익성은 경쟁사들보다 지속적으로 높은 가격, 지속적으로 낮은 비용, 또는 이 두 가지에 따라서 결정된다.

✤ 경쟁 우위의 단위는 사업단위이다. 기업 전체가 아니다.

✤ 수익성을 나타내는 가장 좋은 지표는 ROIC이다. 매출액수익률, 성장, 시장점유율, 주주가치는 잘못된 지표이다.

경쟁 우위는 경쟁자보다 더 높은 가격, 더 낮은 비용 또는 이 두 가지를 같이할 때 생긴다. 그런데 명품회사의 경쟁 우위의 결정 요인 중에는 비용보다 가격이 더 중요하다. 그러면 높은 가격을 받으려면 어떻게 해야 하는가? 다음 예를 보자. 경쟁 우위를 향상시키기 위해서는 경쟁사보다 더 높은 가격을 받을 수 있어야 한다. 어떻게 그렇게 할 수 있는가? 같은 성능의 핸드백이라도 명품은 소비자들이 더 높은 가격을 주고서라도 살 것이다. 따라서 소비자들의 '지불 의도'를 높이는 것이 중요하다. 그 방법은 제품의 부가가치를 높이거나 광고를 비롯한 마케팅 등 여러 가지 방법이 있다.

어느 성형외과 의사로부터 들은 이야기다. 그 의사는 주말이면 상해, 홍콩, 천진 등을 방문해서 그곳 여성들에게 성형수술을 시술한다고 했다. 그들 중 상당수는 비싼 비용에도 성형 후 높은 만족감을 드러냈고, 다른 현지 여성들 또한 한국의 성형외과 시술에 높은 가격을 지불할 용의가 있다는 것을 알게 되었다고 한다. 이처럼 높은 가격에도 한국 의사를 찾는 이유는 구매자가 그만한 가치가 있다고 생각하기 때문이다. 마이클 포터는 이를 '구매자 가치'라고 말한다. 이런 점에서 볼 때 한국 성형외과 의사는 현지 의사에 비하여 충분한 경쟁 우위가 있다. 또한 많은 나라에서 한국인 양궁 선수나 태권도 선수를 코치로 영입한다. K팝 가수나 한류 탤런트를 광고 모델로 사용한다. 충분한 경쟁 우위를 바탕으로 현지인보다 훨씬 높은 보수를 받는다.

소비자들은 일반 식품보다 유기농 식품, 일반 열차보다 고속철도(KTX) 열차, 보통 자동차보다 하이브리드 자동차 등에 대하여 더 높은 가치를 인정하며 더 높은 비용을 지불하고 살 용의가 있다. 이처럼 생산비가 비슷할 때 어떤 기업이건 제품의 차별화를 통하여 경쟁사보다 더 높은 가격을 받을 수 있으면 경쟁 우위가 있는 것이다.

# 경쟁 우위를 창출하는 것은 이기는 전략이다

도쿄에서 삼겹살 사업으로 크게 성공한 구철 사장 이야기를 보자. 그는 22세에 처음 일본에 갔을 때만 해도 공원에서 노숙을 할 정도로 무일푼이었다. 지금은 도쿄에서 땅값이 아주 비싼 신오쿠보新大久保를 비롯하여 도쿄 전역에 걸쳐 삼겹살 전문집 '돈짱'을 운영하고 있다. 그가 처음 개점할 때만 해도 도쿄에는 삼겹살집이 없었다. 하지만 최근에는 일본 TBS 방송국이 '돈짱'을 도쿄에서 맛이 가장 좋은 음식점으로 선정하기도 했다. 돈짱 앞에는 항상 손님들의 줄이 길다. 고기는 일본 전역을 다니면서 최고의 축사를 선정해서 그곳에서만 납품 받는다. 김치도 독자적인 공장에서 생산한 것만 사용한다. 맛이 좋기로 유명하다. 가격은 보통 한식의 반 정도에 불과하다. 그리고 각종 밑반찬은 풍성하게 제공하고 무한 리필도 해준다. 종업원은 대부분 아르바이트생들이지만, 최고의 대우를 해준다. 친절하기로 유명하다. 주문받은 음식은 그 자리에서 제공하므로 빨리 달라는 말도 없다. 이와 같이 돈짱은 5가지 평가 기준, 즉 혁신, 품질, 가격, 서비스, 속도 면에서 지속적으로 우위를 획득해 다른 음식점보다 수익(=가격-비용)을 더 많이 내고 있다.

베트남전쟁 때 베트남군은 미군에 비하여 체격, 무기 등 눈에 보이는 것에서 거의 모두 열세에 있었음에도 승리를 얻어냈다. 어떻게 이겼는가? 바로 눈에 보이지 않는 것, 두뇌와 전략으로 이겼다. 우리가 주목해야 할 대목은 바로 이것이다. 학벌, 가문, 용모, 자원 등 눈에 보이는 것이 결정하는 것은 주로 비교 우위이고, 눈에 보이지 않는 것이 결정하는 것은 경쟁 우위이다. 그런데 경쟁 우위를 결정하는 것이 다름 아닌 전략이다.

결론적으로 글로벌 경쟁력이 전략의 목표다. 한국 여자 양궁 선수들을 보

자. 그들은 올림픽 단체전에서 7회 연속 금메달을 석권했는데, 그들의 높은 글
로벌 경쟁력 때문이다. 여러 나라에서 한국 양궁 선수들을 코치로 영입하고,
한국의 양궁 노하우를 수입하려고 한다. 런던 올림픽에서 기보배 선수는 윈앤
윈WIN&WIN이라는 국산 활로 개인전과 단체전 모두에서 금메달을 받음으로써
세계 시장을 장악하고 있던 미국 호이트Hoyt 사를 앞지를 수 있었다. 각 영역
에서 최고의 글로벌 경쟁력을 갖는 것이 얼마나 중요한지 보여주는 대목이라
하겠다.


## 피터 드러커의 안트러프러너 전략

스티브 잡스의 사망진단서에는 그의 직업이 안트러프러너Entreprenuer로
표기되어 있다. 유명한 경제학자 조셉 슘페터는 스티브 잡스처럼 혁신적인 기
업가를 안트러프러너라고 규정한다. 모든 기업 경영인이 아니라 혁신적 기업

가만이 안트러프러너이다. 피터 드러커는 안트러프러너의 전략을 다음과 같이 네 가지로 설명한다. 이는 마이클 포터의 전략과 보완적으로 사용할 수 있는 개념이다.

- ✚ **총력 전략** : 성공에 모든 것을 거는 전략이다. 윌리엄 텔의 사과처럼 실패할 확률이 높다. 실패하면 기업의 생사가 걸릴 수도 있다. 이판사판 전략이 이에 가깝다.
- ✚ **빈곳 공략 전략** : 일본의 시계회사 세이코가 쿼츠 시계로 스위스 시계회사들이 생각하지 못한 시장, 빈 시장에 진출한 것을 예로 들 수 있다. 그리고 일본 소니회사의 공동 창설자인 아키오 모리타 회장이 1947년 미국의 벨 연구소가 개발한 트랜지스터를 2만 5천 달러에 매입하여 2년 뒤에 상용화한 뒤 미국 라디오 시장을 재패했다. 일본의 TV, 계산기, 복사기 회사도 미국이 개발한 기술을 소형화하여 미국 시장에 진출해서 성공했다.
- ✚ **틈새 전략** : 무인 자동차 시동장치의 개발, 여행자 수표 개발 등이 틈새시장의 예이다.
- ✚ **제품·산업·시장의 가치나 특성의 변화** : 음식점에서 밥을 무료로 더 주거나 반찬을 더 주는 등 여러 가지 전략이 있을 수 있다.

## 모방할 수 없는 전략을 짜라

"학벌과 입사 성적도 괜찮고, 보고서 작성, 업무 태도, 프레젠테이션 등 회의 주재와 발표도 잘합니다. 다른 입사 동기는 여러 측면에서 저보다 못한데 승진도 빠르고 잘나갑니다. 왜, 저만 제자리걸음일까요?"

많은 직장인들이 이런 생각을 한다. 그러나 비교 우위나 오퍼레이션은 전략이 아니다. 눈에 보이는 것이 결정하는 것이 비교 우위이고 눈에 보이지 않는 것이 결정하는 것은 경쟁 우위라고 앞서 설명한 바 있다. 학벌, 입사 성적 등은 비교 우위에 속한다. 나도 남도 할 수 있는 것은 오퍼레이션과 관련된 것이고, 남은 할 수 없고 나만 할 수 있는 것은 전략과 관계된다. 보고서 작성, 업무태도, 프레젠테이션 등은 오퍼레이션과 관계된 것이다. 그러므로 이 사람은 전략 개념이 없는 사람이다. 비교 우위, 경쟁 우위, 오퍼레이션, 경쟁 전략 등의 개념을 분명히 짚어보자.

- **More and Better** : 경쟁자와 같은 것을 더 잘, 그리고 더 많이 하는 것은 오퍼레이션(operation)과 관계된다.
- **New and Different** : 새로운 것을 하거나, 같은 것을 다르게 하는 것은 '경쟁 전략'과 관계된다. 이를 두고 피터 드러커는 혁신 전략, 마이클 포터는 경쟁 전략이라고 말한다.

포터는 기업이 경쟁 우위를 달성하기 위해 5대 세력(생산자, 고객, 공급자, 대체재 생산자, 잠재적 진입자) 틀을 사용하여 그 업종의 수익성을 판단한 후 자체의 경영 전략을 수립하게 되는데, 경영 전략에는 다음 3가지 즉, 차별화 전략, 비용 우위 전략, 집중 전략이 있다고 지적한다.

첫째, 차별화 전략이다. 포터가 말하는 차별화란 바로 명품 회사들처럼 '유니크한 제품으로 가격을 경쟁자들보다 상대적으로 높게 받을 수 있는 능력'을 말한다. 그의 차별화 정의는 비교적 좁다. 차별화가 가능하게 되는 것은 경쟁자들이 쉽게 모방할 수 없는 독특함이 있기 때문이다. 외제 명품 지갑은 200달러, 국내 짝퉁 지갑은 20달러이고, 기능이나 실용성에 있어서는 짝퉁이 오히려 앞서는데도, 사람들은 높은 가격을 주고 명품을 산다. 명품은 기능보다 소비자들의 최고 지향 심리와 관계가 깊다. 이런 것이 명품 회사들의 차별화 전략이다. 그 외에 마이클 포터 교수의 강연료가 20만 달러 이상, 스위스 파르미자니 회사의 시계 값이 10억 원 이상, 유기농 채소 값이 일반 채소 값보다 비싼 것, 일류 호텔 음식 값이 일반 식당의 음식 값보다 더 비싼 것 등은 모두 차별화의 예이다.

일본 자동차 업계에는 '기술의 닛산, 판매의 도요타'란 말이 있다. 도요타는 고객이 차를 사면 차량 구입, 할부 구입, 등록, 보험, 수리, 중고품 판매 등 토탈 서포트 시스템을 제공하는 것이다. '자동차의 일생' 동안에 소비자가 필요한 서비스를 총체적으로 제공한다. 닛산은 도요타의 생산 기술은 따라갈 수 있었으나 판매 서비스의 차별화 전략을 좀처럼 따라잡지 못했다. 기술은 어느 정도 정형화되어 모방이 가능하지만 서비스는 그렇지 못하다는 것이다.

둘째, 비용 우위 전략이다. 경쟁자가 쉽게 모방할 수 없도록 경쟁사들보다 상대적으로 낮은 가격으로 경쟁하는 것이 비용 우위 전략이다. 명품은 차별화 전략이 중요하나 PC나 가전제품의 경우에는 비용 우위 전략이 중요하다. 종업원 기준(220만) 세계 최대의 회사인 월마트의 주된 전략은 경쟁사들이 따라올 수 없는 비용 우위 전략이다.

셋째, 집중화 전략이다. 이는 기업이 공급하는 고객의 범위나 니즈를 제한하는 것을 의미한다. 한 기업이 이 세상 모든 시장의 모든 사람에게 모든 것을 제공하려 한다면 그에게는 전략이 없는 것이다. 현재 3만 개가 넘는 매장을 가진 맥도날드 창업주 레이 크록은 놀랍게도 한때 주업이 부동산 사업이었다. 그는 부동산 새빌 입자와 프랜차이즈 소유자를 주 고객으로 돈을 벌어들었다. 그러나 2003년 위기를 겪은 후 고객을 소비자로 바꾸었다. 마케팅 대상을 바꾼 후 회사는 다시 살아났다. 전직 부동산 업자였던 만큼 미국 주요 도시의 교통 요지를 확실히 꿰뚫고 있었기 때문이다. 집중할 주 고객을 옳게 정하는 것은 대단히 중요하다. 그럼 하버드 대학교의 주 고객은 누구인가? 하버드 대학교가 만들어내는 신지식과 아이디어를 사용하는 다양한 학문 분야의 학술 전문가들이다. 즉 하버드 학생이 아니다.

## 비교 우위, 경쟁 우위, 진화 우위

초경쟁시대에는 어떤 기업이 강한 경쟁 우위를 창출해내도 오래가지 못한다. 계속 새로운 경쟁 우위를 창출해야 한다. 진화가 필요하다. 한때 경쟁 우위가 있어도 오늘날과 같은 환경 급변의 시대에는 진화 우위가 없으면 아마존 지역의 꼬리 잘린 악어처럼 된다. 아마존에는 꼬리 부분이 잘려나간 악어들이 있다. 동물학자들은 오랫동안 그 원인을 궁금해하다가 드디어 답을 찾았다. 악어가 강을 떠나 이동하거나 얕은 물에 있을 때 수달을 만나면 수달이 악어의 꼬리 부분을 산채로 잘라 먹는다. 상황은 이러하다.

민첩한 수달은 악어 등에 올라타서 악어의 위턱을 뒤에서 물고 늘어진다. 한참 있다가 내려와서 꼬리를 뜯어 먹는다. 마치 협상이나 한 것처럼 악어는 견딘다. 아파서 움직이면 다시 등에 타서 같은 동작을 되풀이한다. 다시 항복을 받았는지 내려와서 꼬리를 마저 잘라 먹는다. 악어는 환경이 바뀌었는데도, 전략을 진화시키지 못해서 꼬리 부분을 잃는다. 아시아의 많은 기업들은 1997년 경제위기 때 제대로 된 대응 전략을 수립하지 못함으로써 외국 금융투기자들에게 주식, 부동산 등 재산의 꼬리 부분을 헐값에 빼앗기다시피 팔아야 했다.

반면에 우리의 기업들은 버텨냈다. 삼성은 현재 전 세계적으로 사업장이 450여 개에 이를 만큼 글로벌 기업으로 진화했다. 삼성의 이러한 세계화는 진화에 관한 수많은 노력들이 담겨 있다. 삼성전자는 지역별로 차별화된 연구개발, 마케팅 및 서비스를 시행함으로써 글로벌 기업으로서 역량 개발에 힘을 기울였다. 삼성전자는 해당 국가와 지역 사회에 공헌하고 함께 성장해나간다는 원칙 아래 해외 진출을 추진했다. 또한 모토로라와 노키아 등 기존 강자들이 변화에 대처하지 못해 조금씩 도태될 무렵, 스마트폰 '갤럭시S'로 개발함으로써 선두 자리를 지켜냈다. 2010년에 발매한 '갤럭시S'는 7개월 만에 천만 대를 돌파했으며, '갤럭시S Ⅱ'는 출시 5개월 만에 천만 대를 돌파해 삼성 휴대폰 역사상 최단 기간 천만 대 판매 기록을 세우기도 했다. 피처폰과 스마트폰을 통틀어 삼성전자 역사상 최단 기간 판매 신기록이었다. 2011년 글로벌 스마트폰 시장에서 점유율 19.9퍼센트로 애플을 꺾고 1위에 오른 이래, 최근까지도 점유율 1위를 지켜내고 있다.

### 군사 전략의 진화

수벌이라는 뜻의 무인비행기 드론drone. 미국은 드론을 사용하여 알카에다 2인자 아부 예히아 알리비를 추적하여 자택에 미사일을 발사하여 살해했다. 알카에다 지도자 오사마 빈 라덴과 리비아 독재자 카다피의 추적에도 드론을 사용했다. 드론은 현재 미국 국경에서 밀입국 멕시코인 추적이나 마약거래 단속에도 사용되고 있다. 앞으로는 택배 서비스, 참치 떼 추적 등 상업적 목적에도 사용될 것이다. 조종사들은 수만 킬로미터 떨어진 미국 뉴멕시고니 네비디 주에서 스크린을 통하여 조종하면서 폭격을 한다. 전쟁이 마치 비디오 게임처럼 진화한 것이다. 유인 폭격기와 달리 아군에게 피해가 없다. 그러나 사람이 조종하는 것이 아니므로 의도치 않은 충돌 가능성은 있다. 24시간 운항, 정찰도 가능하다. 정밀 유도 폭탄 등 2톤 이상의 무기를 실을 수 있는 대형 드론(X-47B)은 항공모함에 이착륙이 가능하다. 다른 나라 공항 사용 허가나 관련 외교 문제도 없다. 조종사가 필요 없으므로 유인 조종 비행기보다 운항 비용이 월등히 적다. 미국은 최근 음속의 5배 이상의 극초음속 무인기(X-51A)의 시험 비행에도 성공했다. 스텔스 드론도 있고, 병사들이 배낭에 넣을 수 있는 휴대용 미니 드론도 있다. 전투 현장에서 폭탄을 장착한 드론을 GPS를 사용하여 공격 목표에 날려 보내 자폭하게 만들 수도 있다. 이는 가미카제 드론으로 불린다. 드론은 전쟁의 판을 바꾸어놓는다. 손자가 《손자병법》을 쓸 때는 적의 성이나 도시 공격이 가장 어려웠으나 드론은 이를 가장 쉽게 만들었다. 이 때문에 군사 전략의 진화가 필요하다.

### 아디다스 전략의 진화

스포츠 브랜드 아디다스는 아돌프 "아디" 다슬러Adolf "Adi" Dassler가 1949년 독일에서 설립한 회사이다. 회사 이름은 그의 닉네임과 성의 앞 글자를 따서 만든 것이다. 지금까지 세계 최고 수준의 스포츠 용품 회사로 성장한 것은 끊임없는 전략의 진화 때문이다. 처음에는 전략의 초점을 좋은 신발을 만드는 데 두었다. 그러다 이후에는 올림픽, 축구 월드컵 등 세계적인 스포츠 이벤트를 지원하며, 스포츠 용품을 소비하는 것이 아닌 이미지를 소비하는 대중을 타깃으로 삼았다. 최근에는 세계 최고의 선수들이 불가능하다고 생각했던 신기록 갱신에 직접적으로 기여함으로써 첨단 스포츠 기업으로서의 이미지를 강화하고 있다. 전 세계 사람들로 하여금 아디다스는 "Impossible is Nothing(불가능은 없다)", 또는 "Adidas is all in(아디다스는 모든 것을 쏟아 붓는다)"라는 기업 이미지 광고를 한다. 이는 새로운 브랜드 전략이다. 아디다스의 지속 성장은 이러한 전략의 끊임없는 진화의 결과이다.

김연아 선수가 피겨스케이팅 세계 챔피언이 된 것은 분명히 체형에 비교 우위가 있었기 때문이다. 그러나 전 세계적으로 김연아 선수와 같은 체형의 선수는 많다. 그런데 어떻게 김연아만이 세계 챔피언이 되었는가? 바로 경쟁 우위 때문이다. 눈에 보이는 체형은 비교 우위이고 눈에 보이지 않는 두뇌(지력)는 경쟁 우위이다. 비교 우위는 일정 부분까지만 중요하고 나머지는 경쟁 우위, 곧 전략에 따라서 결정된다. 역도의 장미란, 바둑의 이창호도 모두 마찬가지다. 모두와 똑같은 것을 해서 1등을 하는 베스트 경쟁만으로는 챔피언이 될 수 없다.

지금까지 비교 우위와 경쟁 우위의 중요성, 그리고 그 차이를 살펴보았다. 또한 경쟁 전략에서 유니크 경쟁이 베스트 경쟁보다 더욱 중요해지고 있다는 점도 살펴보았다. 요컨대, 오늘날의 기업은 경쟁 우위를 잘 창출해야 할 뿐만 아니라 환경 변화에 맞게 계속 진화해야 한다. 초경쟁이 일상화된 시대에 어렵사리 창출한 경쟁 우위는 순식간에 사라질 수 있다. 다음의 교훈을 잊지 말아야 할 것이다.

"초超변화의 시대에는 어떠한 전략도 계속 성공할 수는 없다."
"전략이 진화하면 사람을 죽이는 방법도 진화한다."

# 상생 전략 × 상극 전략

상생과 상극의 심리 게임, 게임 전략

# 6

케이크를 나눌 때 한 아이에게는 반으로 자르게 하고,
다른 아이에게는 더 큰 것을 고르라고 하면 자르는 아이는 똑같이 자르려고 노력한다.
그냥 내버려두면 서로 더 많이 먹기 위해 상극 관계가 될 수 있지만
이를 상생 관계로 만들 수 있다. 이는 게임 전략의 일종이다.
상극이 될 수 있는 관계를 상생 관계로 만드는 이런 전략은 일종의 전승 전략이다.
애덤 스미스는 《국부론》에서 개인은 이기적으로 행동하더라도
경쟁을 통해서 하면 전체의 이익(공익)을 증진하게 된다고 말했다.
그러나 '죄수의 딜레마'처럼 2명의 공범은 서로를 믿지 못함으로써
모두 감옥살이를 하게 된다. 경제학은 애덤 스미스의 예측과 전혀 다른 결과를
가져오기도 한다. 게임 전략은 범죄 수사, 협상, 기업의 가격 담합 등
수많은 게임 상황의 문제에 활용할 수 있다.
개인의 전략 문제에서 출발한 게임 전략은 이와 같이 수많은 게임 상황에
적용될 수 있으므로 전략의 일반 이론으로서 활용 가치가 높다.

# 인생도 게임, 싸움도 게임, 게임처럼 즐겨라

"게임 이론이란 나의 행동에 상대가 어떻게 대응할 것인가를 생각해본 다음 내가 어떻게 하는 것이 합리적 행동인가에 관한 이론이다. 곧 전략적 상호작용에 관한 이론이다." 이는 게임 이론으로 노벨 경제학상을 수상한 존 하사니 John Harsanyi의 말이다. 사실 우리의 삶 그 자체가 하나의 게임이다. 동양에서 유명한 게임인 바둑은 많은 용어가 일상 용어가 된 지 오래다. 정석, 급소, 악수, 승부수, 무리수, 묘수, 초읽기, 미생, 자충수, 소탐대실, 사석, 포석, 대마불사, 수순, 패착, 끝내기 등등 그 자체가 인생에 가장 가깝다.

바둑을 두는 사람을 보면 고수는 게임으로 즐기고, 하수는 승부에 너무 집착해서 싸우는 경우가 많다. 인생도 전승하는 사람은 닥친 문제를 전략으로 해결하기 때문에 즐기면서 살고, 하수는 모든 문제를 전투로 생각해서 싸움부터 치르려고 한다.

내가 세계은행 자문위원을 할 때 짐 무레이라는 동료 자문위원이 있었다. 세계은행 자문위원을 하면 출장 가는 도시마다 관례상 그곳 최고의 호텔에 투숙할 수 있는 등의 혜택이 있다. 그러나 자문 보고서를 쓴 다음 익명의 전문가의 심사를 받고 통과되어야 자문료를 받게 되는 번거로움도 있다. 어느날 자문 보고서를 열심히 고쳐 쓰던 무레이 교수에게 어쩌다가 경제학을 전공해서 이 지경(?)이 되었는가 하고 물었다. 그는 기다렸다는 듯이 사정을 이야기했다.

대학생 때 마음을 사로잡은 애인이 생겨서, 결혼하기로 마음먹고 열심히 데이트를 했다. 그런데 하루는 학교를 마치고 아름다운 캘리포니아 해변, 경치 좋은 곳에서 데이트를 하는데, 석양에 물든 하늘이 너무나 아름다웠다. 그녀는 하늘이 어떻게 저렇게 아름다울 수 있는지 물었다. 그는 전공인 물리학 실력을 자랑할 겸 무지개 색깔처럼 어떤 색깔은 몇 도의 각도로, 또 어떤 색깔은 몇 도의 각도로 꺾어지기 때문에 저런 색깔이 나온다는 등 열심히 설명을 했는데, 그녀가 자리를 떠나더라는 것이다. 말하자면 '오늘 너와 함께 있으니 아름답다.'라는 말이 듣고 싶은 사람에게 고리타분한 물리학 이야기나 했으니, 멋없는 사람과 더 이상 사귈 필요가 없다며 떠난 것이다. 그 후 아무리 설득해도 그녀는 돌아오지 않았다. 그는 자신의 결별이 물리학 때문이라 생각해 전공을 경제학으로 바꾸었고, 지금 이 순간 자문위원이 되어 수학 기호가 가득한 자문 보고서를 쓰게 되었다며 내게 하소연했다. 말 한 번 잘못했다가 실연의 쓰라림을 맛보았던 것이다. 결국엔 잘된 인생이겠으나, 젊은 시절 실연을 맛본 것은 모두 게임 전략의 부재에서 비롯된 것이다.

《손자병법》에서 가장 유명한 말은 지피지기 백전불태知彼知己, 百戰不殆이다. 상대를 알고 나를 알면 백번 싸워도 위태롭지 않다는 말이다. 손자는 상대를 모르고 나를 알면 한 번 이기고 한 번 지며, 상대도 모르고 자신도 모르면 싸움마다 진다고 말한다. 무레이는 실상 상대도 자신도 잘 몰랐다. 말 한마디, 행동 한 번만으로 연인에서 남남이 될 수 있다. 상대의 반응을 예측하고 다음

순간 나의 말과 행동을 해야 하는 경우는 모두 게임 상황이다. 상대를 모르고 언동을 했다가는 패자가 되기 쉽다.

고급 식당에 가서 친구, 애인, 귀한 손님에게 식사를 대접할 때 와인 리스트를 보면 아주 싼 것, 아주 비싼 것, 중간 것 등 상중하의 3종류가 있다. 어느 것을 주문해야 하는가? 아주 싼 것은 주문하기는 그렇고, 고급 와인은 너무 비싸다. 보통은 중간대 와인을 주문한다. 식사 메뉴도 보통 상중하가 있다. 식당 주인들은 손님들이 대체로 중간 것을 주문한다는 것을 안다. 그러므로 상중하 중 상은 들러리로 적어놓고 이익이 제일 많이 나는 것을 중으로 적어 놓으면 된다. 이와 같이 내가 이렇게 할 때 상대가 어떻게 할 것인지를 예상해서 행동하는 것은 어떤 문제든지 게임 전략의 대상이 된다.

게임이라고 하면 많은 사람들이 전쟁과 무관하다고 생각할지 모르나 엄밀하게 게임은 전쟁에서 출발하거나 전쟁 논리와 유사한 점이 많다. 우리나라 장기만 보더라도 중국 한漢나라의 유방과 초楚나라의 항우 간 한초漢楚전쟁을 바탕으로 만들어진 게임이다.

엘리자베스 에더샤임Elizabeth Edersheim은 《피터 드러커, 마지막 통찰》이라는 책에서 오늘날의 세계를 체스판, 즉 오대주에서 많은 전문가들이 여러 개의 판을 놓고 3차원 게임을 하는 체스판에 비유했다. 미국의 대통령 안보보좌관을 지낸 즈비그뉴 브레진스키Zbigniew Brzezinski 또한 냉전 후 유라시아가 '거대한 체스판The Grand Chessboard'처럼 되었다고 묘사했다. 마오쩌둥 또한 전쟁이 바둑과 같다고 말하며 "우리에 대한 적의 군사 작전과 적에 대한 우리의 군사 작전 및 전투는 바둑돌을 따먹는 것이며, 적의 거점과 우리의 유격 근

거지는 바둑에서 집을 짓는 것과 같다."*라고 설명했다. 실제로 리링 북경대 교수는 바둑이 옛날 군대 놀이로서 포위, 역포위 등을 모방한 것으로 전쟁에서 기원했다고 설명한다.

게임 이론을 학문으로 창시한 사람은 헝가리 출신 수학자 존 폰 노이만John von Neumann이다. 그리고 이를 발전시킨 많은 학자들이 노벨상을 받았다. 1994년에 존 하사니, 존 내쉬John Nash 및 라인하르트 젤텐Reinhard Selten 등의 게임 이론 연구자에게 처음으로 노벨상이 주어진 이래 지금까지 모두 12명이 넘는 학자들이 게임 전략 연구로 노벨상을 받았다. 게임 전략의 중요성을 보여주는 대목이다.

군사 전략이나 기업 전략이라는 말은 많이 들었지만 게임 전략이란 말이 생소한 사람도 있다. 게임 전략은 가장 다양한 경우에 적용되는 일반 전략이다. 나는 상대방을 잘 알아야 하지만 상대방은 나를 알지 못하게 감추어야 함을 강조하는 것이《손자병법》의 핵심 전략이다. 상대방의 허를 찾고, 상대방의 실을 허로 만들어 공격해야 함을 강조한다. 즉 '허실지계'가 중요한 것이다. 반면에 게임 이론은 나도 상대방의 마음을 알고 상대방도 나의 마음을 안다는 가정에서 출발한다. 게임 이론에서는 허실지계 같은 전략이 없다.《손자병법》이 강조하는 기정지계나 세勢의 중요성 등도 마찬가지다.

*리링,《전쟁은 속임수다 : 리링의 손자강의》, 2012.

# 동서양 전략을 나타내는 게임 두 가지

헨리 키신저는 저서《중국 이야기》에서 바둑과 체스를 통해 동서양 전략의 차이를 읽을 수 있다고 말한다. 이를테면, 체스는 판에 말을 배치해놓고, 판이 가득 찬 상태에서 시합을 시작한다. 목표는 총력전을 바탕으로 한 '총체적 승리'이다. 체스는 상대편의 킹을 잡으면 이기는 게임이다. 클라우제비츠는 적의 힘의 중심center of gravity, COG을 찾아서 파괴하라고 했는데, 적의 중심이 바로 체스에서 킹이다. 바로《전쟁론》의 핵심 전략과 동일하다. 그러나 바둑은 이와 다르다. 가로 세로 19줄인 빈 판에서 대국이 시작된다. 체스는 시합이 진행됨에 따라서 판이 점점 비게 되지만, 바둑은 반대로 판이 점점 차게 된다. 하나하나 잡아먹는 것보다 포위해서 판 전체를 이기는 것을 중시한다. 즉 바둑은 영토 전쟁에 가깝다. 상대방 말을 많이 죽이는 것보다 집이 많은 사람이 이긴다. 상대편 돌을 많이 잡아먹지 않고 집을 많이 지음으로써 이길 수 있다. 상대보다 한 집, 심지어 반 집이라도 많으면 이긴다. 바둑은 위기圍棋라고 하듯 전략적 포위를 중시한다. 정면충돌이 아니라 비어 있는 곳에 바둑돌을 전략적으로 배치하여 상대방의 세勢 곧 전략적 잠재력을 악화시킬 것을 강조한다. 《손자병법》의 핵심 전략과 유사하다. 지금까지 놓은 돌이 승부를 결정하기도 하지만 앞으로 놓일 돌에 의하여 승부가 바뀔 수도 있다. 서로 180여 개의 돌로 승부를 겨루지만 반 집 또는 한 집 차이로 승부가 결정될 때도 있다. 끝날 때까지 승부를 예측하기 어려운 경우도 많다.

서울대 부총장으로 있을 때 이창호, 목진석 같은 바둑 고수들의 모임에 가서 이런 고수들과 직접 대국해본 적이 있다. 이창호 국수와는 4점을 놓고 두었다. 나는 오래전 아마 3단을 받았지만 5점을 놓아도 이길 수는 없을 것이니 그냥 4점만 놓겠다고 양해를 구했다. 4귀가 살고 통어복通魚腹(바둑판에서 중앙을 관통해 사는 것)하면 이긴다는 바둑 격언에 따라서 가급적 싸움을 피하고 집만 지으면서 열심히 두어서 4귀가 모두 살았다. 이처럼 통어복을 시도하는데, 구경하던 분이 "교수님 벌써 지셨네요."해서 깜짝 놀랐다. 잡은 돌도 잡힌 돌도 별로 없었는데, 집 계산에서 이미 졌던 것이다. 이러한 점이 바둑과 체스의 결정적인 차이가 아닌가 싶다. 이창호 기사가 충분히 실력 발휘한 것 같지도 않았다. 가급적 내게 손해를 덜 입히고 최소한으로 이기려는 것을 느낄 수 있었다. 이는《손자병법》의 전승 전략과 궤를 같이한다.

바둑 급수는 초보자의 경우 18급부터 출발한다. 실력이 증가하면 17급, 10급, 5급 등으로 올라가서 아마추어 최고인 1급까지 올라간다. 1급 중 프로가 되는 사람은 승단 테스트를 거쳐 1단이 된다. 승단 후 실력 증가에 따라서 2, 3단으로 올라 최고 9단까지 이를 수 있다. 바둑이 신통한 것은 그 수가 무궁무진할 뿐만 아니라 사람의 급수가 실력에 따라서 정확히 정해진다는 점이다. 누구든지 자신의 실력(급수)을 속일 수 없다. 바둑 급수와 인간 됨됨이는 속일 수 없다는 말도 있지 않은가!

## 영원한 친구도, 영원한 적도 없다

'중국은 미국의 친구인가, 적인가?' 국제 관계에는 '영원한 적도 영원한 친구도 있을 수 없다' 는 말이 있다. 중국의 지도자 시진핑이 2012년 미국을 방문했을 때, 미국 언론은 '프레너미'가 왔다는 표현을 했다. 이는 friend (친구)와 enemy(적)의 조어로, 친구이면서 동시에 적이라는 것이다.

1991년 덩샤오핑은 중국을 방문한 김일성에게 역사적으로 보면 국가 간의 동맹은 군사 동맹을 포함하여 모든 것이 믿을 수 없다고 분명히 말했다. 김일성은 다음해 한·중 양국이 수교하는 것을 보고 이 말의 참뜻을 깨닫고 깜짝 놀랐다고 한다. 국가 간에 오로지 중요한 것은《손자병법》이 강조하는 이利 곧 이해관계이다. 《손자병법》에는 이利라는 글자가 52회 나온다. 개인, 기업, 국가 할 것 없이 상대에게 이利가 될 때 친구가 될 수 있다.

어떤 생물학자의 실험을 보자. 열대어 25종을 각각 4마리씩 모두 100마리를 작은 어항에 넣고 서로 어떻게 공격하는지 살펴보았다. 그 결과는 어떻게 나왔을까? 예상외로 다른 종류의 물고기보다 동종 간의 공격이 월등히 많았다. 자연계에서 동물들의 싸움은 이종 간 싸움과 동종 간 싸움으로 양분할 수 있는데, 대부분의 싸움은 동종 간에 이루어진다. 개미는 개미들끼리, 사자는 사자들끼리, 개는 개들끼리 싸운다. 인간도 마찬가지이다. 그리고 인간도 중학생은 중학생끼리, 노숙자는 노숙자끼리 싸우게 된다. 이는 주위 사람이 적이 되기 쉽다는 말도 된다. 주위 사람이 동료이면서 언제든지 적이 될 수 있는 것이나. 득히 이해관계가 겹칠 때 너욱 적이 되기 쉽다는 말이다.

친구 관계와 적대 관계, 또는 경쟁 관계와 협조 관계를 포함할 수 있는 전략이 게임 전략이다. 남과 싸워야 하는 게임은 두 종류로 나눌 수 있다. 하나는 육상 경기처럼 남의 행동에 간여해서는 안 되는 것인데, 이런 것은 '경쟁형 게임'이다. 다른 하나는 축구, 바둑처럼 자신의 목표를 달성하기 위하여 다른 사람의 행동에 간여하는 게임인데, 이런 것은 '전략형 게임'이다. 독일의 전략가 헬무트 몰트케Helmuth Moltke는 자신의 목표는 달성하되 남의 목표는 달성하지 못하도록 하는 것이 전략이라고 했다. 이는 전략형 게임에서 핵심 개념이다. 바둑, 축구, 야구 등의 게임을 이해하는 사람이라면 이 뜻이 쉽게 이해된다. 인간관계도 대부분 전략형 게임이다.

가령 어느 한국 전자회사의 강력한 라이벌인 외국 전자회사에 경영 능력이 부족한 사람이 CEO가 되었다고 가정해보자. 동지일까, 적군일까? 이 사람을 우군 또는 적 어느 편으로 판단해서 대접해야 하는가? 정치인의 입장에서 볼 때 상대 정당의 무능한 지도자가 부정부패에 연루되었다고 가정해보자. 그 사람을 도덕적으로 비난해서 자리를 떠나게 해야 하는가, 아니면 우군으로 생각해서 그 자리를 지키되 선거에서 패배하게 만들어야 하는가? 전략형 게임이 풀어야 할 숙제는 바로 이것이다.

세상에는 나만 열심히 잘한다고 되는 일만 있는 것이 아니다. 권투나 바둑이나 음식점 경영이나 내가 얼마나 잘하는가는 남이 어떻게 하는가에 크게 달려 있다. 나와 남이 상호의존 관계에 있는 경우 나의 승패는 나의 전략뿐만 아니라 남의 전략에도 좌우된다. 그리고 상생 관계도 언제든지 상극 관계로 변할 수 있다.

그뿐만 아니라 기업들 간에도 상생 관계와 상극 관계가 존재할 수 있다. 예를 들어 삼성·LG전자와 애플은 스마트폰 생산 면에서는 치열한 경쟁 관계에 있다. 삼성이나 LG전자는 애플의 스마트폰이 덜 팔려야 좋다. 그러나 삼성·LG전자는 애플에 디스플레이, 반도체, LCD 등의 핵심 소재를 판매하므로 애플의 스마트폰이 많이 팔릴수록 좋게 된다. 그 관계는 동시에 적이고 친구인 관계다.

1812년 미국 독립전쟁 시기 미국의 장군 윌리엄 윈더William Winder가 이끄는 부대의 병력은 영국군의 4배에 달했다. 그러나 윈더 장군은 바보 같은 작전으로 4 : 1의 우세에도 불구하고 패하고, 영국군의 포로로 잡히는 신세가 되었다. 이때 영국군은 윈더 장군을 죽이지 않고 잘 대접한 다음 살려서 돌려보냈다. 훗날 어떻게 되었을까? 영국군은 미국 국회의사당을 점령하고 대부분 불로 태웠다. 이번에도 전력의 약세에도 불구하고 영국군이 승리할 수 있었는데, 그 이유는 살려보낸 윈더 장군이 국회의사당 수비를 책임지고 있었기 때문이다. 아니나 다를까 어리석은 판단으로 국회의사당 점령에 큰 도움을 주었다. 윈더 장군은 영국군에게 적이었을까, 동지였을까?

어느 대그룹 총수로부터 들은 이야기다. 총수였던 그의 눈에 과장으로 있는 젊은 직원이 눈에 들어왔다. 직접 불러서 일을 시켜보았더니 제법 일을 잘 처리하곤 해, 사람들에게 칭찬도 해주었다. 그런데 어느 시점부터 얼굴을 볼 수 없어서 그 과장이 어디에 있느냐고 물었더니 유럽 지사로 옮겼다고 하더라는 것이다. 그의 상사들이 질투가 나서 일부러 그를 유럽지사에 파견 보냈다는 것이다. 또 다른 어떤 분은 젊은 시절 상사가 우군이라고 확신하고 시키는 일을 최신을 다하여 끝내주고 또한 지극 정성으로 모셨다고 했다. 그런데 그 상사는 부하가 자신의 자리까지 위협하자 진급을 막았다. 이런 상사들을 우군으로 확신하고 죽자 살자 보필한 사람은 그야말로 헛똑똑이다. 게임 전략을 알았으면 그렇게 하지는 않을 것이다.

## 평화를 원하거든 확고한 보복능력을 보여라

냉전이 절정으로 치달았던 시기에 미국에서는 소련과의 전쟁을 피하기 위해 미국 먼저 군비를 축소하고 군인의 수를 줄이자는 주장이 제기되었다. 소련의 군비 축소를 유도해 전쟁 가능성을 줄이자는 취지의 주장이었다. 그러나 게임 전략으로 노벨 경제학상을 수상했던 로버트 아우만Robert Aumann은 이 말이 결론적으로 틀렸다고 지적한다. 그는 노벨상 수상 기념 강연회에서 오히려 미국이 군비를 대폭 강화했기 때문에 전쟁을 피할 수 있었다고 주장했다. 미국이 핵무장한 비행기를 하루 24시간, 1년 365일 하늘에 계속 띄워놓았기 때문에 소련이 감히 전쟁을 시작하지 못했다는 것이다.

적과 대치하고 있는 상황에서 갈등 해소와 전쟁을 피하는 방법에 관해 로버트 아우만과 함께 노벨경제학상을 수상했던 토머스 셸링Thomas Schelling은 흥미로운 견해를 제시한다.*

✢ 소련에게 핵 공격을 당할 경우 국민과 핵무기 중 국민이 아니라 핵무기를 보호해야 한다. 핵 공격을 받았을 때 철저히 보복당할 것이라는 점을 분명히 인식시켜야 한다. 적이 공격해올 때 방어를 잘하는 것보다 보복을 잘하는 것이 더 유용하다. 철저하게 보복할 능력이 있다는 것을 알면 전쟁을 막을 수 있다.

✢ 즉각적이고 확실한 보복보다 불확실하고 점진적인 보복이 더 신뢰할 수 있고, 비용도 덜 든다.

✢ 대치하고 있는 상황에서 타고 온 배나 건너온 다리를 불 지르는 등의 자기 쪽 선택권을 악화시키는 것이 오히려 자신의 입장을 강화시키는

*토머스 셸링, 《갈등의 전략The strategy of Conflict》, 2013. 2005년 노벨상 수상 기념 강연.

길이 되는 경우가 많다.

✢ 경쟁 기업과 대치하고 있는 상태에서 공장 증설에 과다한 투자를 하면 생산 단가가 올라가서 단기적으로는 손해를 자초한다. 그러나 경쟁 기업의 투자를 방지할 수 있게 되어 장기적으로 득이 된다.

싱가포르는 국토 면적이 서울보다 조금 더 크고, 인도네시아와 말레이시아 사이에 위치해 있다. 이 두 나라의 군인들이 배를 타고 한두 시간만 가면 정복할 수 있는 거리에 있다. 그래서 싱가포르는 항상 조기경보기를 공중에 띄어놓는다. 문제는 싱가포르 공항 활주로의 규모가 작아서 폭탄 몇 발로도 파괴가 가능하다는 것이다. 실제로 말레이시아나 인도네시아 군인들이 공항을 파괴하면 공중에 떠 있는 조기경보기도 내릴 수 없게 된다. 말 그대로 조기경보기가 무용지물이 되고 마는 것이다. 말레이시아의 어느 전략가는 싱가포르를 모기채로 한 방만 치면 파괴되는 모기나 마찬가지라고 묘사하기도 했다. 이러한 방어적 취약성에 대해 싱가포르의 대책은 무엇일까? 바로 이웃나라 공항을 임대해 전투기를 배치해놓는 것이다. 비상시 이웃 나라가 싱가포르를 공격해도 프랑스, 미국, 호주 등에 준비해둔 비행기가 날아가서 보복 폭격을 한다. 이웃나라가 언제든지 적이 될 수 있다는 생각에 철저한 대비를 함으로써 국민, 외국인 모두 싱가포르의 장래를 신뢰하게 되는 것이다.

## 죄수의 딜레마, 협력과 배신

스페인 속담에 '최악의 적은 항상 동업자'라는 말이 있다. 만약 절친한 직장 동료와 진급 경쟁을 해야 하는 상황에서, 동료의 결점을 상사에게 잘 알려줄 때 진급 가능성이 높아진다면? 휴양지에서 음식점을 하는데, 옆집 음식점과 높은 음식 값을 받기로 약속했지만 당신만 싸게 받으면 큰돈을 벌 수 있다면? 그러나 내 이득만 생각하지 않고 동료와 협력하면 둘 다 큰 이익을 얻을 수 있다면? 이처럼 배신과 협력, 이기적 및 이타적 행동, 개인의 선善과 전체의 선 간의 갈등 문제는 살아가면서 우리가 수없이 당면하는 문제이다. 이런 문제 중 가장 대표적인 것이 '죄수의 딜레마prisoner's dilemma'라는 게임이다. 마틴 노왁Martin Nowak 하버드 대학교 생물학과 교수 겸 수학과 교수는 이 문제에 이끌려 전공까지 바꾸어 지금까지 연구를 거듭하고 있다.

예를 들어, 당신과 동료가 경찰에 체포되어 중범죄 혐의를 받고 있다고 하자. 검사는 당신과 동료를 분리 심문하면서 당신과 동료에게 각각 다음과 같은 협상을 제의한다고 해보자. 당신과 동료와의 대화는 물론 어떤 커뮤니케이션도 불가능하다는 전제하에 말이다.

- ✤ 당신이 동료를 범인이라고 지목하고(배신), 동료가 두 사람 모두의 범죄를 부인하면(협력) 당신은 수사에 협조한 대가로 석방되고 동료는 징역 10년이 구형된다.
- ✤ 당신이 두 사람 모두의 범죄를 부인하고(협력), 동료가 당신을 범인이라고 지목하면(배신) 동료는 석방, 당신은 징역 10년이 구형된다.
- ✤ 당신과 동료 모두 서로를 범인이라고 지목하면(모두 배신), 수사에 협조한 대가로 감형되어 각각 5년씩 구형된다.
- ✤ 당신과 동료 모두 부인하면(모두 협력) 범죄의 충분한 증거가 없으므

로 가벼운 처벌인 각각 2년이 구형된다.

우선 당신과 동료와의 배신과 협력에 따른 보수를 모두 표시해보면 다음과 같은 보수행렬이 된다. 숫자는 구형된 형기이다.

| 구분 | 동료의 침묵 (협력) | 동료의 자백 (배신) |
|------|------------------|------------------|
| 당신의 침묵 (협력) | 당신, 동료 각각 2년 구형 | 당신 10년, 동료 석방 |
| 당신의 자백 (배신) | 당신 석방, 동료 10년 | 당신, 동료 각각 5년 구형 |

당신은 동료의 행동을 고민해야 한다. 만약 동료가 배신할 때 협력하면 징역 10년이 구형된다. 그러므로 이럴 때는 당신도 배신하는 것이 좋다. 그리고 동료가 협력할 때 배신하면 석방된다. 그러므로 동료가 협력하건 배신하건 당신에게는 배신하는 것이 최선책이 된다. 이는 동료의 입장에서도 마찬가지가 된다. 이런 전략을 우월 전략이라고 한다. 죄수의 딜레마라는 게임에서 전략에는 배신 전략과 협력 전략의 두 가지가 있는데, 배신 전략이 우월 전략이 된다. 상대가 어떤 전략을 채택하건 상관없이 당신에게 가장 유리한 전략이 바로 우월 전략이다. 이런 상태에서는 당신이나 상대나 이를 변경할 이유가 없다. 이처럼 상대가 선택할 전략이 주어진 상태에서 자신에게 가장 좋은 전략을 선택하게 되는 상황을 내쉬 균형이라고 한다. 여기서는 5년 구형이다. 이런 결정을 한 다음에는 누구도 이를 변경할 인센티브가 없다. 그런데 왜 죄수의 딜레마라고 하는가? 위의 보수행렬에서 당신에게 가장 유리한 순서는 어떻게 되는가?

1순위 : 상대가 협력할 때 배신

2순위 : 상대가 협력할 때 협력

3순위 : 상대가 배신할 때 배신

4순위 : 상대가 배신할 때 협력


당신과 상대 모두에게 개인적 관점에서 가장 유리한 전략, 곧 우월 전략은 서로 배신하는 것이다. 곧 이기적으로 행동하는 것이다. 그런데 당신과 상대 모두 즉 전체의 관점에서 보면 서로 협력하는 것, 곧 이타적 행동이 더 유리하다. 개인적 관점에서는 이기적 행동이 가장 유리하나 전제적 관점에서는 이타적 행동보다 못하다. 전체적으로 보면 상호 협력이 더 좋은데도 불구하고 개인적 관점에서 보면 상호 배신이 유리하게 되고, 결과적으로 모두 손해를 보게 되는 것이 죄수의 딜레마인 것이다. 각종 딜레마 중에서도 해결이 가장 어려운 것이 바로 이 딜레마이다. 이기적 행동이 결과적으로 사회 전체에 득이 된다는 애덤 스미스의 말에 정면으로 배치되는 개념이다.

죄수의 딜레마 게임을 만드는 데는 배신과 협력에서 오는 보수의 크기를 잘 정하는 것이 중요하다. 예를 들어 배신할 때나 협력할 때의 보수를 갖게 하면 위의 결과는 다르게 될 수도 있다. 각자에게 돌아오는 보수의 순위가 위에서와 같이 되어야 죄수의 딜레마가 성립된다. 또한 어느 사회에서나 배신자나 협력자가 공존할 때 가능하다. 실제로 양자는 어느 사회에서나 공존하게 되어 있다. 협력이라는 웃음 뒤에는 배신이라는 울음이 있게 마련이다.

그러나 반복되는 게임 양상에서는 다른 결과가 나온다. 로버트 아우만은 게임 참가자들이 장기적인 관계에서, 즉 반복 게임에서는 이해가 상반되는 참가자들도 협력을 하게 된다고 했다. 그는 최초로 반복 게임이 게임 참가자들로 하여금 협력하게 된다는 사실을 밝혔다. 예를 들어, 휴가철 유명 휴양지에 상주하는 음식점들의 경우 영업을 반복하므로 음식 값의 담합이 가능하다. 그런데 음식점들이 많을 때보다 적을 때, 그리고 서로의 관계가 긴밀하며 규모가 비슷할수록 장기적인 관점에서 협력을 더 잘하게 된다는 것이다. 아우만의 반복 게임 연구는 국가 간 가격 경쟁, 무역 전쟁 등의 이해에 도움이 된다.

여기서 전략의 뜻을 좀 더 분명히 해보자. 죄수의 전략이란 죄수의 딜레마의 예에서 보는 바와 같이 협력 또는 배신, 이 두 가지이다. 게임 이론에서는 전술이라는 개념이 사용되지 않는다. 그런데 전략은 피터 드러커의 말처럼 '어떤 길을 가야 하는가'에 대한 해답이어야 한다. 즉 게임 이론에서 말하는 수많은 '배신의 길'과 '협력의 길' 중 하나의 전략을 택해 나아가는 것이다. 좀 더 자세히 살펴보자.

휴가철 어느 유원지에 식당이 A, B 2개만 있다고 하자. 두 식당 모두 비빔밥을 8천 원 받을지, 6천 원을 받을지 정해야 한다. 만약 A 식당이 8천 원을 받는다면 B 식당은 얼마를 받는 것이 좋을까? B 식당이 8천 원을 받을 때 순익이 800만 원, 6천 원을 받으면 1,200만 원으로 증가한다고 하자. 두 식당이 담합을 하면 순익은 800만 원으로 증가한다. 담합이 불가능하다는 전제하에 B 식당은 A 식당이 어떻게 할지 생각해보고 결정해야 한다. A 식당 입장에서는 B 식당이 8천 원으로 정할 때 자신도 8천 원으로 정하면 순익이 800만 원, 6천 원으로 정하면 1,200만 원이 된다. A 식당도 마찬가지로 B가 어떻게 정하는지를 생각해보고 결정해야 한다. 그런데 A 식당이나 B 식당 모두 상대방이 어떻게 정하건 간에 6천 원으로 정하는 것이 자신의 순익을 가장 크게 하는 것임을 알게 된다. 따라서 두 식당 모두 6천 원으로 정하게 된다.

상대방이 어떤 전략을 선택하건 자신에게 최선이 되는 전략을 '지배 전략'이라고 한다. 위의 사례에서는 두 식당 모두 지배 전략이 있다. 상대방이 정하는 가격을 감안해서 자신의 이익을 최대로 할 수 있다. 이 상태를 균형이라 한다. 지금까지의 두 예에서 다음과 같은 사실을 알 수 있다.

✤ 게임 이론은 자신의 목표 달성이 상대와의 상호작용에 따라서 결정
　되는 상황에서 의사결정을 어떻게 해야 하는가를 다루는 것이다.

✤ 바둑, 체스, 축구, 포커, 전쟁, 기업 간 경쟁 할 것 없이, 어떠한 게임
　에서도 자신의 목표 달성은 상대와의 상호작용을 어떻게 해야 하는
　지에 달렸다. 이런 게임은 다음과 같은 3가지 특성이 있다.

① 게임에 규칙이 있다.

② 자신의 목표 달성을 위한 전략이 있다.

③ 게임 참가자들의 상호작용 결과로서 보상이 있다.

그런데 분배 문제에 직면할 때는 조금 더 복잡하다. 상대방이 어느 것을 더 좋아하는지 알 수 없을 때, 그리고 상대방도 마찬가지로 나의 기호를 잘 모를 때는, 즉 정보가 부족할 때는 케이크를 자르는 사람보다 선택하는 사람이 되는 것이 더 좋을 수 있다.

케이크 자르기 문제는 사실 분배 문제의 핵심이다. 세계열강들이 과거 아프리카 전체를 케이크로 생각하고 잘라서 나누다가 싸움을 하기도 했다. 도둑들이 훔친 물건을 나누는 것, 회사가 번 돈을 주주, 종업원 등 이해 당사자 간에 분배

하는 것, 자녀들 간에 상속 자산 분배, 이혼한 부부 간 재산 분배 등 많은 분배 문제의 핵심이 된다. 이러한 게임에는 두 가지 핵심 문제가 따른다. 첫째는 게임의 결과를 예측할 수 있는가이고, 둘째는 예측된 결과가 좋은가이다.

인간관계에는 영원한 친구도, 영원한 적도 없다. 이것이 게임 전략의 기본 가정이다. 영원한 우방도, 영원한 적도 없다는 것이 국가 간의 관계이다. 인간관계나 국제관계는 이해관계에 따라서 언제든지 바뀔 수 있다.

### 음식점과 바가지요금

여름철 해수욕장에 있는 음식점들이 서로 높은 가격을 받기로 담합한 후 이를 지키지 않는 경우가 많다. 지키면 서로에게 득이 되지만 서로를 믿지 못하게 되면 지키지 못하여 죄수의 딜레마와 같은 문제가 발생한다. 그러나 잘 알아서 서로 믿을 수 있는 사이가 되고, 합의를 어겼을 때 서로 간에 인간적 또는 물질적 보복이 많아지면 담합이 지켜진다. 그 결과는 휴가철 바캉스 지역의 바가지요금으로 나타난다.

### 포스코와 현대제철

한국의 제철 산업에는 포스코와 현대제철 두 개의 회사가 있고, 항공업에는 대한항공과 아시아나항공이 있다. 이처럼 한 산업이 두 개의 기업으로 구성되어 있는 경우를 독점이 아니라 복점이라고 한다. 복점 기업은 제품의 가격을 정할 때 상대 기업이 어떻게 정하는가를 보고 정하지 않으면 안 된다.

### 강남의 아파트 시세

서울 강남의 아파트 가격이 상승할 때 주부들이 모여서 자신들의 아파트를 시세보다 높은 가격이 아니면 팔지 않기로 담합한 적이 있었다. 그러나 이런 담합은 잘 지켜지지 않는다. 급하게 팔아야 할 상황이 생기면서 급매를 통해 팔아야 하는 사람이 나오기 때문이다.

### OPEC와 석유 생산

석유수출국기구OPEC는 석유 생산량 조절을 통해 높은 가격대의 유가를 유지하려고 한다. 그러나 회원국 간 이해관계 때문에 담합이 잘 지켜지지 않는다. OPEC는 글로벌 경제 상황에 따라 석유 생산량 조절을 통해 유가를 관리하려고 하지만, 회원국들은 자국의 정치·경제적 상황에 따라 낮은 가격에 석유를 공급하기 때문이다. 실제로 주요 석유 생산국이었던 이라크는 내전 때문에 이 합의를 지키지 않았다. 이는 여타 다른 회원국들도 마찬가지다. OPEC의 담합 또한 죄수의 딜레마 문제로부터 자유롭지 못하다.


## 벼랑 끝 전략, 치킨 게임

할리우드 영화에서 가끔 볼 수 있는 장면이 있다. 십대 소년들이 직선 도로에서 자동차를 몰고 서로 마주 보고 달린다. 그러고는 마침내 충돌 직전에 누군가가 먼저 핸들을 돌려서 피할 때, 게임이 끝난다. 누가 겁쟁이가 되는가를 정하는 겁쟁이 게임, 즉 치킨 게임이다. 마치 어린 아이들의 철없는 장난처럼 보이는 이 게임이 실은 '벼랑 끝 전략'이라는 이름으로 국제 관계에서 자주 쓰인다. 더욱이 이 전략은 약자가 강자를 누를 수 있는 몇 안 되는 전략이기도 하다. '원수의 무덤을 팔 때 한 개를 더 파라'는 중국 속담처럼 막다른 길에서 배수의 진을 칠 때 오히려 효과를 볼 수 있다. 연세대 경제학과 한순구 교수는 이를 '또라이 전략' 또는 '무데뽀 전략'이라고도 말한다. '또라이 전략'이 통하기 위해서는 평소 무모한 짓과 거짓말 훈련을 많이 하고, 소문을 내서 사람들로부터 '또라이'임을 인정받아야 한다. 반대로 '또라이 전략'을 활용하는 '또라이'를 만나면 진짜인지 가짜인지 빨리 판단하고 대응해야 한다.

실제로 세계적으로 유명한 치킨 게임은 1962년 쿠바 위기 때 발생했다. 존 F. 케네디 대통령 재임 당시에 소련의 후르시초프 대통령이 쿠바에 핵미사일을 비밀리에 배치했는데, 미국 정찰기가 이를 발견하고부터 시작되었다. 케네디가 후르시초프에게 이에 대한 철거를 요구하면서 만약 거절할 경우 핵전쟁도 불사하겠다고 통보했다. 후르시초프는 철거할 수 없으니 핵전쟁을 원한다면 응하겠다고 강경책으로 일관했다. 이 팽팽한 대치는 13일간 계속되었는데, 전 세계는 핵전쟁의 위험이 증가하는 가운데 이 치킨 게임을 지켜보았다. 이후 어떤 일이 예상되는가? 소련 입장에서는 응하는 것과 응하지 않는 것, 두 가지 전략이 있다. 마찬가지로 미국도 요구와 요구하지 않는 두 가지 전략이 있다. 그러므로 생각할 수 있는 상황은 모두 네 가지이다. 하지만 미국이 요구하지 않고, 소련이 응하는 경우는 없으므로 다음의 세 가지 결과를 생각할 수 있다.

첫째, 미국이 철거를 요구하고, 소련이 응하는 경우.(소련의 핵미사일 철거)

둘째, 미국이 철거를 요구하지 않고, 소련도 철거를 하지 않는 경우.
(소련의 핵미사일 배치)

셋째, 미국이 철거를 요구하고, 소련이 응하지 않는 경우.(핵전쟁 발생)

실제 결과는 후르시초프가 응하면서 핵미사일을 철거했다. 이는 케네디 대통령이 대소 핵공격 가능성에 대해 언급하는 등 시종일관 초강경한 자세 때문이었다. 이처럼 치킨 게임에서는 초강경 자세가 중요하다.

치킨 게임은 북한이 즐겨하는 벼랑 끝 외교 전술이기도 하다. 연평도 포격 이후에도 북한은 전면전의 위협을 계속했다. 이를 두고 한국과 미국은 치킨 게임으로 간주했고, 대규모 합동훈련을 통해 강경하게 대응했다. 강경한 대응만이 치킨 게임에 대한 대응책이 되는 경우가 많다.


## 주인과 대리인 문제

서울 강남에 있는 한 구두 미화원 주인의 이야기이다. 오랫동안 문을 닫았다가 다시 열었기에 그 이유를 물었다. 그는 몸이 아파서 다른 사람에게 가게 경영을 맡겼더니 손해가 심해져 문을 닫았다고 했다. 주인이 가게 경영을 남에게 맡기거나, 회사 소유주가 경영을 전문 경영인에게 맡기거나, 이삿짐센터가 이사를 대리인에게 맡기는 경우, 변호사를 고용해서 변론을 맡기는 경우 등 주인이 남을 대리인으로 정해서 일을 맡길 때면 대리인이 주인을 위하여 얼마나 열심히 일하게 될지 미지수다. 대리인은 주인이 아니라 주인을 속이며 자신을 위하여 일할 수도 있다. 이런 딜레마를 대리인 문제(또는 주인·대리인 문제)라고 한다.

회사 임원이 근무시간 중에 골프를 치러 갔다. 그 이유를 물었더니 중요한 거

래선을 확보하기 위해서 할 수 없이 갔다고 한다. 그러나 실제로는 친한 사람들과 같이 놀러 간 것뿐이었다. 이처럼 공적 지위나 정보를 자신을 위하여 사용하고 주인에게 피해를 주게 되는 경우도 도덕적 해이|moral hazard|라고 한다.

마찬가지로 왕이 장군에게 전쟁을 위임하는 경우에 장군은 그야말로 목숨을 걸고 열심히 싸울 수도 있지만 설렁설렁 싸울 수도 있다. 심지어 이성계처럼 회군해서 왕을 몰아낼 수도 있다. 중국에서도 수나라 장군 이연은 대운하 건설과 고구려 원정에서 연이은 패전으로 민심이 흉흉한 틈을 타 왕을 몰아내고 당나라를 세우기까지 했다. 하다못해 중고차를 살 때에도 파는 사람은 차를 잘 알지만 사는 사람은 잘 모른다. 이런 경우에도 도덕적 해이 문제는 발생한다. 그러면 이런 문제를 해결하는 방법은 무엇인가?

첫째, 일을 맡아서 잘할 때는 잘한 만큼 대가를 지불하는 것이다. 둘째, 종업원 지주제와 같이 회사 소유자가 되게 하는 것이다. 셋째, 종신 고용, 장기 고용 등으로 조직체의 같은 구성원으로 장기 발전을 위하여 공동으로 노력하게 만드는 것이다.


## 호텔링 게임

여름휴가 때 해변 해수욕장에 가면 아이스크림 장사꾼들이 아이스크림을 팔러 다닌다. 그런데 다니면서 팔지 못하고 일정 지역에서만 팔도록 한다면, 아이스크림 장사꾼들은 해변의 중앙, 끝 또는 다른 어떤 장소에 입지를 정하게 될까?

편의상 해변은 어디에서나 수영하기에 꼭 같고, 길이는 1,000미터인데

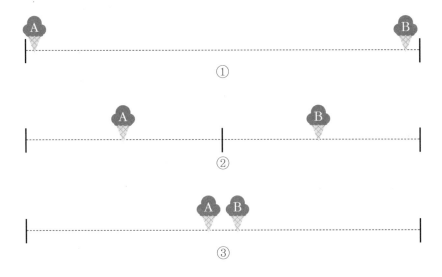

①

②

③

일직선이며 아이스크림 장사꾼은 A, B 두 사람이라고 하자. 다음 쪽 그림 ①
에서처럼 해변 양 끝에 입지할 것으로 생각해볼 수 있다. 그러나 이는 해수
욕객들에게 너무나 불편하다. 그러므로 움직여야 한다. 그럼 해변을 그림 ②
에서처럼 4등분하여 양 끝에서 250미터 되는 지점에 각각 위치하면 어떻게
되겠는가? 이는 시장을 2등분하여 각각 그 중앙에 위치하므로 이상적이라고
생각해볼 수 있다. 그런데 과연 그럴까?

그림 ②를 다시 한 번 살펴보자. A 입장에서 최대한 B의 바로 왼쪽에 입
지를 정하면 왼쪽 시장은 모두 A의 시장이 될 수 있다. 그렇다면 B는 그대로
있을까? 그렇지 않다. A의 왼쪽으로 이동하여 입지하면 왼쪽이 모두 자신의
시장이 될 수 있다. 그럼 B도 다시 A의 왼쪽으로 이동하여 입지한다. 이런
행동이 계속 되다 보면 결국 두 사람은 그림 ③에서처럼 중앙에 위치하게 된

다. 이를 호텔링의 게임이라고 한다. A, B가 중앙에 입지하게 되는 것을 입지론에서는 중앙입지론이라고 한다.

원형의 경우에도 이런 현상이 발생한다. 서울처럼 원형에 가까운 도시의 경우에 전국을 대상으로 하는 은행, 백화점, 호텔도 도시 중앙에 위치하는 경우가 많다. 게다가 경쟁자들이 가까이 입지하면 시장 확보 면에서는 물론 정보 수집 면에서도 유리하다. 중국 베이징 시의 중심부인 차오양 구 무역센터 주변에 세계적인 은행인 씨티은행, UBS, 도이치뱅크, HSBC, JP모건 등 글로벌 은행 지점들이 근접 입지해 있다. 심지어 세계적인 정보기관들도 도심에 인접 입지하게 된다. 비슷한 원리로 도쿄, 파리 등 세계적인 대도시에 가서 미국 정보기관을 찾으면 러시아 등 다른 나라의 정보기관들도 인근에 위치해 있는 것을 알 수 있게 된다.


조금은 다른 이야기이나 대통령이나 국회의원 등 큰 선거 때 정당들의 정책 노선도 유심히 보면 비슷해진다. 예를 들어 야당은 극단적인 진보 노선으로 정책이 그림 ①에서와 같이 가장 좌측으로 A점에 있고, 여당은 극단적인 보수로서 정책 노선이 가장 우측으로서 B점에 있다고 하자. 그러면 선거 당일까지 그런 정책 노선을 계속 유지할 수 있을까? 표를 많이 얻으려면 그림 ③에서와 같이 중앙으로 이동해야 한다. 즉 보수는 진보 쪽으로, 진보는 보수 쪽으로 노선을 이동하지 않으면 안 된다. 보수와 진보의 정책 노선이 선거철이 되면 비슷하게 되는 현상을 이해할 수 있는 대목이다. 이는 호텔링 게임의 특성 때문이다.

## 협상의 기술

잘못된 협상을 단적으로 설명하는 이야기 한 토막을 보자. 호랑이와 소가 깊은 사랑에 빠졌다. 호랑이는 매일 아침 싱싱한 고기를 많이 구해서 소에게 선물했다. 반대로 소는 매일 아침 싱싱한 풀을 많이 구해서 호랑이에게 선물했다. 상대를 배려하겠다는 것이 결국엔 제 입맛에 맞춘 꼴이니 사랑이 오래 갈 수 있을까? 스튜어트 다이아몬드 미국 와튼 경영대 교수는 협상에 성공하기 위해서 무엇보다 중요한 것은 상대방이 원하는 것을 잘 알아야 한다고 지적한다.*

맥도날드가 성공한 이유는 외식을 할 때 가족 중에서 가장 영향력 있는 사람을 읽어냈기 때문이다. 가족들이 차를 타고 시내에 나오거나 고속도로를 빠져나와 식당을 정할 때 가장 영향력 있는 사람은 누구일까? 맥도날드는 아이들이라고 판단했다. 햄버거, 프렌치 프라이, 소다수 등 아이들이 좋아할 수 있게 개발했는데, 결국엔 예상이 적중했다.

내가 아는 어느 중국계 미국인의 이야기도 이와 비슷하다. 그는 대단한 골동품 전문가이다. 오래전 그와 같이 태국에서 일주일간 국제 세미나를 참석하게 됐는데, 이후 말레이시아와 인도네시아에서 각각 일주일씩 순회 세미나가 예정되어 있었다. 그러나 인도네시아 측 사정으로 세미나가 일주일간 연기되었다. 하는 수 없이 우리는 일주일 동안 말레이시아 페낭이라는 휴양지에서 뜻하지 않은 유급 휴가를 즐길 수 있게 되었다. 그는 페낭의 골동

---

*스튜어트 다이아몬드, 《어떻게 원하는 것을 얻는가Getting More》, 2011.

품 가게를 둘러보다, 마음에 드는 청나라 자기를 한 점 발견했다. 주인이 2,500말레이시아 달러를 불렀는데, 그는 내게 그 가격의 반값에 살터이니 잘 보라고 했다. 그의 설명은 이러했다.

첫날에는 우연하게 들러서 살 의도가 전혀 없는 사람처럼 이야기하다가 반값이면 사겠다는 의사를 표시한다. 그러고는 돌아와서 그 물건이 마음에 들고 좋은 물건인가를 연구한다. 두 번째 가서는 그 물건이 정말 마음에 드는 것인가를 확인한다. 세 번째 가서는 주인과 이런저런 이야기를 하면서 주인이 돈이 얼마나 급한가를 파악한다. 그리고 다시 처음에 제시한 가격을 확인한다. 그런 다음 네 번째 가서 산다. 결국에 그는 이 방법으로 골동품 도자기를 원하는 가격에 샀다.

협상 전략에 'BATNA(Best Alternative To a Negotiated Agreement)'라는 개념이 있다. 이 말은 협상하지 않고 협상자의 이익을 충족시켜줄 '최상의 대안'을 의미한다. 즉, 협상이 불리하게 타결되는 것보다는 협상을 하지 않고 선택할 방법을 말하는 것이다. 서울시가 청계천 공사를 시작하면서 기존 상인들을 이주시킬 때 이 협상법이 활용되었다. 서울시는 상인들에게 송파동으로 옮겨갈 것을 요청했으나 상인들의 강한 반대에 놓았다. 그러자 서울시는 청계천 고가도로에 안전상 문제로 인해 대대적인 보수공사가 필요하며, 기간이 3년 이상이 걸린다는 사실을 통보했다. 상인 입장에서 청계천을 지키더라도 사실상 3년 이상 장사를 할 수 없게 된 것이다. 이 사실을 안 상인들은 이전에 합의했다. 당시 서울시의 전략을 살펴보면, '송파동에 장사할 수 있는 곳을 제공하는 것'이 협상안이고 '3년간의 보수공사'는 최상의 협상안이다.

이처럼 협상에 성공하려면 협상안이나 BETNA를 잘 설정해야 한다. 예를 들어 자녀에게 공부를 열심히 하도록 설득한다고 하자. 이를 일종의 협상으로 본다면, 자녀의 목표 성적을 정해놓고 미달할 때는 처벌, 초과 달성할 때는 포상 등 여러 가지 대안을 생각하게 될 것이다. 중요한 것은 최상의 대안을 어떻게 설정하느냐에 따라 달라진다.

스튜어트 다이아몬드 교수는 취업을 원하는 사람들에게 역할 전환 방법, 즉 자신이 면접관이 되고 또한 그 회사의 입장에 서서 보라고 권한다. 그리고 상대방의 머릿속에 들어가라고 말한다. 회사가 지금 바라는 것과 과거의 채용 기준을 알아보고, 자신의 이력서가 그 회사의 니즈와 맞는지도 알아보라고 한다. 그에 따르면 철저한 지피지기만이 자신이 원하는 것을 얻는 가장 좋은 방법이다. 협상이란 일종의 심리적인 싸움이다. 다이아몬드 교수는 《어떻게 원하는 것을 얻는가?》에서 협상의 과정을 4단계로 나누어 설명한다.


1단계 : 상대를 원하는 대로 강제로 하도록 만든다.
2단계 : 상대로 하여금 내가 원하는 대로 생각하게 만든다.
3단계 : 상대를 내가 원하는 대로 인식하게 만든다.
4단계 : 상대가 느끼는 것을 내가 원하는 대로 느끼게 만든다.


협상은 일종의 싸움이다. 그러나 협상에서 힘을 사용하여 협박하거나 강압으로 더 얻을 수 있다고 생각하는 것은 잘못이다. 상대방의 의사와 감성을 존중하는 것이 더 많은 것을 얻는 길이다. 협상의 대가인 대니얼 샤피로 하버드 대학교 교수는 자기 주장을 관철시키기 위하여 강경하게 밀어붙이는 전통적 방법은 옳지 않다고 말한다. 유화적으로 부드럽게 접근하라는 것이다.

상대방을 인정하고, 숨은 감정을 이해하고, 숨겨진 이해를 찾는 것이 최선의 방법이다. 사람은 부드럽게, 문제는 냉정하게 접근해야 한다. 심한 갈등을 겪는 부부가 결국 이혼을 결정하는 기준도 서로를 얼마나 인정하는가에 따라 달라진다. 갈등에 직면해도 서로를 인정하는 부부는 같이 살게 되고 인정하지 않는 부부는 갈라서게 되는 이치와 같다.

요컨대, 손자가 말한 바와 같이 싸우지 않고 이기는 것이 최고의 방법이다. 다이아몬드 교수에 따르면 협상도 《손자병법》 원리에 따르는 것이 중요하다. 상대방이 협상이 이루어질 때 얻는 이득과 깨어질 때 보는 손해를 먼저 잘 파악해야 된다. 한마디로 면접 때는 면접관, 그 회사의 니즈, 그리고 과거 입사 면접에 성공한 사람들의 특성 등 지피지기가 중요하다.

지금까지 공평분배, 주인과 대리인 간의 문제, 죄수의 딜레마, 치킨 게임, 협상 등과 관련된 게임 전략 문제를 살펴보았다. 다른 전략으로 풀 수 없는 게임 전략 방법도 알게 되었다. 나의 행동에 대해 상대가 어떻게 대응하는지 보고 난 후에 나의 행동을 해야 하는 상황이라면 모두 게임 전략의 대상이 된다. 이렇게 보면 개인, 기업, 국가가 당면하는 대부분의 문제는 게임 전략의 대상이 된다. 이 때문에 게임 전략은 단순히 특수 전략이 아닌 일반 이론이 되었다. 게임 전략을 잘 이해하면 상극 관계를 상생 관계로 바꿀 수 있다.

주어진 상황에서 최선을 다하는 것도 중요하지만 판의 기운을 나에게 유리하게 바꿀 수도 있어야 한다. 그리고 남의 세력을 빌릴 수도 있고 남의 강점을 약점으로, 그리고 나의 약점은 강점으로 만들 줄도 알아야 한다. 이에 관한 전략은 허실의 전략이다. 다음 장은 이에 관한 것이다.

# 허虛의 전략 × 실實의 전략

판을 읽고, 뒤집고, 새로 짜는 법

승리를 결정짓는 전략 1계명은 실력에 '전략 능력'과 운을 더한 종합 능력이다.
《손자병법》은 전략 능력이 주로 기정 전략과 허실 전략에 따라 결정된다고 말한다.
허실 전략을 활용하면 아무리 강한 적과 싸워도 나에게 유리하게 게임의 판을 짜고,
뒤집고, 새 판을 짤 수 있게 해준다. 항상 상대의 강점과 약점을 파악함으로써
상대의 강점을 허虛로, 나의 약점을 실實로 만든다.
고수는 항상 상대의 실을 피하고 허를 찾아 공격해서 승리를 취한다.

## 끌려다니지 말고, 판을 이끌어라

"적을 끌고 다니지 끌려다니지 않는다."致人而不致於人 손자의 유명한 말이다. 《손자병법》은 싸움에서 승리하려면 '주도권'을 장악해서 적을 끌고 다녀야지 끌려다녀서는 안 된다고 강조한다. 이와 관련한 유명한 이야기가 있다.

전국시대의 유명한 군사전략가 손빈은 중국 위나라 왕에게 두 다리의 경골이 잘리는 빈형臏刑을 받았다. 시기심과 열등감이 많은 동기생 방연이 위나라 군軍 책임자가 되기 위해서 손빈을 모함했기 때문이었다. 평생을 불구로 살았던 그의 손빈臏이라는 이름도 여기에서 얻게 되었다고 한다. 위나라에서 제나라로 탈출에 성공한 손빈은 제나라 군사軍師가 되어 후일 방연과 그 유명한 마릉전투를 치르게 된다.

이 전투에서 손빈 군대는 거짓으로 후퇴하면서 밥 짓는 아궁이 수를 매일 크게 줄여 방연으로 하여금 손빈 군의 도망병 수가 매일 급증하는 것으로 믿게 했다. 제대로 속은 방연은 경무장한 기병만으로 손빈군을 쉽게 이길 수 있을 것으로 믿고 맹추격했다. 손빈은 방연 군대가 해질 무렵 마릉에 도착할 것으로 보고 복병을 매복시켰다. 방연 군대가 매복지점에 도착하니 이런 글씨가 보였다. "방연, 오늘이 너의 제삿날이다." 방연 군대는 바로 손빈 군대의 집중 공격을 받아 참패하고 방연은 자살했다.

이 이야기는 허실虛實 전략의 중요성을 말해준다. 손빈은 방연의 자만심을 이용해 함정에 스스로 빠지게 함으로써 아군보다 세력이 강한 적을 격파한다. 자신이 원하는 싸움터인 마릉까지 적으로 하여금 스스로 찾아오게 만들었다. 이때 전투력에서 강하게 된 손빈 군대는 실實, 약하게 된 방연 군대는 허虛라고 볼 수 있다. 허실은 반드시 적과 아군이 대치하고 있는 상황에서 상대적인 역량의 크기를 나타낸다. 적이 허일 때 아군은 실, 적이 실일 때 아군은 허가 된다. 그런데 허와 실이 아니라 '허실虛實'이라고 하면 보통 손빈처럼 적의 실을 피하고 허를 공격하는 것을 말한다.

손빈은 방연과의 싸움판을 자신에게 유리한 마릉계곡으로 일방적으로 정했다. 그러고는 매복해 있다가 일방적으로 방연을 공격해서 그야말로 바위로 계란 치듯 적을 격파했다. 손자가 말하는 허실이란 바로 이렇게 공격해서 승리하는 것이다. "군대가 적을 공격할 때 마치 숫돌로 계란 치듯 하는 것이 허실이다."

싸움터에 먼저 도착한다는 것은 아군이 먼저 유리한 위치를 점한다는 것을 의미한다. 나의 약점과 강점을 바로 알고 유리한 위치를 점할 때 주도권을 행사할 수 있다. 내가 아는 어느 그룹 총수는 약속 시간을 앞두고 항상 여유 있게 도착해서 상대방을 기다린다. 싸움터에서도 적보다 먼저 도착하여 요지를 점령할 준비를 한다면 전쟁의 주도권을 잡을 수 있다. 손자의 말처럼 "싸움터에 먼저 도착해서 적을 기다리는 쪽은 편하고, 늦게 도착해서 허겁지겁하는 쪽은 고달플 수밖에 없다."

손빈은 방연과 싸울 시간과 장소를 일방적으로 정했다. 싸울 방법도 그러했다. 적의 무장도 일방적으로 정했다. 또한 손빈은 미리 마릉계곡에서 편히 쉬면서 기다렸으나 방연 군대는 허겁지겁 달려오느라 피곤하고 지친 상태였다. 적이 최적의 상태에서 전투에 나서지 못하게 하고, 약할 때 공격해서 승리하는 것이 바로 허실 전략의 요체이다. 황푸민 인민대 교수의 말처럼 "상대적으로 볼 때 무릇 주도적이고 유리하며 적극적인 것 등은 실實이고, 반대로 수동적이고 불리하고 소극적인 것 등은 허虛라고 할 수 있다."

손빈 군대는 실이고, 방연 군대는 허이다. 즉, 싸울 시간과 장소를 안 손빈은 실, 모른 방연은 허이다. 편히 쉬면서 기다린 손빈은 실, 먼 길을 달려와서 지친 방연은 허이다. 손빈은 아군의 조건을 모두 실로 만들고 반대로 적의 조건을 모두 허로 만들었다. 이런 실과 허는 모두 손빈이 창조한 것이다. 한마디로 적과 아군의 실과 허는 얼마든지 주도적으로 창조할 수 있다.

전투에서는 적과 아군이 움직이기 때문에 서로의 허실은 계속 바뀔 수 있다. 이 때문에 적의 실이 허로, 아군의 실이 허로 바뀌기도 한다. 전투력에 영향을 미칠 수 있는 모든 요소는 다 그렇게 만들 수 있다. 황푸민 교수는 저서 《해독 손자병법》에서 전투에 미칠 수 있는 요소로서 '병력의 대소, 우열, 많고 적음, 강약, 나누고 합침, 군대의 피로와 휴식, 굶주림과 배부름, 질서와 혼잡, 긴장과 해이함, 준비 상태, 병력의 배치, 견실함과 약함, 병사들의 사기, 용기, 진실함과 기만성, 포진한 지역의 안전과 위험성, 지형의 험준함 등을 들며, 허실의 운용술이 가히 무궁무진하다고 설명한다. 이렇듯 허실 전략은 싸움이라는 게임의 판을 바꾸고, 룰을 바꾸고 판도 새로 짤 수 있게 만드는 것이다. 다음 설명에서 좀 더 허실 전략의 뜻을 분명히 해보자.

단순하게 약弱은 허로, 강强은 실로 생각하면 안 된다. 허虛와 실實은 반드시 상대와의 대치 상태에서 상대와 비교해 판단해야 한다. 이를테면 공중에서 독수리가 토끼를 잡으려고 노리고 있는데, 토끼가 이를 모르고 편히 풀을 먹고 있으면 토끼는 허이고 독수리는 실이다. 그러나 토끼가 눈치채고 미리 굴로 피하면 토끼는 실, 독수리는 허가 된다.

다른 예로, 아이 주먹, 어른 주먹은 어느 것이 더 강한가? 가위바위보 게임에서는 두 주먹이 갖는 힘은 같다. 신병과 고참병은 누가 더 강한가? 아군의 신병과 적의 정예병은 어느 쪽이 강한가? 신병들이 사격 준비를 마친 상태에서 매복하고 기다리고 있는 상황이라면, 마침 적의 부대가 정예부대라 하더라도 섬멸할 수 있다. 이때 신병은 실實, 적의 정예부대는 허虛가 된다. 실은 실력과 명백히 다르다. 그러나 아군이 아무리 기다려도 적이 나타나지 않거나 적이 미리 알고 피해가면 아군은 허虛, 적군은 실實이 된다. 몇 날 며칠 매복해서 기다리는데도 나타나지 않는다면 적의 덫에 걸렸을 수도 있다. 이와 같이 허실은 항상 상대를 기준으로 역량의 강약을 따진다는 사실을 잊지 말자. 약점 없는 강자도 없으려니와 강점 없는 약자도 없다. 바로 참 실력은 허실과 허실 전략을 아는 것이다. 손자의 말처럼 "물이 항상 높은 곳을 피하고 낮은 곳을 찾아 흐르듯, 승자는 항상 적의 실을 피하고 허를 찾아서 공격한다."

기업과 국가도 마찬가지다. 빌 게이츠의 마이크로소프트는 마치 그 끝을 알 수 없을 정도로 오랜 시간 소프트웨어의 주도권을 잡아왔다. 그러나 영원할 것 같았던 마이크로소프트의 자리에 잡스의 애플과 저커버그의 페이스북이 대신하고 있다. 반면에 한국은 19세기부터 세계열강에게 끌려다닐 때가 많았고, 한때 일본의 식민 지배를 받기도 했다. 서양 속담에 '당나귀에 끌려다니는 사자'라는 말이 있다. 일본 식민통치 때 자그마한 일본 경찰관이 덩치 큰 한국인 여러 명을 포승줄에 묶어서 끌고 가는 것을 보고 어느 외국인은 도저히 납득이 안 된다는 말을 했다고 한다. 주도권을 잃으면 이런 꼴이 될 수 있다. 해방 때는 미국과 소련이 일방적으로 38선을 경계로 국토를 분할했다. 한국전쟁도 남북한만이 아니라 유엔군과 공산세력 간의 전쟁이 되었다. 한국은 세계 4대 강국의 이해가 첨예하게 대립하는 곳에 입지해 있다. 앞으로 한반도 정세나 안보는 한국이 주도해야 한다. 전쟁에서 주도권 확보는 생사와 관련된 문제이다. 추종자Follower가 되지 말고 개척자First Mover가 되라는 말을 많이 한다. 이는 주도권을 확보하는 개척자가 되라는 뜻이다.

한국 증시에서 외국 금융세력들이 주도권을 잡을 때가 많다. 이들이 사면 주가는 오르고 팔면 떨어진다. 이들이 주식 판돈을 달러로 바꾸면 달러 값이 올라간다. 환율이 오르면 수입 물가가 올라가고 달러로 계산한 우리의 소득, 재산의 가치는 떨어진다. 1997년 외환위기도 엄밀하게 외국 금융 세력들이 한국 증시의 판도를 뒤집은 것이 큰 이유였다는 점을 명심할 필요가 있다. "너는 너의 방식대로 전투를 하고 나는 나의 방식으로 전투를 한다."라고 말했던 마오쩌둥의 말을 되새길 필요가 있다.


## 실을 피하고 허를 공격하라

기업 전략의 대가 마크 맥닐리Mark McNeilly는 저서《손자와 비즈니스 기술

Sun Tzu and the Art of Business》에서 이렇게 말한다. 많은 전쟁에서 군대가 패한 이유는 적의 실을 피하고 허를 공격避實擊虛해야 하는데, 실을 공격했기 때문이다. 제1차 세계대전 때 연합군과 추축군 양측은 OK목장의 결투처럼 정공법으로 상대와 맞서 싸워 막대한 피해를 보았다. 상대의 허를 공격하지 않고 실을 공격하는 데 치중했기 때문이다. 전투의 양상은 대부분이 그러했다. 대표적인 예가 가장 참혹한 전투로 알려진 독일과 프랑스 사이에 벌어진 베르됭 전투(1916년)이다. 양측은 서로의 실을 공격하다가 모두 70만 명이나 죽었다. 양측의 사망자 수는 비슷했다. 이 전투는 물론 성과 없이 끝났다. 모두가 패자가 되었다. 제1차 세계대전의 전투 양상은 모두 이와 같았으므로 사실상 모두 막대한 손해를 보고 패자가 된 꼴이다.

오늘날 기업들도 경쟁자의 실을 공격하여 실패하는 경우가 너무도 많다. 한때 대형 컴퓨터의 세계 최강자였던 IBM은 PC에 약했다. IBM의 실實은 대형 컴퓨터, 허虛는 PC였다. 애플과 제록스의 대응은 사뭇 달랐다. 애플은 IBM의 허를 공격하여 승자가 되었으나, 반대로 제록스는 대형 컴퓨터를 만들어서 IBM의 실을 공격함으로써 많은 손해를 보았다. 당시 제록스는 대형 복사기에 세계 최강자였음에도, 소형 복사기 개발에는 소극적이었다. 제록스 입장에서 실은 대형 복사기, 허는 소형 복사기였다. 마침 일본의 캐논은 제록스의 허를 공격하여 시장 점유율을 크게 끌어올렸다. 비즈니스에 만약은 없지만, 만약 제록스가 소형 컴퓨터를 생산해서 IBM의 실이 아닌 허를 공격했더라면 어떻게 되었을지 자못 궁금하다.

미국 제1의 와인회사인 켄달 잭슨Kendall Jackson도 좋은 이야깃거리다. 설립자 제스 잭슨Jess Jackson은 부동산 전문 변호사였는데, 52세 때인 1982년에 와인 사업을 시작했다. 마크 맥닐리는 그의 사업 성공이 허실 전략에 따른 것임을 이렇게 설명한다.

첫째, 그는 유럽 와인회사들의 와인 생산 방식에서 허를 발견했다. 즉, 그들은 보통 포도농장을 마련한 다음에 우수한 품종의 포도를 심어 수확한 것으로 와인을 생산한다. 그러나 그는 반대로 했다. 우선 뛰어난 와인 제조 전문가를 영입한 다음에 우수한 포도를 재배하는 농장들을 함께 찾아다니면서 포도 공급계약을 맺었다. 다른 생산자들의 힘을 빌리는 차세借勢를 잘한 것이다. 그는 이런 포도로 켄달 잭슨 빈트너스 리저브 샤도네이라는 와인을 다음해 출시했는데, 이는 곧바로 미국 와인경연대회에서 2관왕을 차지하게 된다.

둘째, 로마네콩티, 샤토마고 등 일류 프랑스 와인은 그 지역에서 생산된 포도로만 만든다. 와인 이름도 포도원 이름에서 따온 것이다. 그러나 지역의 일조량, 강수량 등 기후 조건이 나쁜 해에 생산된 와인은 품질이 떨어진다. 그 때문에 와인의 맛이 해마다 들쑥날쑥할 수밖에 없다. 이는 프랑스 와인의 또 다른 허점이다. 잭슨에게 중요한 것은 생산지가 아니라 맛이었다. 따라서 동일 품종의 포도를 여러 지역에서 재배한 후 잘 배합하여 최고의 와인을 만들었다. 생산연도의 기후가 나빠서 품질이 떨어지거나 들쑥날쑥하게 되는 일도 없었다. 항상 일정 수준의 품질을 유지할 수 있었다.

셋째, 그는 가격 정책에서도 경쟁자들의 허점을 발견했다. 미국의 와인 시장은 수백 달러짜리 고급 와인과 10달러 안팎의 대중와인으로 양분되어 있었다. 그는 그 중간 가격대의 와인을 주력 상품으로 출시하여 중산층과 젊은이들의 호평을 받았다. 켄달 잭슨은 이른바 와인의 대중 명품masstige 열풍을 일으켰다는 평을 받는다.

켄달 잭슨의 성공을 돌이켜보면, 그는 허실 전략의 신이다. 미국 와인계의 권위지 〈와인 앤드 스피리트〉는 켄달 잭슨 와인을 '올해의 와인'으로 2011년까지 모두 10회에 걸쳐서 선정하기도 했다. 대한항공 등 미국에 취항하는 많은 항공사들은 퍼스트 클래스용으로 이 와인을 사용한다.

## 허를 공격하는 5가지 방법

보석을 상자에 잘 숨겨놓는 것은 좀도둑에게 실實이 될지 모르나, 상자째들고 가는 큰 도둑이라면 허虛가 되는 법이다. 적과의 싸움에서 승리하려면 앞의 예에서 손빈과 같이 주도적으로 적(방연)의 실을 피하고 허를 찾거나, 또는 실을 허로 만든 다음 유연하게 타격할 수 있어야 한다. 그러면 그렇게 하는 방법에는 어떤 것들이 있는가? 황푸민의 저서《해독 손자병법》에서 힌트를 얻어보자.

첫째, 기만술과 위장술로 적을 혼동시켜 약점을 드러내게 만든 다음에 공격한다. 앞서 손빈은 기만술로 방연을 혼동시켜 허란 허는 모두 드러나게 만든 다음에 공격해서 아주 쉽게 승리했다. 사자가 물소 무리를 공격할 때도 혼란스럽게 하여 허(어린 것, 지친 것, 병든 것 등)를 드러나게 한 다음에 공격한다. 적으로 하여금 가급적 실수를 많이 저지르게 유도하는 것이 중요하다. 경험 많은 면접관도 응시자에게 예상 못한 질문을 해서 허실을 드러나게 만든다. 넬슨은 혼전을 통하여 적이 허를 드러나게 만들어서 공격하는 것을 즐겼다. 트라팔가 해전에서도 그렇게 하여 승리한 후 영국이 제해권을 장악하게 만들었다. 격투기에서도 덩치가 작은 선수가 큰 선수를 무너뜨리곤 한다. 상대 선수를 혼란스럽게 함으로써 실을 허로 바꾸거나 약점을 드러나게 한 후 공격하기 때문이다. 영국이 미국을 식민통치할 때 훈련이 잘되고 장비도 우수한 영국 군대가 소규모 인디언들의 매복에 걸려 전멸한 경우가 비일비재했다. 영국 군대가 아무리 강하더라도 매복에 걸리면 허虛약하게 된다. 임진왜란 당시 칠천량 해전에서 원균이 이끄는 조선 수군은 일본 수군이 기습 준비를 마치고 기다리고 있었음에도, 이를 모르고 통과하다가 참패했으며 수장이었던 원균도 전사했다.

둘째, 싸울 장소와 시점을 안다. 앞서 손빈은 싸움터의 지형 조건과 천후天候를 파악해서 방연과 싸울 장소와 시간을 정했다. 싸울 장소와 시간을 안 손빈은 살았고 몰랐던 방연은 목숨을 잃었다. 가장 좋은 것은 손빈처럼 적으로 하여금 자신이 원하는 싸움을 원하는 대로 하게 만드는 것이다.

셋째, 공격 방향을 잘 선택한다. 동물의 왕국을 보면 사자가 가젤을 잘못 공격하여 가젤의 뿔에 배가 찔려 죽는 경우가 있다. 사자 무리가 기린을 공격할 때, 경험 없는 수사사가 기린 뒤쪽을 공격하다가 뒷발에 인면이 치여 치명상을 입는 경우도 있다. 전쟁의 고수는 적의 허나 급소를 공격하는데, 적이 예상치 못한 시간과 장소에서 적의 방비가 허술한 곳, 지키지 못할 곳을 공격하고, 적이 공격해도 성공하지 못하게 수비한다.* 이에 대한 손자의 말을 보자.

"공격하여 반드시 취할 수 있는 것은 적이 방비하지 않는 곳을 공격하기 때문이고, 수비를 반드시 견고하게 할 수 있는 것은 적이 공격해서 취할 수 없

*황푸민黃朴民, 《해독 손자병법》, 2011. p. 98~101.

는 곳을 지키기 때문이다."

넷째, 상대는 분산시키고 우리는 집중한다. 아군은 집중하고 적은 분산시킨 다음, 집중된 병력으로 분산된 적을 격파하는 것이다. 아래에서 더 설명하겠다.

다섯째, 적의 변화에 따른 유연한 대응으로 승리를 취한다. 승자는 적의 상황 변화에 따라서 용병술을 달리한다. 손자는 "흐르는 물은 지형에 따라 모양을 달리하므로 고정된 형태가 없고, 군대의 싸움에도 고정된 형세가 없다."라고 말한다. 이처럼 형의 궁극은 무형無形이다. 물과 같은 무형이 많은 유형有形을 이긴다. 전쟁에는 하나의 정답이 없다. 정답이 없는 것이 정답이고, 규칙이 없는 것이 규칙이다. 기업 조직과 경영에도 마찬가지다. 고정적인 틀에 얽매이면 안 된다. 손자는 이렇게 말한다. "상대의 변화에 따라서 유연하게 대응해서 승리를 취하는 사람은 신이라고 부른다."

## 1 : 10으로 싸워 10 : 1로 이기는 법

누르하치는 전쟁과 관련해 "적이 몇 갈래로 쳐들어오든 나는 오직 한 갈래만 공격한다."라고 말하곤 했다. 세력이 불리할 때 여러 줄기 중 한쪽에 타격을 가함으로써 본보기를 보여 상대의 기를 꺾는 전략이다. 이처럼 상대를 분산시키고 아군은 집중해서 분산된 적을 집중 공격하는 예로서 일 대 십으로 싸우고 십 대 일로 이기는 경우가 있다. 물론 한 명의 사람이 열 명의 사람을 한꺼번에 당해내기는 현실적으로 어렵다. 하이에나는 무리의 수가 사자의 4배가 되지 않으면 싸우지 않는다. 손자 또한 공격 병력이 적보다 병력의 수가 5배가 될 때 공격에 나서라고 말한다. 그렇다면 언제 상대와 싸울 수 있는가?

문제는 상황이 우리가 원하는 대로 놓이지 않을 때가 많다는 것이다. 만약 아군 1만 명이 적군 10만 명과 싸워야 한다면 어떻게 해야 할까? 정규전으로 싸우면 필패다. 게릴라전, 이동전, 야간 기습전투 등 비정규전으로 싸워야 한다. 그리고 아군은 집중하고 적군은 분산我專而敵分시켜야 한다. 그렇게 하려면 적의 허실은 들어나게 하고 나의 허실은 감추어야 한다. 적군을 천 명 단위로 분산시킬 수 있다면 아군은 진 병력 1만 명을 동원히여 십 대 일로 싸워서 이길 수 있다. 《손자병법》은 이렇게 말한다.

"아군은 한 곳에 집중하고 적군은 열 곳으로 분산하면, 아군은 10배 적은 병력으로도 적을 공격할 수 있게 된다."

손자의 말대로 "싸움에서는 병력이 많다고 유리한 것은 아니다." 이순신 장군은 13척의 배로 일본 수군의 배 130척과 싸워서 이겼다. 영국은 과거 인구가 20여 배나 되는 인도를 식민지로 거느렸다. 더욱이 칭기즈칸의 몽고는 인구가 100만이 채 안 되었지만 러시아, 중국, 인도, 유럽, 중동의 여러 나라를 점령할 수 있었다.

물론 동네 축구팀의 숫자가 아무리 많아도 국가대표팀 하나를 당하지 못한다. 기업 간 경쟁이나 국가 간 전쟁에서도 병력의 수만 많다고 유리한 것은 아니다. 국가 인구수가 많다고 유리하다면 중국이나 인도가 모든 면에서 세계 제일의 선진국이 되어야 한다. 중국의 인구는 한국의 26배나 되지만 경제 규모는 7배 남짓하며, 인도의 인구도 한국보다 24배나 되지만 경제 규모는 2~3배에 불과하다.

규모의 열세에도 불구하고 우세는 어느 영역에서든 가능하다. 이는 허실전략을 얼마나 효과적으로 활용했는가의 차이에서 비롯된다. 그렇다면 상대의 허실은 어떻게 찾아내야 하는가?《손자병법》은 적의 허실을 찾아내는 방법으로 책策, 작作, 형形, 각角의 4가지를 강조한다.

첫째, 책策은 허실을 계산하는 것이다. 세렝게티에서 하이에나 무리가 사자 무리를 만날 때 무리의 수, 크기, 세력 등을 비교하여 승산이 없다고 판단되면 싸움을 피한다. 손자는 적의 계책을 분석하여 그 강점과 약점 및 득실을 계산해야 한다고 말한다. 옛날 중국에서는 적과 아군의 득실을 여러 면에서 비교하여 득이 한 개 있을 때마다 막대기를 한 개씩 놓았다. 이것이 '산算'의 유래이다. 막대기 수가 많아질수록 유리한 것은 말할 것도 없다. 《손자병법》이 제1편을 '계計'로 시작하는 것도 이와 관련이 있다. 마오쩌둥은 중공군이 한국전쟁에 참전하기 전 한반도 참전의 득실을 참모들과 이른 새벽부터 밤늦게까지 따지고 계計산했다. 그는 일생 동안 두 가지 가장 어려운 결정을 했다고 했는데, 하나는 한국전쟁 참전이고 또 다른 하나는 1946년 장제스와의 완전한 결별 선언이라고 말한 바 있다. 둘째, 작作은 적을 면밀히 정찰하는 것이다.

사자 무리가 물소 떼의 규모, 동정, 병든 것, 어린 것 등이 얼마나 되고 그 행동 패턴은 어떠한가 등을 통해 허실을 정찰한다. 셋째, 형形은 아군의 위장된 허를 노출하는 것이다. 속임수로 적의 약한 부분과 급소 등 허실을 드러나게 한다. 넷째, 각角은 소규모 탐색이다. 소규모 탐색전을 통하여 적의 허실을 꼼꼼하게 체크하는 것이다.

이 4단계는 어느 것도 없어서는 안 된다. 중국의 군사 역사가 마쥔 교수는 한국전쟁 때 맥아더 장군의 인천 상륙작전도 위의 4단계를 거쳐서 이루어졌음을 밝혔다. 허와 실은 싸움의 무수한 국면에서 다양하게 발생할 수 있다. 그러므로 지혜로운 사람은 허실 전략으로 승리할 수 있는 조건을 얼마든지 만들어낼 수 있다.


## 생사를 가르는 틈, 한 치의 오차

일본 최고의 무사 미야모토 무사시는 목숨을 건 결투에 관해 언급한 적이 있다. 그는 상대와의 거리를 상대가 칼을 내리칠 때 항상 칼끝에서 한 치(약 3cm) 떨어진 곳에 서서 싸워야 이기고 목숨을 구할 수 있다고 말했다. 2012년 런던 올림픽 여자 양궁 결승전에서 한국 팀은 210점으로 중국 팀의 209점을 간발의 점수 차로 제치고 우승했다. 몇몇 팀들은 어느덧 기술적인 면에서 한국 양궁과 어깨를 나란히 할 만큼 성장한 것이 눈에 띄었다. 그러나 우리에게 있으나 그들에게 없는 것이 바로 정신적인 면이었다. 양궁이란 스포츠의 특성은 기술 수준은 같더라도 평정심을 잃거나, 쏠 때 비바람이 불리하게 부는 쪽이 진다. 한 치의 오차가 승부를 가른다. 고수의 대결일수록 사소한 요인이 결정적 역할을 한다. 최고의 무사 간의 대결이었던 미야모토 무사시와 사사키 고지로佐々木小次郎의 결투를 보면 이를 더 잘 알 수 있다.

1612년 4월, 두 사람은 북 고쿠라 지방 외딴섬 후나지마船島에서 다이묘가 인정한 결투를 했다. 칼 다루는 실력은 막상막하였다. 고지로도 패배를 모르는, 명성이 그야말로 하늘을 찌르는 검술의 고수였다. 결투 당일은 모든 선박, 두 결투자의 친구, 조력자의 통행 모두 금지되었다. 무사시는 해를 등지고, 고지로는 햇빛을 바라보는 자세로 전투에 임했다. 또한 결투 시간에 일부러 늦게 도착해서 고지로를 지치고 피로하게 만들었다. 이렇게 함으로써 고지로의 역량을 허로 만들려고 했다. 허실 전략을 아는 무사시는 살고, 모르는 고지로는 죽었다. 일본의 국민작가 시바 료타로司馬遼太郎의 말을 들어보자.

"사사키 고지로는 날아가는 제비 3마리를 한꺼번에 벨 정도로 빨랐다. 호절도虎切刀, 일명 제비 베기라는 검법을 개발했다. 칼 길이만도 3자 1치가 되는 장도를 사용했다. 보통 검객은 2자 2치의 칼을 사용한다. 쌍수검법(니토류)을 개발한 미야모토 무사시가 사용하는 칼의 길이는 3자 정도이다. 1치가 짧다. 이것이 승부에 결정적 요인이 될 수 있다. 무사시는 결투 전날 4자 2치 정도의 목검을 만들어 사용했다. 그런데 고지로는 이를 몰랐다. 고지로는 결투 시작과 동시에 있는 힘을 다해서 우선 상대를 제압하기 위하여 정면으로 내리치는 버릇이 있다. 살해 목적이 아니다. 이를 안 무사시는 내리친 칼이 올라가기 직전 쏜살같이 목검으로 고지로를 내리쳐서 거꾸러뜨렸다. 이때 고지로가 휘두른 칼에 무사시의 이마를 두른 수건이 잘려나갔는데, 단 1치 거리에 있었기 때

* 시바 료타로,《미야모토 무사시》, 2005.

문이다. 무사시가 결투 때 이마를 다쳤다는 루머가 있었다. 그러나 수건만 잘 려나갔다."*

미야모토 무사시의 저서 《오륜서五輪書》는 많은 언어로 번역된 유명한 책이다. 많은 미국의 비즈니스 스쿨에서 이를 전략 교과서로 사용한다. 그는 손꼽히는 무사 60명과 결투해서 전승했다. 그런데 허무하게도 오늘날 그와 싸워 이기는 방법은 단순하다. 권총 한 자루, 그가 모르는 무기를 사용하면 된다. 미국의 페리 제독은 1853년 사무라이들의 항복을 받고 일본을 개항시킬 때 권총, 함포 같은 그들이 모르는 무기를 사용해서 손가락 하나 다치지 않고 나라를 개방시켰다. 제2차 세계대전 때도 미국은 일본군이 모르는 원자폭탄으로 항복을 받았다.

## 독일과 소련의 현대판 마릉전투

인류 역사상 가장 비참한 전투로 꼽히는 전투는 바로 제2차 세계대전 때 벌어진 스탈린그라드 전투이다. 독일군만 100만 명 이상의 사상자를 낸 전투였다. 독일군이 이처럼 많은 희생자를 낸 이유는 바로 허실 전략을 이해하지 못했기 때문이다.

호기롭던 히틀러 군대는 겨울이 오기 전에 소련을 제압하려 침공을 감행했다. 그러나 스탈린은 정작 싸우지 않고 후퇴에 후퇴를 거듭하여 독일군을 소련 영토 깊숙이 끌어들였다. 보급선이 길어진 독일군은 이를 지키느라 병력을 집중할 수 없었다. 또 시간을 끌어가며 여름옷만 준비해온 독일군을 추위에 떨게 만들었다. 독일군의 허를 제대로 찌른 것이다. 물론 여기에 그치지 않았다.

소련군은 스탈린그라드 전투에서 독일군의 막강한 항공기·전차·포병의 합동작전 능력을 허로 만들었다. 소련의 장군 추이코프는 독일군의 허실을 탐색해 두 가지 사실 즉, 독일군이 전차와 포 등 중화기 중심의 화력으로 인해 근접전과 시가전에 취약하다는 사실을 알아냈다. 이에 따라 소련군은 근접전, 그것도 수류탄 투척 거리 이내의 시가전 이외에는 어떤 전투에도 응하지 않았다. 독일군은 그 막대한 비행기나 탱크의 강점을 전혀 활용할 수 없었다. 지리한 근접전만 계속하다 보니 보급품이 바닥나서 병사들은 영양실조에 허덕였으며, 견딜 수 없는 소련의 동장군에게 이미 굴복당하고 있었다. 당시 독일군 내에서는 '제6군의 심장병'이라는 말이 유행했다고 한다. 영양실조, 피로, 살을 에는 추위에 돌연사가 급증했기 때문이다. 시가전에서 중화기의 사용이 불가능하게 되자, 전쟁은 길어졌고 추위와 굶주림에 지친 독일은 항복했다. 추이코프는 독일군의 실을 허로 바꾸었으며 전투를 시종일관 주도함으로써, 결국 독일을 굴복시켰다. 포로가 된 독일군 30만 명 가운데 조국 땅을 다시 밟을 수 있게 된 사람이 만여 명에 불과했다고 하니 얼마나 큰 패배였는지 알 수 있다.

소련군 입장에서 이 전투는 독일군의 실實을 허虛로 만들고, 자신의 허는 실로 만드는 허실 전략으로 스탈린그라드의 싸움판을 자신에게 유리하도록 뒤집은 쾌거였다. 소련군은 시민의 도움을 받는 데도 성공했다. 또한 전략적 후퇴를 계속하여 독일군을 소련 영토 깊숙이 끌어들였다. 독일군은 길게 늘어진 보급선 방어 때문에 군대를 분산하지 않으면 안 되었던 것이다. 《손자병법》이 말하는 적의 분산과 아군의 집중, 곧 적분아전敵分我專 전략으로 독일군을 허虛하게 만들었다.

한때 세계의 많은 휴대폰 회사들이 선두주자인 노키아를 추월하려고 노력할 때 애플은 스마트폰으로 판을 뒤집었다. 애플은 스마트폰으로 노키아를 순식간에 패배자의 지위에 서게 만들었다. 경쟁자의 실實을 단번에 허虛로 만들었다. 경쟁판도를 뒤집었다. 허실 전략의 요체이다.

허실 전략은 아무리 열세에 놓인다 하더라도 주도권을 갖고 게임의 룰과 판을 바꾸고, 그러는 가운데 적의 허를 찾거나 강점을 허로 만들어 공격함으로써 이길 수 있게 한다. 허실 전략을 잘하면 일 대 십의 상황에서도 이길 수 있다. 허실 전략은 그 자체 단품 전략으로서도 대단히 중요하다. 여기에 더해 기정 전략과 융합하면 더욱 큰 역량을 발휘할 수 있다. 이는 다음 장에서 살펴보기로 한다.

# 형形의 전략 × 세勢의 전략

보이지 않는 능력이 판을 결정한다

세勢의 전략은 우리가 지금까지 살펴본 전략의 결정판이다.

손자는 승리를 결정하는 핵심으로 단연 세를 꼽는다.

이길 수 있는 조건과 환경, 즉 승리를 이끌어낼 수 있는 세를 조성하라는 것이다.

세는 눈에 보이지 않는 능력으로 판을 좌지우지한다.

스스로 키우는 모세謀勢, 다른 사람이나 외부환경의 힘을 빌리는 차세借勢,

그리고 이렇게 증가시킨 세를 실제로 사용하는 용세用勢에 이르기까지

세의 전략은 무궁무진하다.

이번 장에서는 지금까지 살펴봤던 기정과 허실을 활용한

다양한 세의 전략을 살펴볼 것이다.

## 보이지 않는 능력勢이 승부를 가른다

형形의 전략과 세勢의 전략을 이해하기 위해서는 우선 형과 세의 뜻을 알 필요가 있다. 이해를 돕기 위해 경주마와 덩샤오핑의 예를 살펴보자. 형은 외관, 보이는 능력, 또는 실력을 나타낸다. 경주마는 겉모습形으로 얼추 능력을 판단할 수 있다. 그러나 사람의 경우에 형으로 능력을 평가할 수 없다. 150센티미터 키의 덩샤오핑의 능력을 형으로 평가할 수 없는 이치와 같다. 사람은 말과 달리 형보다 세가 월등히 중요하다. 이 때문에 덩샤오핑이라는 인물에 대한 평가는 세를 기준으로 해야 한다. 말하자면 세는 보이지 않는 능력으로, 손자는 이를 전략 능력이라고 말한다. 그리고 전략 능력은 기정과 허실의 두 가지 전략에 따라서 결정된다고 한다.

形 = 외관, 스펙

勢 = 전략 능력

형과 세를 합하면 종합 능력이 된다. 경주마에게 종합 능력은 주로 형에 따라서 결정되지만 전략을 아는 사람의 경우에는 전략 능력에 따라서 결정된다. 고수는 사람을 평가할 때 학벌, 가문, 용모 등 형形만을 기준으로 평가하지 않는다. 손자가 강조하듯 전쟁에서 이길 수 있는 전략 능력을 기준으로 평가해야 한다. 다윗과 골리앗의 싸움을 보면서 이를 좀 더 확실히 하자. 다윗과 골리앗이 싸우려고 서로 마주보고 서 있는 모습(체격, 무장 상태 등의 외형)을 손자는 형이라고 말한다.

형形 : 골리앗은 2m넘는 거구에 완전무장한 장군

다윗은 물매(돌팔매)를 든 소년

형만으로 보면 골리앗의 승리가 확실하다. 그러나 싸움에서 결정적 역할을 하는 것은 전략 능력이다. 다윗은 골리앗이 전혀 예상 못한 무기였던 물매(돌팔매)로 이겼다. 적이 예상치 못한 방법으로 싸우는 전략을 손자는 기정 전략이라고 말한다. 다윗이 이기기 위해서 골리앗의 신체 중 허약한 이마, 즉 허를 찾아서 공격해 이겼다. 이는 손자가 말한 허실 전략이다. 다윗은 골리앗을 기정 전략과 허실 전략을 동시에 활용함으로써 이겼다. 손자가 말한 바와 같이 세勢, 곧 전략 능력은 기정 전략과 허실 전략에 따라서 결정된다.

세勢 : 기정 전략 + 허실 전략

이 두 가지를 합한 것이 종합 능력이다. 《손자병법》 전문가인 리링 교수와 황푸민 교수는 형形을 실력이라고도 말한다. 형은 눈에 보이는 능력이고, 전략 능력은 보이지 않는 능력이다.

종합 능력 : 형(스펙)+세(전략 능력)

개인의 능력도 이 두 가지 능력으로 나눌 수 있다. 보이는 능력에 치중하는 전략은 '형의 전략' 또는 '스펙 전략'이고, 보이지 않는 능력에 치중하는 것은 '세의 전략'이다. 기업과 국가의 경쟁력도 이 두 부분으로 나눌 수 있다. 골리앗이 형形에서 월등히 앞섰으나 패배한 것은 다윗의 탁월한 전략 능력 때문이다. 전략 능력은 가히 무한하므로 형의 열세를 극복하고도 남는다. 우리가 알아야 할 것은 실력이 아무리 부족하다 하더라도 각고의 노력으로 전략 능력을 키워 싸움에서 이길 수 있다는 사실이다.

세렝게티 초원의 사자는 일촉즉발의 자세로 들소 무리를 노리면서 찰나의 순간 많은 것들을 살핀다. 병든 소, 어린 소, 무리에서 이탈한 소를 노리며, 들소 무리의 허실을 노린다. 허약한 들소 한 마리를 목표로 삼으면 전속력으로 달려가 기습 공격을 감행한다. 이는 기정 전략이 핵심이다. 한편 들소를 노리는 사자의 모습은 형形이고, 허실과 기정이 만드는 것이 세勢이다. 사자의 사냥에는 밤과 낮, 평지와 언덕, 풀, 숲, 바람, 시간, 공간, 환경 등 많은 요인의 영향을 받는다. 사자의 세란 허실과 기정 전략으로 각종 환경조건을 잘 활용하면서 발휘할 수 있는 최대치의 전략 능력이다. 사자의 세는 결국 물소를 잡게 만드는 종합 능력인 것이다. 사자는 생후 2년이 되어야 제대로 사냥을 한다. 경험 없는 어린 사자가 노리는 어색한 자세도 형이나 그 형에서는 올바른 세가 나오기 어렵다. 세가 나온다고 해도 먹이를 순식간에 낚아채지 못한다.

다 자란 사자의 성공률도 20퍼센트에 불과하다. 흔히 형세形勢 판단을 잘해야 한다는 소리를 많이 한다. 어린 사자의 형을 보면 그 세를 판단할 수 있게 된다는 것이다.

## 축구팀의 네 가지 승리 조건

축구 시합에서 우승하려면 선수를 잘 선발해서 팀을 잘 짜야 한다. 손자는 팀을 잘 짜고 조직을 잘하는 것을 '분수分數'라고 말한다. 조직을 끝낸 축구팀이 능력을 얼마나 잘 발휘하는가는 감독이 얼마나 유능한가에 따라서 다르게 드러난다. 손자는 거스 히딩크와 같은 명 지휘관의 지휘를 '형명形名'이라고 부른다. 여기서 형形은 시합을 위하여 조직된 축구선수와 감독이 한 팀이 되어 준비하고 있는 모습으로 분수와 형명을 포함하는데, 이는 축구팀의 보이는 실력을 나타낸다. 조직의 스펙이라고 이해하면 쉽다.

형形 = 분수分數 + 형명形名

상대팀과 엇비슷할 때 축구팀의 승리 여부는 전략 능력이 결정한다. 또한 앞서 설명했듯이 이 전략 능력을 결정짓는 것은 허실과 기정 전략이다. 허실 전략을 잘한다는 것은 상대팀의 허와 실을 잘 찾고, 상대팀이 실력 발휘를 잘 못하게 한다는 것과 같다. 또한 자기 팀의 허는 실로 만들어야 한다. 기정 전략을 잘 사용한다는 것은 상대팀의 허를 발견하면 즉시 기습 공격하고, 골로 연결시키는 것이다.

세계 최고 수준의 선수들은 시야가 넓어서 축구장 전체를 보고 모든 공간에 걸쳐 상대팀의 허실을 찾는다. 그러다가 상대팀의 결정적 허점을 찾아 골로 연결하는 기정에 능하다. 축구장 전면面에 걸쳐서 이루어지는 허실 전략은 '면面의 전략', 특정 지점에서 기습 공격하는 기정 전략은 '점点의 전략'이라고 한다. 세계 일류 선수들은 이 두 가지를 모두 잘한다. 또한 허실과 기정은 세勢를 결정하므로 다음의 도식이 가능하다.

세 勢 = 허실虛實 + 기정奇正

따라서 축구팀의 승리 조건은 다음 네 가지를 상대팀보다 더 잘하는 것이다.

① 분수分數 : 축구팀을 잘 조직한다.
② 형명形名 : 히딩크 같은 지도자의 뛰어난 지휘 감독.
③ 허실虛實 : 축구장 전면에 걸쳐서 상대 팀의 허실을 잘 찾고 상대의 강섬은 허로, 사신의 약짐은 실로 만든다. 실은 피하고 허를 공격한다.
④ 기정奇正 : 상대가 예상치 못한 방법으로 공격해서 가차 없이 골로 연결한다.

거대한 댐에 물을 모아두었다가 방류하면 급한 물살이 바위도 뜨게 하는 세를 형성하듯, 전쟁의 고수들은 군대의 전력과 전의를 충분히 다진 다음, 일시에 공격하여 엄청난 세를 발휘한다. 이렇게 하여 대승을 거둔 것이 전쟁 사상 최대의 작전이라는 노르망디 상륙작전과 세계 제일의 기정 전략이라는 인천 상륙작전이다. 대포와 학익진으로 대세를 모아 대승한 후 일본 수군의 해전을 기피하게 만든 이순신의 한산대첩도 마찬가지이다. 이렇듯 싸움은 형만으로도, 세만으로도 괴리된 상태에서는 이길 수 없다. 형세로 이기지 못할 싸움은 없다.

## 형形 · 세勢 · 절節, 이 셋은 하나다

야구에서 타자가 타석에 들어섰을 때 비록 형과 세가 강해도 방망이로 공을 맞추지 못하면 타격에 실패한다. 문제는 타격의 타이밍이다. 여기서 타자가 투수의 공을 받아 치려고 방망이를 들고 준비하는 자세는 형形, 오는 공을 노리고 있다가 방망이로 힘껏 휘둘러 치는 것은 세勢, 그리고 방망이로 공을 맞추는 것을 절節로 이해하면 된다. 타자가 훌륭한 타격으로 연결하기 위해서는 형形 · 세勢 · 절節이 모두 조화되어야 한다.

하늘을 나는 독수리로 볼 것 같으면, 자세는 형이며, 독수리가 바다뱀이 호흡을 하려고 수면에 막 올라오는 순간을 포착하여 쏜살같이 하강하는 것은 세, 바로 낚아채는 것은 절이다. 형과 세는 물론 세와 절도 서로 연결되어 있다. 형이 없이 세가 없고, 세가 없이 절이 없다. 절이 없는 세는 무용지물이다. 이렇듯 형, 세, 절은 셋이 아니라 하나다. 그러나 군대의 경우에는 서로 마주보고 전투를 해야 하므로 절을 찾기 어려울 때가 많다. 이 때문에 흔히 형과 세만 보고 전투에 나서게 되는데, 세만 옳게 되면 절은 저절로 이루어지므로 형과 세만 잘해도 전투에서 승리할 수 있다.

요컨대, 형은 군 장비, 군사력 등 '눈에 보이는 것'으로 객관적인 것이다. 반면 세는 인위적으로 조성할 수 있는 것으로 '눈에 보이지 않는 것'이다. 감으로만 파악할 수 있다. 형은 '움직이는 물체'이고, 세는 '물체의 움직임'으로 동적인 것이다. 또한 세와 절은 속도와 리듬이 중요하다. 거세게 흐르는 물살은 돌도 떠내려가게 하는데, 이것이 세勢이다. 사나운 새가 날쌘 동작으로 재빨리 먹이를 낚아채는데, 이것이 절이다. 따라서 명장이 만드는 세는 험하며 절은 짧다.

## 초고수의 조건 : 모세, 차세, 용세

세勢의 전략은 다른 차원에서 보면 세를 스스로 키우는 모세謀勢, 다른 사람이나 외부환경 조건의 힘을 빌리는 차세借勢, 그리고 이렇게 증가시킨 세를 실제로 사용(또는 실행)하는 용세用勢의 셋으로 나눌 수도 있다. 전략의 신은 이런 세의 전략에도 신이다.

모세, 차세 및 용세에 대한 이해를 돕기 위해 둥근 돌을 산 위에 올려놓고 굴리는 것에 비유해보자. 돌은 평지에서 스스로 구르지 않는다. 그러나 경사진 산꼭대기에 갖다 놓으면 구르기 때문에 세가 생긴다. 작은 돌은 구르지만 힘이 약하다. 그러므로 산꼭대기에 갖다 놓은 돌이 크고 둥글수록, 그리고 산이 높을수록 세가 강하게 된다.

모세는 돌을 더 크고 둥글게 하는 것이라고 할 수 있다. 그리고 더 높은 곳에 갖다 놓을수록 구르는 힘이 더 크게 되는데, 산으로부터 빌리는 힘, 곧 차세借勢가 더 크게 되기 때문이다. 손자는 이렇게 말한다. "전략의 고수가 만드는 세는 천 길이나 되는 산 위에서 둥근 돌을 굴리듯 하는데, 이것이 바로 세勢이다."

산은 울퉁불퉁하고 계곡도 있다. 돌을 어떻게 굴리는가에 따라서 세가 다르게 된다. 이를 용세用勢라고 한다. 얼마나 큰 돌謀勢을, 얼마나 높은 곳에 갖다 놓는가借勢, 그리고 어떻게 굴리는가用勢에 따라서 세가 결정되는 것이다.

올림픽에 출전하는 선수들을 보면 몇 년간 비지땀을 흘려가면서 연습을 하는데, 이는 모세이다. 세계 일류 전문가의 코치을 받는 것은 차세借勢이다. 시합에 임해서 컨디션을 잘 관리하고 실력을 잘 발휘하는 것은 용세이다. 이처럼 모세, 차세, 용세는 하나하나 소홀히 여길 것 없이 모두 중요하다.

## 모세謀勢 : 세를 조성하는 것

군대 전쟁, 기업 경쟁은 물론 세상사 모든 것에는 세勢가 있다. 세를 타지 못하면 1의 힘은 어디까지나 1에 불과하지만 잘 타면 2도, 3도, 심지어 일당백도 될 수 있다. 이 때문에 손자는 승리 가능성을 사람이 아니라 조직의 세에서 찾으라고 말한다. 하지만 초超경쟁 상황에서는 조직의 세가 구성원 역량의 더하기가 아니라 곱하기로 나온다. 예를 들어, 지도자가 세를 조성하지 못할 경우 0.9의 인재만 모이는 조직은 곱할수록 힘이 줄어들고, 1.1 이상의 인재가 모이면 계속 증가한다. 그러나 세를 잘 조성하면 0.9도 1을 크게 넘는 인재가 되어 조직의 세는 막강하게 된다. 이처럼 조직과 구성원의 역량 자체를 키우는 것이 모세다.

신경과학자 대니얼 레비틴Daniel Levitin에 따르면 어느 분야에서나 세계적인 고수가 되려면 1만 시간의 연습(하루 3시간, 주 20시간씩 10년간)이 필요하다고 한다. 칼의 성인 미야모토 무사시는 《오륜서》에서 '1천 시간의 연습을 단鍛, 1만 시간의 연습을 연鍊'이라고 설명한다. 또한 소나무 사진작가 배병우 교수는 한국의 소나무 사진을 찍으려고 전국을 10만 번 이상 누비기도 했다. 그 때문에 전국 곳곳 어디에 소나무가 얼마나 있는지 다 알 정도이다. 이처럼 모세에는 많은 노력이 필요하다.

얼마 전 마산, 창원, 진해, 세 도시가 통합되어 하나의 큰 도시가 되었다. 그 이름은 창원이 되었다. 나는 강의 때 가끔 이런 유머를 한다. "1+1+1"은 무엇인가? 답이 "큰일"이라고 하면 모두 웃는다. 왜 큰일인가? "마산 아구찜의 이름과 진해 벚꽃놀이의 이름을 어떻게 바꾸는가가 큰일이다." 이 세 도시의 새 이름은 창원시인데, 창원시의 입장에서 통합은 모세이며, 세 도시의 입장에서 보면 차세라 할 수 있다.

사자가 가젤을 사냥할 때 추격이 가능한 거리까지 살금살금 접근하는 것은 모세이며, 일정 지점부터 전속력으로 달려 가젤을 낚아채는 것은 용세이다. 전속력으로 무섭게 달리는 것을 손자는 세험勢險이라고 말한다. 충분히 접근했다 판단되면 순식간에 목을 물어 숨통을 끊는다. 이를 《손자병법》은 절단節端, 곧 절節을 단端시간에 한다는 것이다. 요컨대 세는 험險하고, 절은 짧게短 하는 것이 요체이다.

## 차세借勢 : 세를 빌리는 것

힘이 비슷한 적 10명과 싸우는 방법은 무엇인가? 일단 외나무다리에서 싸우는 것이다. 외나무다리의 힘을 빌리는 것이다. 이순신 장군이 13척의 배로 일본 수군 130척의 배와 싸워 이길 수 있었던 것은 좁은 명량해협의 힘을 빌렸기 때문이다. 거북이가 토끼와 경주를 할 때 늪이나 물에서 하면 거북이가 쉽게 이긴다. 물과 늪의 힘을 빌리기 때문이다. 같은 군대라도 전투를 밤중, 새벽, 오후 등 언제 하는가에 따라서 전투력의 차이가 난다. 이런 요인들로부터 빌리는 힘이 다르기 때문이다.

"파리가 하루에 100킬로미터를 갈 수 있는가?" 이 질문을 전국의 유치원 원장을 대상으로 한 강의에서 한 적이 있다. 어느 원장은 황사도 있고 하니 불가능할 것이라며 농반진반으로 대답했다. 그러나 결론부터 말하자면 파리는 100킬로미터를 갈 수 있다. 하루 100킬로미터를 달리는 말 궁둥이에 붙어 가도 되고, 요행이 KTX를 타면 한 시간에 200킬로미터 이상도 편안히 갈 수 있다. 말이나 KTX 고속철도의 힘을 빌리기 때문이다.

세계에서 기동성이 가장 뛰어나다는 몽고군을 맞아 평지에서 싸우는 것은 목숨을 내놓는 일이다. 좁은 계곡으로 유인해서 싸우면 이길 수도 있다. 최근에 몽고의 말 조련사들은 몽고와 러시아의 말들에게 하루 24시간 중 4시간만 자고 계속 달리게 만들 수 있는지 실험을 했다. 그런데 결과는 놀라웠다. 러시아의 말이 150킬로미터를 달린 후 꼼짝도 하지 않은 반면에 몽고의 말은 무려 200킬로미터를 내달렸다. 역사를 되돌려 확인할 길은 없지만 어쩌면 칭기즈칸 군대가 세계를 제패하는 데 몽고 말의 공헌도 있지 않았을까. 당시의 사료를 살펴보면 몽고족들은 40~60킬로미터 거리마다 역驛을 두고 역에서 대기 중인 말을 바꾸어 타면서 하루 500킬로미터 달리는 것도 가능했다고 한다.

경영학의 아버지 피터 드러커 교수는 미래의 성장 전략은 전략적 제휴가 될 것이라고 예견했는데, 전략적 제휴가 바로 차세借勢이다. 4대 강국에 둘러싸인 한국의 경우 차세는 생존에 긴요하다. 나의 경쟁력은 나뿐만 아니라 남의 능력에도 달렸다는 생각이 전략적 제휴로 이어진다.

스마트폰 제조에 세계적 강자인 삼성전자, 소프트웨어 강자인 구글, 그리고 통신장비 강자인 시스코가 과거의 특허는 물론 앞으로 10년간 출원하는 특허까지도 공유하기로 하는 특허 3각 동맹을 결성했다. 이는 서로가 서로의 세를 빌리는 차세 전략이다.

### 가장 중요한 관계술

기술자격증이 10개가 넘는 사람이 있다. 그런데 이런 사람 중 큰 부자를 본 적이 없다. 어찌 보면 사람이 살아가는 데 가장 귀중한 기술은 귀인의 도움을 빌는 기술이다. 귀인은 누구인가? 회사원이라면 사장 등 지위가 높은 사람, 반대로 사장이라면, 비서와 운전기사 등 상대적으로 지위가 낮은 사람이 될 수도 있다. 사실 남에게 도움을 줄 수 있는 사람은 누구나 귀인이 될 수 있다. 팀으로 일하는 지식사회에서 인간관계를 잘 쌓아 귀인의 도움을 받고 귀인이 되어 남에게 도움을 줄 수 있는 능력은 이 시대에 가장 중요한 덕이다. 일반적으로 인간관계를 잘하는 사람은 귀인이 될 수 있고 귀인의 도움을 받을 가능성도 높다.

이순신 장군의 연전연승도 단순히 스스로의 능력에만 기댄 것은 아니다. 그에게도 수많은 귀인이 있었다. 그는 임진왜란 직전 정읍현감(종6품)에서 단 2년도 안 되는 사이에 전라좌도 수군절도사(정3품)로 일곱 단계나 승진했다. 거기에는 어릴 적 지인인 유성룡이라는 귀인 도움이 컸다. 제장명이 그의 책《이순신 파워인맥》에서 밝힌 바와 같이 이순신의 승리에는 33인의 귀인의 도움이 컸다. 이순신과 이들은 서로 귀인 역할을 하며 왜란의 공신이 될 수 있었다.

베빈 알렉산더Bevin Alexander는 그의 저서《어떻게 위대한 장군들은 승리했던가?How Great Generals Win?》에서 칭기즈칸이 세계 무대에서 승리할 수 있었던 요인 중 하나로 수부타이Subedei 같은 최고의 장군이 곁에 있었기에 가능했다고 말한다. 이와 더불어 적보다 우수한 무기, 실패하지 않는 전술 시스템, 전략의 천재성, 상상을 초월한 기동력 등의 네 가지 도움이 있었기에 가능했다고 꼽는다.

《삼국지》의 유비도 장비, 제갈량 등 귀인의 도움을 많이 받았다. 실제로 전쟁이나 일상생활에서도 사람뿐만 아니라 기계, 시설, 장비, 장소 등 많은 요인의 힘을 잘 빌리는 차세는 대단히 중요하다.

〈뉴욕타임스〉가 100만 부도 채 안 되는 판매 부수에도 세계 최고의 권위를 유지하게 된 데에는 감히 다른 신문사들이 따라 할 수 없을 만큼의 세계 최고 수준의 프리랜서 기자 풀을 유지하고 있기 때문이다. 프리랜서 기자의 발굴, 채용과 활용에 있어서 다른 신문사의 추종을 불허함으로써 기사의 질이 타 신문사에 비해 현격히 높다. 이렇듯 고수 주변에는 항상 많은 고수들이 있기 마련이다. 고수는 차세의 위력을 아는 사람이다.

세계에서 가장 강력한 로비단체는 미국의 유대인들이 1947년에 결성한

미·이스라엘공공정책위원회AIPAC이다. 한 해 예산만 해도 700억 달러가 넘고 위원회의 총회에 미국의 대통령을 비롯해서 미국 상하원 국회의원 535명 중 400명 이상이 참석할 정도로 미국 사회에서 영향력이 막강하다. 회원은 10만여 명으로 연례행사에 만 명 이상의 미국계 유대인들이 참석한다. 모두 선거권을 가진 시민들로 구성된 만큼 큰 힘을 지닌 시민 로비단체이다. 감히 '신의 조직'으로 불릴 정도이다. 이스라엘이 과거 50년간 중동 국가들과 6차례의 전쟁을 치렀지만 패배한 적이 없는 것도 이 단체의 역할이 컸다. 다수의 중동국가들과 적대적인 관계에서 생존할 수 있었던 것도 바로 이 단체의 힘이다. 이스라엘의 생존에는 이런 단체의 힘을 빌리는 것, 곧 차세가 있기에 가능했다.

장수는 용장보다 덕장, 덕장보다 운 좋은 운장이 최고라는 말이 있다. 하늘의 도움을 받는 사람이 차세에는 최고이다. 차세에는 하늘天, 땅地, 사람人의 힘을 빌리는 것 모두 중요하다. 그리고 나라 경제가 잘되면 회사가 잘되고 회사가 잘되면 직장인도 잘된다. 자연스레 개인의 지위도 재산도 가치가 상승한다. 경제 전쟁 시대에 국가 경제의 세를 키워야 하는 이유도 여기에 있다.

전략의 신은 나의 힘에 하늘의 힘, 땅의 힘, 나라 경제의 힘, 기업의 힘, 남의 힘, 외나무다리의 힘, 울돌목과 같은 자연환경의 힘, 말 궁둥이의 힘, KTX의 힘, 그리고 군인의 경우에는 무기의 힘을 더할 줄 안다. 이런 모든 것을 《손자병법》은 세력을 빌리는 것으로 차세라고 한다. 바람의 힘으로 배를 가게 하는 것차풍사선借風使船도 물론 차세이다. 차세란 차력借力과도 같다. 순풍에 돛을 단 배는 바람이란 세를 잘 활용한다. 그러나 강한 역풍을 만나서 배가 뒤집어질 수도 있다. 5백 미터의 산은 혼자 올라갈 수 있으나 5천 미터의 산은 혼자 올라갈 수 없는 이치와 같다.


## 용세用勢 : 세를 사용하는 것

수험생은 아무리 실력을 많이 쌓아도 시험 전날 밤잠을 설치면, 곧 용세用勢를 잘못하면 실패한다. 올림픽에 출전하는 선수들도 시합 전날 밤잠을 설치면 실패한다. LPGA 출전 선수 중에도 우승을 눈앞에 두고 마음이 흔들려 놓치는 경우가 있다. 용세를 잘못했기 때문이다.

모세, 차세 및 용세는 시대 흐름에 맞게 해야 한다. 텔레비전 산업이 아날로그에서 디지털로 바뀌는 상황에서 소니는 한때 아날로그 텔레비전 생산에 집착했다. 대세를 거스른 것이다. 그 대가는 큰 폭의 적자였다. 스위스 시계회사들은 기계시계에서 전자시계로 대세가 바뀌는데도 이 흐름을 무시하다가 큰 위기를 맞은 바 있다. 대세에 올라타는 것도 차세이다.

주식시장 동향도 주식투자자의 입장에서는 대세이다. 경기상승 국면이라는 세를 타면 비전문가도 돈을 번다. 그러나 경기하강 국면에서 주식을 사는 것은 세를 거스르기 쉽다. 전문가도 손해볼 수 있다. 경쟁이나 전쟁에는 항상 상대방이 있다. 우리 쪽의 승리는 우리가 잘하는 것도 중요하지만 상대방이 잘못하도록 하는 것도 중요하다.

# 마오쩌둥의 '세勢의 전략 시행기준'

기정奇正, 허실虛實, 세勢 전략을 가장 잘 설명한 책은 《손자병법》인데, 이를 실전에 가장 잘 활용한 사람 중 한 명이 마오쩌둥이다. 그는 저서 《모택동 사상과 중국혁명》에서 전력이 10~20배나 강한 장제스의 국민당 군과 싸워야 할 때 다음 조건 중 적어도 2개 이상이 충족되지 않으면 공격을 하지 않았다고 한다. 그 조건이 갖춰지지 않은 상태에서 시도된 공격은 대부분 실패로 끝났다. 이는 마오쩌둥의 '세勢의 전략 시행기준'이다. 다음 6개 조건 중 앞의 3개는 허실虛實, 뒤의 3개는 세勢 전략과 관련되어 있다.

① 적의 약한 부분을 발견했는가?
② 적을 피로하게 하고, 적의 사기를 떨어지게 만들었는가?
③ 적의 실책을 조장하고 실책을 범하도록 만들었는가?
④ 아군을 적극 지원하는 인민이 주위에 있는가?
⑤ 아군의 작전에 유리한 진지인가?
⑥ 필요할 때 아군 주력부대들의 집결이 가능한가?

마오쩌둥은 이런 말도 했다. "보급품이 풍부한 장제스 군대에는 살찐 사람들이 많았다. 우리는 살찐 사람들은 시달려서 수척하게 만들고, 수척한 사람들은 시달려서 죽게 만들려고 했다." 그는 1936년에 완성한 논문 〈중국 혁명 전쟁의 전략 문제〉에서 아군이 필요로 하는 전쟁 물자는 적에게서 조달하면 된다고 밝힌 바 있다. 심지어 국공내전과 관계없는 서울에 있는 전쟁 물자도 차지하고자 노력했다. 이는 《손자병법》 '작전' 편이 강조하는 것이다. 이에 관한 그의 말을 보자.

"우리의 기본 방침은 제국주의 및 국내 적들의 군수공업에 의존하는 것이다. 런던이나 남한 서울에 있는 병기공장에 대하여 우리는 권리를 가지고 있다. 그뿐만 아니라, 적의 수송부대를 통하여 그 무기가 수송되어 오고 있다. 이것은 결코 농담이 아니라 진담이다."

마오쩌둥은 장제스 군대와의 전쟁에서 대단한 열세에 있었지만 이동전으로 유리한 태세를 만들어 승리할 수 있었다.

## 스마트 세勢의 전략

손자가 말하는 승리 조건을 다시 한 번 살펴보자. 축구팀이 승리하려면 첫째로 팀을 잘 짜야 하는데, 이를 손자는 분수分數라고 말한다. 팀이 능력을 잘 발휘하려면 유능한 감독의 지휘통제가 있어야 하는데, 이는 형명形名이다. 이 두 가지를 형(=분수+형명)이라고 한다. 그리고 일단 게임이 시작되면 전략이 중요한데, 손자가 중시하는 전략은 허실과 기정의 두 가지이다. 이 두 가지 전략을 얼마나 잘 사용하는가가 승부를 결정하는데, 손자는 이를 세勢라고 말한다.

형은 보이는 능력이며, 이를 바탕으로 세가 형성된다. 축구팀의 종합능력을 '형+세'라고 할 때 세는 형과 분리된 것으로 '좁은 의미의 세'이다. 그런데 세는 형이 좋아야 강하게 되듯 형에 따라서도 결정된다. 형과 세를 분리하기 어렵다. 따라서 '형+세' 전체를 세라고 할 수 있다. 이는 '넓은 의미의 세'이다.

손자는 세를 결정하는 전략이 앞서 말한 바와 같이 허실과 기정 두 가지뿐이라고 말한다. 그러나 현재의 싸움은 종류, 주체, 대상, 동기, 범위, 사용되는 무기 등 여러 면에서 《손자병법》이 쓰였던 때의 전쟁과는 비교할 수 없을 정도로 복잡하고 다양해진다. 전략 또한 마찬가지다. 이 때문에 세를 결정하는 전략도 다양하게 된다. 손자가 중시하는 허실과 기정 전략만이 세를 결정한다면, 이외의 다양한 전략으로 결정되는 세는 '스마트 세勢'가 된다. 이때의 세는 '더욱 넓은 의미의 세'이다.

손자의 세勢 : 허실 전략과 기정 전략에 따라서 결정되는 세.
스마트 세勢 : 허실과 기정 전략뿐만 아니라 게임 전략, 총력 전략, 융합
전략 등 다양한 전략에 따라서 결정되는 세.

지금까지 우리는 1부에서 다양한 단품 전략을 알게 되었고, 이러한 전략들을 스마트 세勢 전략을 통하여 전략 능력을 크게 높일 수 있음을 알았다. 그리고 보이는 전략인 스펙 전략과 보이지 않는 전략인 세의 전략도 알게 되었다. 자신의 전략 능력을 키우는 모세, 남의 힘을 빌리는 차세, 그리고 전략 능력을 질 빌휘해서 승리를 취하는 용세의 중요성도 알게 되었다. 또한 형·세·절은 분리 불가능한 것으로 셋이 아니라 하나라는 사실도 알게 되었다. 그리고 승리에 있어서 결정적으로 중요한 것은 스펙보다 세(전략 능력)임도 알게 되었다. 스펙(외모, 학벌, 가문 등)이 비록 남보다 뒤떨어져도 전략 능력으로 남을 크게 앞설 수 있음도 알게 되었다. 누구나 스마트 세 전략으로 전략 능력을 얼마든지 높일 수 있다. 우리가 이렇게 다양한 전략을 연구하는 것은 실전에 활용하기 위해서다. 실전 전략은 2부에서 더 구체적으로 살펴볼 것이다.

2부

# 실전

實戰

**적응 전략을 넘어선 전략, 초超전략**

우迂가
직直보다
빠르다

초변화, 초경쟁, 초격차에서 승리하기

# 9

세상의 변화는 '패러다임의 변화'이다.
실전 전략 수립에 가장 중요한 것은 세상의 변화를 바로 아는 것이다.
앞으로 세상은 어떻게 변하는가? 가장 큰 변화는 바로 초超의 시대,
곧 초변화, 초경쟁 등의 시대가 도래하는 것이다.
여기서 승리하기 위해서는 나의 경쟁 우위는 높이고
상대의 경쟁 우위는 허물어뜨려야 한다.
이 장에서는 초경쟁, 초변화, 초격차 등으로 표현되는 전략적 환경 변화를 살펴보고
이 토대에서 가장 적합하게 실행될 수 있는 전략적 방법을 검토해본다.

# 진리를 검증할 유일한 기준은 실천이다

유사 이래 암살 위협을 가장 많이 겪고도 살아남은 사람은 누구인가? 인류 역사상 가장 포악한 사람은 누구인가? 세계 최대의 전쟁인 제2차 세계대전의 주된 선동자는 누구인가? 유대인을 가장 많이 죽인 사람은 누구인가? 독일 실업자들에게 유창한 웅변으로 실업과 경제 침체를 끝장내겠다고 선동하여 지도자가 된 사람은 누구인가? 독일 사람을 가장 많이 죽인 한 사람은 누구인가? 그리고 자신도 자살한 사람은 누구인가?

바로 알아챘겠지만 답은 아돌프 히틀러이다. 그는 6백만 명의 유대인을 포함해 3천 500만 명의 인명을 살해한 살인귀였다. 독일군 내부의 인사들은 물론 수많은 지식인들이 그를 제거하기 위해 노력했다. 암살 미수 사건이 밝혀진 것만도 42차례에 달했다. 심지어 사막의 여우라는 명장 에르빈 롬멜 Erwin Rommel 장군도 실패한 후 자살했다. 그들의 실패 이유는 바로 이론과 실전의 차이 때문이다. 암살자들은 이론적으로는 성공을 확신했으나 실전에서 모두 실패했다. 책상 위의 전략은 탁상공론에 불과하다. 실전에서 성공한 전략만이 참 전략이다. 전략은 실전이고 실천이다.

덩샤오핑은 살아생전 "진리를 검증할 유일한 기준은 실천"이라고 강조했다. 그가 공산주의를 버리고 자본주의 시장경제의 길을 가게 된 것은, 국민을 골고루 잘살게 만든다는 공산주의가 오히려 소득 격차를 크게 한다는 사실이 드러났기 때문이라고 말하기도 했다. 그만큼 전략을 짜는 것도 중요하지만 실천이 중요한 이유다.

어느 북극점 등반가는 비행기와 자동차로 북극점에 갈 수 있는 가장 가까운 지점까지 갔다. 걸어서 7시간 걸리는 거리였다. 그런데 북극점을 향해 열심히 7시간 동안 걸은 후 자신의 위치를 확인해보니 제자리에 그대로였다. 얼음판 위를 걸었는데, 놀랍게도 얼음판이 반대 방향으로 걷는 속도와 똑같은 속도로 떠내려갔기 때문이다. 학생들에게 강의할 때 종종 얼음판을 나라 경제에 비유하곤 한다. 개인이 아무리 잘해도 나라 경제가 반대 방향으로 나아가면 제자리에 머물러 있기도 어렵게 된다. 이는 사실 많은 후진국의 실정이기도 하다.

수영 교과서만 읽고 바다에 뛰어들다가는 빠져 죽는다. PGA에서 우승한 선수들도 골프 이론만큼은 세계 최고 수준이지만 실전(시합)에서는 아마추어 선수보다 못할 때가 있다. 축구의 승부차기에서는 최고의 몸값을 자랑하는 축구선수들도 어이없게 공을 허공으로 날려보내기도 한다. 사자도 가젤을 잡으려고 전속력으로 질주하지만 성공률은 20퍼센트에 불과하다. 기업에서 평생 성공적으로 일하던 사람들도 퇴임 후 요식업에 뛰어 들지만 3년 생존율은 5퍼센트 정도에 불과하다. "좋은 음식을 만들어 많이 팔면 돈을 번다." "골프도 똑바로 치고, 거리만 잘 조절하면 우승할 수 있다. 주식도 쌀 때 사서 비쌀 때 팔면 돈을 번다." 세상일은 이처럼 모두 간단해 보이나 실전은 녹록치 않다.

이는 클라우제비츠가 "전쟁은 간단하지만 간단한 것이 어렵다."라고 한 말과 일맥상통한다. 왜 이론과 실전에는 차이가 나는가? 이를 두고 클라우제비츠는 마찰(또는 충돌)friction 때문이라고 말한다. 전쟁은 기후(안개, 비 등), 지형의 차이, 명령의 착오, 사고, 예상 못한 일, 기술적 어려움, 보급품 문제, 각종 불확실성 등 수많은 요인의 영향을 받는다. 이 때문에 실제 전쟁은 계획한 전쟁과 다른 양상으로 전개된다. 바로 클라우제비츠가 말하는 마찰 때문이다.

《손자병법》이 나온 지 2,500년이라는 세월이 지났음에도 불구하고 아직도 세계 최고의 전략서로 대접받는 이유는 손자가 철저하게 실전을 바탕으로 썼기 때문이다. 그뿐만 아니라 조조曹操에 의해 실전에서 검증되고 보강되었기 때문에 더욱 현장에 적합하다. 우위吳羽가 저서 《나관중 삼국지》에서 말한 것처럼 조조는 "천하통일을 위해 평생을 전쟁터에서 보낸 군사 전략가"이다. 유명한 적벽대전 등 《삼국지》에 나오는 무수한 전쟁에 직접 참여하기도 했다. 실상 오늘날 우리가 읽는 《손자병법》은 조조가 알기 쉽게 풀이한 조조의 《손자주孫子注》이다. 클라우제비츠의 《전쟁론》이 서양 최고의 전략서로 꼽히는 것도 그 자신이 초급장교로 시작하여 장군이 될 때까지 직접 침여한 수많은 전쟁의 생생한 실전 경험을 바탕으로 썼기 때문이다.

헨리 키신저 전 미 국무장관은 동양의 전략을 이해하려면 바둑을 이해해야 한다고 말한 바 있다. 바둑이 실전을 중시하기 때문이다. 바둑의 급수를 정하는 것에도 필기시험은 없다. 오로지 실전만이 승급의 기준이다. 전략에도 바둑 급수처럼 차이가 많다.

이순신, 보응우옌잡 같은 장군은 전쟁 전략 9단, 피터 드러커, 마이클 포터 등은 기업 전략 9단, 토머스 셸링, 존 내시는 게임 전략 9단이다. 전략으로 경쟁하는 시대는 자신의 전략 급수를 높일 때다. 그렇다면 실전 전략에서 알아야 할 가장 중요한 사실은 무엇인가? 전략 환경의 변화를 잘 파악하는 것이다. 초超의 시대에는 특히 중요하다.

## 나의 우위는 창출하고, 상대의 우위는 파괴하라

초경쟁이란 말은 리처드 다베니가 1994년 《초경쟁Hypercompetition》이란 제목의 책을 낸 이후부터 본격 사용되기 시작했다. 그가 이 책에서 말한 초경쟁은 기업 간 초경쟁인데, 그는 이를 '글로벌 기업전쟁'이라고 표현한다. 그가 말하는 초경쟁 행위란 "끊임없이 자신의 새로운 경쟁 우위는 만들어내고, 라이벌의 경쟁 우위는 파괴하며, 쓸모없게 만들고, 무력화시키는 과정이다. 그렇게 함으로써 불균형을 창출하고, 완전 경쟁을 파괴하며, 시장의 현상을 파괴한다. 그 때문에 경쟁자들의 행위는 격렬하고 급변하게" 되는 것이다.

과거에는 같은 전화기가 몇 년간 계속 생산되었으나 지금은 스마트폰도 갤럭시 1, 2, 3, 4, 5처럼 급변한다. 초경쟁은 안정된 환경이 아니라 급변하는 환경에서 이루어진다. 또한 과거에는 경쟁자들이 앞선 자의 우위를 인정하고, 서로 안정된 관계를 유지하며, 약자의 생존도 허용했다. 그러나 초경쟁 환경에서는 새로운 경쟁 우위를 지속적으로 창출하므로 우위가 수시로 바뀌고, 균형관계도 계속 파괴된다. 경쟁자를 일단 앞서게 되면 따라오는 경쟁자를 파괴해버리는 것은 당연하다. 게다가 전략을 수시로 변경하여 자신의 우위는 신속하게 창출하고, 상대의 우위는 적극적으로 파괴한다. 따라서 경쟁은 안정적이 아니라 공격적 경쟁이 되는 것이다. 과거처럼 암묵적 담합이나 협조 등으로 경쟁을 피하려고 하지 않음으로써 경쟁의 판도를 뒤엎으려 하는 것도 특징이다. 판도를 바꾸어 최고가 되면 새로운 단계의 경쟁의 판도를 다시 만들어서 최고의 자리를 계속 유지하며 독보적인 위치를 점하려고 한다.

비근한 예로 마이크로소프트는 1990년대 초 PC운영 시스템 시장의 90퍼센트 이상을 차지할 수 있었다. 그럼에도 차세대 운영 프로그램인 윈도우즈 개발에 많은 투자를 했다. 새로운 프로그램 개발에 성공한 후 곧 이를 죽이고, 다시 새로운 후속 프로그램 개발에 박차를 가했다. 그 이유는 바로 경쟁 기업이 이를 불원간 모방하고, 심지어 더 나은 것을 개발하면 무용지물이 될 것을 잘 알았기 때문이다. 따라서 창출한 경쟁 우위를 경쟁 기업들이 파괴하기 전에 스스로 파괴하는 것이다. 개발한 프로그램을 파괴하고 더 좋은 후속 프로그램을 계속 개발하여 신경쟁 우위를 확보해나가는 것이다.

여기서 신경쟁 우위를 창출하더라도 바로 다음 단계의 경쟁 우위를 창출하는 것이 곧 초경쟁 시대 최고의 전략이다. 자신에 대한 공격 전략이 최고의 전략이라는 것이다. 초경쟁 시대 기업의 장기 전략은 '일시적(단기적) 경쟁 우위'를 연속적으로 창출해나가는 전략인 것이다.

그렇다면 초경쟁의 결과는 어떻게 나타나는가?

우선 기업의 승패가 순식간에 결정된다. 애플은 아이폰을 만든 후 엄청난 성장을 하고 세계 휴대폰 시장을 선도하던 노키아는 그야말로 순식간에 몰락을 맛보았다. 스티븐 엘롭Stephen Elop 노키아 회장은 이런 말을 했다. "노키아는 북극해의 불타는 석유 시추선의 플랫폼 같은 신세가 되었다. 노키아는 시간도, 고객의 마음도 모두 놓쳤다."

둘째로 승자독식의 시대가 된다. 전 세계 스마트폰 시장은 삼성전자와 애플이 거의 독식하고 있다. 전 세계 반도체 회사를 보더라도 최근 분기에 흑자를 가장 많이 낸 기업은 삼성전자밖에 없다.

셋째, 정부는 소기업 보호를 중시하던 독점 금지법을 완화하여 국가대표 기업을 지원한다. 초경쟁 사회에 관한 리처드 다베니의 설명을 보자. "경쟁사를 해치는 것이 유쾌하지 않았던 시절은 이제 끝났다. 〈…〉 독점 금지법은 종종 소위 약탈기업으로부터 약한 기업을 보호하는 역할을 해왔다. 그러나 오늘날 살아남는 기업은 바로 이러한 초경쟁적 약탈기업이다. 비슷하게, 몸무게가 똑같은 선수들을 서로 경쟁시켜 공정한 경기를 지키려던 독점 금지법의 유용성은 사라졌다. 이제 전략은 이용할 수 있는 모든 전술을 동원하고 승자가 모든 것을 갖는다는 새로운 관점으로 옮겨갔다. 〈…〉 가장 공격적인 기업들은 직접 대결을 통해 죽을 때까지 싸우는 비즈니스 전쟁을 치르고 있다."

넷째, 스마트폰 산업은 다른 많은 산업의 새로운 경쟁자가 되었다. 카메라 회사의 경쟁자들은 과거 다른 카메라 회사였으나 지금은 스마트폰 회사와도 경쟁해야 한다. 녹음기 회사, 지도 제작 회사 등도 마찬가지다.

다섯째, 스마트폰은 카메라, 녹음기, 지도책 등 관련 산업을 줄어들게 만든다. 과거에는 나라마다 휴대폰 회사가 있었으나 지금은 많은 나라에서 거의 삼성이나 애플 제품을 사용하고 있다. 글로벌 경쟁력이 있는 소수의 기업만 살아남고 나머지는 줄도산을 한다. 앤 허프Anne Huff 등은 저서《전략경영》에서 경쟁 전략의 창시자인 마이클 포터 교수가 대상으로 했던 '과점 기업들 간의 경쟁'과 리처드 다베니의 '초경쟁' 간의 차이를 이렇게 설명한다.

- **경쟁 우위** : 포터는 경쟁 우위를 진입장벽의 설정 등으로 장기적으로 유지할 수 있다고 주장하지만, 다베니는 일시적 유지만 가능하다고 말한다.
- **전략** : 포터는 기업의 '방어 전략'을 강조하고 기업 간의 협력도 중시하지만, 다베니는 '공격 전략'으로 경쟁자를 붕괴할 것을 중시한다.
- **시장의 안정성** : 포터는 시장이 안정적이고 균형적이라고 하지만, 다베니는 불안정하고 불균형적이라고 설명한다.
- **집중 대상** : 포터는 시장에 집중하지만, 다베니는 초경쟁 전략을 짜는 기업에 집중한다.

## 단극게임, 다극게임, 초연결게임

세계에는 몇 개의 나라가 있는가? 2011년 유튜브로 케이팝을 조회한 국가는 235개였다. 미국 CIA의 《세계연감》에 따르면 전 세계에는 194개의 독립국(UN 193 회원국)과 홍콩, 푸에르토리코, 괌 등 60개의 특수국가를 포함하여 모두 254개의 국가 및 준 국가가 있다. 이들 나라는 모두 초연결 상태로 되어 있다. 전 세계 30억 명이나 되는 인터넷 인구는 인터넷으로 초연결 상태에 있으며 전 세계 70억이 넘는 인구는 이상 기후, 전염병 등으로 초超연결 상태가 되어간다. 제프리 이멜트 GE 회장의 말도 다르지 않다. 그는 한국능률협회가 주최한 600여 명의 기업경영인이 참석한 조찬회에서 전 세계 160개국과 거래를 하는데, 과거에는 거래 대상을 동아시아, 중동 등 지역 단위로 했으나 지금은 국가 모두를 대상으로 한다고 밝혔다.

오늘날 국제 금융기관들의 국경을 넘나드는 전자거래의 규모는 어느 한 나라 정부 예산보다 더 크다. 다른 예로, 미국은 제로금리를 유지하는 상황에서 한국이 물가상승을 막기 위하여 기준금리를 올리면 외국 자본들이 몰려와서 한국채권을 쓸어담는다. 그리스 재정위기는 그리스 국채 값을 떨어뜨린다. 이를 산 유럽 금융 기관들은 손해를 메우려고 재빨리 한국 주식을 팔고 나간다. 한국 주식 값은 떨어지고, 주식을 매각한 돈을 달러로 바꾸면 달러 값이 올라간다. 달러 값이 올라가면 수입품 가격과 물가가 올라간다. 달러로 계산한 한국인의 소득이나 자산 가치는 떨어진다. 이렇게 보면 한국과 그리스의 경제, 그리고 세계 경제가 가히 초연결 상태에 있는 것이다. 어느 한 곳에 금융 위기가 발생하면 모두 함께 타격을 받는다. 지역별로 주식을 분산 투자한다는 것도 오늘날에는 별 의미가 없는 것이다.

## 여섯 가지 '조용한 혁명'

앞으로 발생할 변화를 다양하고 체계적으로 가장 잘 설명한 것 중의 하나는 미국 국가정보위원회NIC의 보고서 〈글로벌트렌드〉를 꼽을 수 있다. NIC는 제1차 보고서를 2010년에 발표한 후 매 5년마다 수정 발표하고 있다. 〈글로벌트렌드 2025〉는 앞으로 세계적인 변화를 다음과 같이 전망했다.

✤ 각종 전쟁 잠재력의 증가 (경제, 자원, 심리, 정보, 사이버, 미디어, 우주전쟁 등).

✤ 세계의 다극화. 중국, 인도, EU, 브라질 중심의 남미 등의 다극화.

✤ 세계 경제의 지속적 성장 (이는 주로 중국과 인도의 고도 성장 때문).

✦ 기술 급변과 융합의 증가. 심지어 테러 기술도 발전함.

✦ 기후와 환경의 변화. 이상 기후와 전염병의 증가. 녹색 성장의 중요
성 증가 등.


이 때문에 지구촌은 불연속, 쇼크, 분쟁, 무한경쟁, 승자독식, 실업 증가, 격차 증가, 범죄 증가, 불안 증폭의 시대가 된다는 것이다. 심지어 없어지는 국가, IS처럼 범죄단체가 이끄는 국가도 나온다. 2025년까지의 세계는 역사적 전환점이 되는 것은 물론 예측 불가능의 시대가 될 것이라고도 한다. 그리고 NIC 보고서 〈글로벌트렌드 2030〉은 글로벌 차원의 변화를 크게 다음 3가지로 구분한다.


✦ 메가트렌드로서 개인 권능의 증가, 파워 분산, 인구 변화, 자원 부족
의 심화.

✦ 게임 체인저로서 글로벌 경제위기, 정부와 조직체의 지배구조, 전쟁
잠재력 증기, 주요 지역의 불안, 신기술의 충격 그리고 미국 역할의
변화.

✦ 잠재적 세계의 변화 : 미국과 중국의 융합, 미국의 대내 지향과 세계
성장의 정체, 격차의 증가, 비국가단체의 역할 증가 등.


그렇다면 이러한 변화를 초래하는 요인은 무엇인가? 피터 드러커는 정보 기술, 세계화, 소비자 주도, 지식경제, 지식경제와 융합등 5가지의 조용한 혁명이 그 요인이라고 설명한다. 우리는 여기에 기후·환경 변화를 더하여 모두

6가지의 조용한 혁명이 위와 같은 초변화를 만들어낸다고 생각한다. 이를 차례대로 보자.

우선 정보기술의 급격한 발전이다. 기술변화는 제1~4차 산업혁명에 의해서 잘 드러난다. 250년 전에 시작된 제1차 산업혁명은 증기기관 등에 의한 '생산의 기계화'가 이룩했고, 조립 라인에 의한 대량생산을 가능하게 만든 제2차 산업혁명은 1913년 헨리 포드의 모델 T 자동차 생산과 더불어 시작되었다. 제3차 산업혁명은 1970년대 컴퓨터와 더불어 시작된 디지털혁명으로 대대적인 공장 자동화를 특징으로 한다. 제4차 산업혁명은 지능형 기계가 자동 진단, 자동 연결, 자동 통제하는 지능형 기술 생산 시스템을 특징으로 한다. 제3차 산업혁명이 B2B라면 제4차 산업혁명은 M2M, D2D로 표시된다. M은 기계machine, D는 도구device이다. 각종 기계와 장치가 계속 연결되므로 그 특징을 IoT(Internet of Things)로도 표시된다. 앞으로 제품은 컴퓨터를 통한 디지털 디자인이 되고 3D프린터를 통하여 프린트, 제조된다. 이 때문에 인건비가 비싸서 후진국으로 갔던 선진국 공장들이 다시 귀국하게 될 가능성이 커진다. 제조업과 서비스 산업의 융합으로 그 경계도 점점 사라지게 된다. 제2차 산업혁명 때의 대량생산은 제3차 산업혁명 때 고객 주문형 대량생산으로 전환된다. 기술도 신소재, 정교한 로봇, 신생산 공정, 똑똑한 소프트웨어 관련 기술 등으로 진화된다.

드론의 발전과 휴대용 탱크 파괴 미사일 개발로 탱크의 시대도 끝나간다. 사이버 기술의 발전으로 사이버 전쟁의 중요성이 커가고 있다. 스마트폰에는 16개 분야 6만 개 이상의 특허가 들어간다. "스마트폰에 들어 있는 기술은

1969년 우주선으로 사람을 달에 보낼 때 사용된 기술의 총량과 맞먹는다."라는 로버트 바튼Robert Barton 매킨지앤드컴퍼니글로벌 회장의 말처럼 세상의 기술은 디지털로 집약되었다. 이와 같은 디지털 기술의 급변은 초변화의 중요한 원인이 된다. 음악, 영화, 시계, 전화기 등이 모두 디지털화하고, 융합되어 이들 산업의 경계가 무너진다. 인터넷은 지구촌 구석구석을 연결하고 세상을 사이버 세상으로 만든다.

IT 기술의 급변으로 소비자나 국민과의 소통방법이 다양화한다. 과거의 방법은 주로 신문, 방송 등 기존 언론매체였으나 지금은 기업이나 정부의 홈페이지, 인터넷 미디어, 소셜미디어(트위터, 페이스북 등) 등으로 다양하다.

미래학자 앨빈 토플러는 앞으로 컴퓨터 성능이 인간의 뇌세포 기능을 뛰어 넘게 되는데, 그해가 2018년이 될 것이라고 밝힌 바 있으며, 손정의는 앞으로 30년간 스스로 학습하는 컴퓨터 등, 인류는 사상 최대의 패러다임 전환을 경험하게 될 것이라고 예측했다. 그러면서 그는 현재 파트너 전략 그룹의 회원사를 800개 사에서 5,000개로 늘릴 것이라고 밝혔다.

## 글로벌 자본주의가 초경쟁의 불을 지핀다

조지프 슘페터에 따르면 자본주의는 창조적 파괴creative destruction의 과정을 거쳐서 발전하게 된다. 그런데, 창조적 파괴는 다름 아닌 다베니가 말하는 초경쟁의 과정이다. 자본주의 경제에는 초경쟁이 발생하게 되어 있으므로 글로벌 초경쟁의 뿌리는 자본주의에 있다. 공산주의에는 없다. 1990년대 초 시작된 글로벌 자본주의가 다베니가 말하는 초경쟁의 불을 지폈다. 먼저 창조적 파괴부터 보기로 한다.

### 슘페터가 말하는 창조적 파괴

PC 회사가 타자기 회사의 생산 시설을 파괴하는 것은 범죄 행위다. 그러나 워드프로세싱이 가능한 PC를 잘 만들면 타자기 수요가 감소하므로 결과적으로 타자기 회사가 스스로 생산시설을 파괴하는 셈이다. 조지프 슘페터는 이를 창조적 파괴라고 말한다. 다른 예로 자동차는 마차, 디지털카메라는 필름카메라, 전기자동차는 엔진자동차를 창조적으로 파괴한다. 더 많은 혁신적 제품이 많이 개발되면 더 많은 창조적 파괴가 발생한다. 따라서 경제 발전이란 창조적 파괴의 과정이다. 이것이 슘페터의 경제발전론의 핵심이다. 그렇다면 기업 차원에서 창조적 파괴는 무엇일까?

삼성전자가 '갤럭시\S1'을 계속 만들고 경쟁사가 더욱 성능이 좋은 '갤럭시\S2'를 만들면 '갤럭시\S1'은 저절로 창조적 파괴가 된다. 그러나 삼성전자 스스로 '갤럭시\S2'를 만들면 경쟁사가 만드는 '갤럭시\S1' 수준의 유사품은 물론 자체의 '갤럭시\S1'도 창조적 파괴가 된다. 이와 같이 삼성전자가 신경쟁 우위를 창출해서 경쟁자는 물론 스스로의 경쟁 우위도 파괴하는 것을 다베니는 초경쟁이라고 설명한다. 국가 차원의 창조적 파괴는 나라 경제를 발전시키고, 기업 차원의 창조적 파괴는 기업을 발전시킨다. 기업의 경쟁 우위도 물론 향상된다.

### 글로벌 자본주의

미국 자본주의와 소련 공산주의 간의 냉전에서 소련이 패하자 1990년대 초 소련은 해체되고 사실상 공산주의는 몰락했다. 그 후 러시아 및 동구권 국가를 포함하여 전 세계 모든 나라들이 자본주의를 채택하게 되었다. 글로벌 자본주의가 시작된 것이다. 기존 자본주의 진영과 공산주의 진영 간 군사전쟁은 자본주의 국가 간의 경제전쟁으로 바뀌었다. 또한 냉전이 끝나기 전 미국 자본주의와 일본 자본주의 간의 경제전쟁에서 일본이 패했다. 이 결과 미국식 자본주의가 세계 경제전쟁을 지배하게 되었다. 미국식 자본주의는 체급의 구분이 없는 스포츠 게임에 비유된다.

레스터 서로우 MIT 교수는 1992년 저서《헤드 투 헤드Head to Head》에서 세계는 경제전쟁과 대접전의 시대로 접어든다고 주장했다. 한편 리처드 다베니는 1994년 저서《초경쟁》에서 초경쟁의 시작을 밝혔다. 초경쟁을 글로벌 '기업전쟁'이라고 했다. 그런데 초경쟁에 준비가 안 된 채 체급에 구분 없는 무한 경쟁에 끌려들었던 인도네시아, 태국, 한국은 1997년 경제위기를 맞고, 혹독한 글로벌 자본주의의 신고식을 치렀다. 또한 경제전쟁에 패한 일본은 1991년 거품경제가 터지고 20년 가까이 경기침체를 겪었다. 지금은 자본주의 국가들 간 체급 구분 없는 초경쟁의 시대가 된 것이다.


다베니는 현재 미국식 자본주의와 중국식 자본주의 간 초경쟁을 '경제냉전'이라고 표현한다. 그는 미국 자본주의와 중국 자본주의 간의 경쟁에서 미국이 열세에 놓일 것이라 전망하며, 자본주의 체제 간 경쟁에서 열세에 있는 나라라면 다음과 같은 네 가지 조치를 취할 것을 강조한다.*

- ✤ 라이벌의 허虛를 이용하여 라이벌의 실實을 깨뜨려라.
- ✤ 라이벌의 장래 우위를 방해하라.
- ✤ 라이벌의 전략과 실實을 파괴하라.
- ✤ 라이벌의 중심center of gravity을 훼손하라.

*리처드 다베니,《전략적 자본주의Strategic Capitalism》, 2012.

## 국가 스마트 파워, 개인 스마트 파워

국가의 경제력을 나타내는 간단한 지표는 국민총소득GNI다. 그러나 칭기 즈칸은 국민총소득이 몽고보다 비교할 수 없을 정도로 큰 나라를 정복했는데, 이는 군사력 때문이다. 싱가포르같이 인구가 적은 나라는 중국을 정복할 수 없다. 국토가 방대하고 인구도 많기 때문이다. 따라서 국력은 이 모든 것에 따라서 결정된다.

### 레이 클라인 지표

미국 CIA에서 부국장을 역임했던 레이 클라인Ray Cline은 냉전 때 미국과 소련의 국력을 측정하는 공식을 발표했다. 이는 미국의 정책에 많은 영향을 미쳤다. 이 공식에서 전략은 곱하기 항목이므로 전략이 없으면 국력은 제로가 된다. 의지도 전략이 없으면 의미가 없다.

(인구 + 영토 + 경제 + 군대) × (전략 + 의지)

### 이안 모리스 지표

동서양 비교연구를 많이 한 바 있는 이안 모리스Ian Morris 스탠포드 대학교 교수는 저서 《문명의 척도》에서 국력, 사회발전, 문명의 수준을 나타내는 지표는 다음 네 가지라고 밝힌다.

① 국민 1인당 에너지 조달 ② 조직력 ③ 정보기술력 ④ 전쟁능력

### 조지프 나이 지표

파워 문제의 전문가인 조지프 나이 하버드 대학교 교수는 군사력뿐만 아니라, 경제력, 문화, 인터넷 모두 중요하며, 현재 국력은 군사력, 경제력, 소프트파워 및 사이버파워의 네 가지에 따라서 결정된다고 밝힌다. 실제로 오늘날 주요 국가 간에는 사이버 전쟁은 물론 심리전과 외교전을 포함한 소프트 파워 전쟁도 진행 중이다. 그는 이런 전쟁이 뒤섞이는 전쟁 4.0을 '하이브리드 전쟁'이라고 표현한다. 소련이 아프가니스탄 전쟁에서 실패한 이유와 미국이 이라크 전쟁에서 고전한 이유도 바로 4세대 전쟁(전쟁 4.0)에 대한 전략적 준비가 부족했기 때문이다. 전쟁 4.0에서는 게릴라 전술처럼 군과 민간, 일선과 후방의 구분이 없다. 적이 누구인지 잘 알기 어렵고 싸움터도 분명하지 않다. 전쟁과 평화의 구분이 과거에는 분명했으나 전쟁 4.0에서는 불분명하다.

그렇다면 개인의 네 가지 파워는 무엇일까? 조지프 나이가 말한 국가의 파워를 나타내는 4가지 지표는 개인의 파워를 나타내는 지표로도 사용할 수 있다. 개인의 경우에는 군사력에 해당되는 것이 전문가로서 능력이다.

✤ 전문가(지식인, 프로 등)로서의 능력
✤ 경제력(재력)
✤ 소프트 파워(인품, 인간적 매력, 배려 등 타인에 대한 영향력)
✤ 사이버 파워(IT 능력)

국가의 경우 소프트 파워에는 문화, 외교, 경제원조 활동 등 여러 가지가 있다. 개인의 경우 가장 중요한 것 중 하나는 감성지수다. 세계적인 심리학자 대니얼 골먼Daniel Goleman은 학벌, 가문, 용모가 좋은 사람들도 지도자가 되면 대부분 실패하게 되는 것이 감성지능이 낮기 때문이라고 밝힌다. 감성지능이 높은 사람은 자신의 장단점을 잘 알고, 자신과의 싸움에서 이기며, 동기가 분명하고, 남의 감정을 이해하며, 남과 친할 줄 아는 등, 이 다섯 가지를 잘하게 된다고 한다. 골먼은 모든 직업에서 감성지능은 다른 능력의 2배나 중요하며, 각 분야 리더 중 스타 리더와 보통 리더의 차이의 90퍼센트가 감성지능의 유무라고 말한다. 그는 감성지수와 지능지수에 대하여 다음 네 가지 사실을 강조한다.

첫째, 리더에게는 EQ가 IQ보다 2배나 더 중요하다.
둘째, 지위가 높은 리더일수록 EQ의 중요성이 커진다.
셋째, 특출한 지도자와 평범한 지도자의 차이의 90퍼센트는 EQ에서 온다.
넷째, EQ는 개발이 가능하다.

리더의 가장 중요한 승리는 자신과의 싸움에서 승리하는 것이다. 이순신 장군은 온갖 모함과 고초를 받았다. 심지어 사형을 명했던 왕이 군장비도 부실한 상태에서 전쟁터에 나가 싸우라고 할 때도 평상심을 잃지 않고 싸워 승리했다. 자신과의 싸움에서 승리했기 때문이다.

손자는 지신인용엄智信仁勇嚴의 오덕五德을 잘 갖춘 리더가 승리한다고 했다. 임원빈은 저서 《이순신, 승리의 리더십》에서 이순신이야말로 바로 이를 잘 갖췄다고 지적한다. 일본 최고의 자산가 손정의가 가장 좋아하는 《손자병법》

명언 중의 하나도 바로 이 5덕이다.


　지智는 지략.

　신信은 신의.

　인仁은 부하와의 선한 관계 유지.

　용勇은 용감한 정신.

　엄嚴은 엄정함.

　인仁은 내적 조건, 엄嚴은 외적 조건으로 상호보완적이다.


　기업의 CEO는 전략가이고, 전략적 지도자가 되어야 한다. 아울러 한 기업의 주 전략가가 되어야 한다. 훌륭한 전략이 있는 기업은 자원을 그 목표 달성을 위하여 집중할 수 있으나 전략이 없는 기업은 그야말로 어떤 일을 저지를지 모른다. 마이클 포터는 여기에 더해 다음 4가지를 강조한다.


　✤ 전략적 지도자는 전략 목표 달성에 기업의 자원을 집중한다.

　✤ 위기의식을 적절하게 조성한다.

　✤ 구성원 전체가 전략을 알게 한다.

　✤ 구성원의 스승이 되어야 한다.


　피터 드러커는 승리하는 지도자의 조건으로 다음 3가지를 꼽은 바 있다. 첫째, 어떤 길을 가야 하는가를 알고 구성원을 그 길로 인도한다. 구성원이 바른 길을 가게 지도하는 것이다. 패러다임 급변 시대에는 특히 중요하다. 이는 우리의 실전 전략 4.0이 강조하는 바이기도 하다. 둘째, 지도자는 그 자리를 특권이 아니라 의무로 생각한다. 셋째, 신뢰할 수 있어야 한다. 그래야 부하들이 따른다.

조지프 나이Joseph Nye는 하드 파워와 소프트 파워를 결합해서 효과적인 전략을 만들 수 있는 능력을 스마트 파워라고 지적한다. 그런데, 네 가지 파워 중 군사력은 하드 파워이고, 경제력은 하드 파워이면서 동시에 소프트 파워이다. 그러므로 이런 파워를 잘 결합하여 승자전략을 만드는 것이 중요하다. 이는 개인의 경우에도 마찬가지이다. 전승하는 사람들은 스마트 파워도 강하다.


## 우迂가 직直보다 빠르다 — 우직迂直지계

과거 학생들의 시위가 많을 때 어느 분이 이런 말을 했다. "누군가가 시위하라는 말을 단 한 마디 않고서, 읽는 학생들로 하여금 거리로 뛰쳐나가게 할 수 있다면 그의 글은 아주 좋은 글"이라는 것. 《손자병법》이 말하는 우직지계迂直之計에 따르면 "학생 여러분, 시위에 참여해주십시오." 하고 직접 강조하는 것은 직直이요, 우회적 표현으로 시위에 참여하게 만드는 것은 우迂다.*

20세기 세계 최고 명장으로 꼽히는 베트남의 보응우옌잡 장군은 프랑스군과의 디엔비엔푸 전투를 승리로 이끈 후, 길고 긴 프랑스 식민통치를 끝냈다. 이는 식민통치 아래 놓였던 약소국이 제국 열강과 싸워 승리한 첫 사례였다.

*우직지계의 핵심 설명은 〈조선일보〉에 실린 졸필을 옮김. (2012. 7. 14)

이 전투에서 보응우옌잡 장군은 접근하기 쉬운 길이 아니라 정글을 통과하게 만든 우회로를 통해 프랑스군을 포위했다. 프랑스군은 이를 전혀 눈치 채지 못했다. 심지어 베트남군이 접근로에 지뢰, 철조망 등을 이중 삼중으로 설치해놓은 탓에 전투에서 불리할 때 도망을 가려고 해도 불가능할 정도였다. 보응우옌잡 장군이 만약 프랑스군 진지에 정면공격을 시도했다면 계란으로 바위 치는 격이었을 것이다. 마오쩌둥을 비롯해 세계적인 전략가들은 모두 우직지계의 고수들이다.

우직지계의 직直은 글자 그대로 접근하기 쉬운 빠른 길, 편안하게 바로 가는 길(직진로)을 뜻하고, 우迂는 좁고 돌아가는 길, 힘들고 구불구불한 길(우회로)을 말한다. 우직지계의 핵심은 바로 이러한 우를 직으로, 곧 불리함을 유리함으로 전환하는 데 있다. 요컨대 가파른 산을 오를 때 아래에서 꼭대기까지 직선으로 길을 만들어놓고 차로 올라가면 뒤집히기 쉽다. 그러나 구불구불 우회로를 만들어 올라가면 쉽게 올라갈 수 있다. 우직지계의 이치다.

베트남전에서 북베트남 군대가 미군을 공격할 때 밝은 낮에 대로를 통하지 않고, 즉 직直으로 하지 않고 깜깜한 밤에 험한 산길을 돌아가면서 우迂로 공격했던 이유는 간단하다. 바로 우로 공격하는 것이 직으로 공격하는 것보다 더 효과적일 수 있기 때문이다.

20세기 초반의 저명한 군사 전략가인 영국의 리델 하트Liddell Hart는 우가 직보다 더 효과적이라는 '간접 접근법'으로 유명하다. 적이 예상하지 못한 시간, 장소 및 방법으로 간접 공격을 하는 것이 유리하다는 것이다. 그는 사업이나 인간관계에 있어서도 그러하다고 했다. 이는 《손자병법》의 우직지계에 뿌리를 두고 있다. 그의 말을 보자. "전투에서는 종종 멀리 돌아가는 길이 빠른 지름길이 된다. 목표를 직접 공격하는 것은 공격자의 힘을 소진시키고 방어자의 저항을 강고하게 한다. 반면에 간접적인 방법은 방어자의 저항을 느슨하게 하고 힘의 균형을 깰 수 있다."

손자는 적진에 직으로 바로 뛰어들 것이 아니라 항상 적정을 잘 살펴 승리가 확실한 기회를 포착하여 공격할 것을 강조한다. "전략의 신은 적의 예기를 피하고, 해이하게 될 때 공격한다. ⟨…⟩ 먼저 도착해서 멀리서 오는 적을 기다리며, 휴식한 상태에서 피곤한 적을 기다리며, 배부른 상태에서 배고픈 적을 기다린다."

《손자병법》에서는 직공直攻을 피해야 할 8가지 경우를 밝히고 있다. 즉, 적이 높은 언덕에 진을 치고 있거나, 언덕을 등지고 있거나 거짓으로 패주한 척하거나, 사기가 왕성하거나, 아군을 유인하기 위한 미끼이거나, 사력을 다하여 철수 중이거나, 퇴로 없이 포위되었거나, 막다른 골목에 다다라 있다면, 직공을 해서는 안 된다는 것이다. 이런 경우 돌진은 자멸의 길을 가는 것이나 마찬가지다. 일상생활 속에서도 직장 상사, 인생 선배, 비우호적 고객이나 거래처, 심지어 아랫사람에게도 직공이나 직언을 피하는 것이 좋을 때가 많다.

사업에서도 우직지계의 지혜는 중요하다. 어느 음식점 주인이 돈 벌 생각을 접고 최고의 식재료로 정성껏 먹기 좋게 만들었더니 손님들이 들끓게 되었다는 이야기가 있다. 거래처를 돕다 보니 자신의 사업도 덩달아 잘되더라는 사업가도 있다. 벤처기업으로 성공한 어느 분은 돈 벌려고 벤처기업한 사람치고 성공한 사람을 못 봤다고 했다. 흔히 사람을 가장 잘 피해 다니는 것이 돈이라고 말한다. 돈이 사람을 따라야지 그 반대가 되어서는 안 된다. 돈은 우로 접근해야 된다. "당신이 돈을 좋아하는 것만으로는 안 되고, 돈도 당신을 좋아해야 한다."

한국 최초의 비구니 디제이로 큰 인기를 얻은 바 있는 정목스님은 포교활동을 할 때 한 시간 내내 불교경전을 틀어주는 것보다 경전은 3분만 틀어주고 나머지는 관련된 음악을 들려주는 것이 훨씬 효과적이라고 설명한다. 즉 불경만 계속 틀어주는 직보다 우, 즉 가끔 성경구절도 읽어주고 찬송가도 틀어주는 것이 포교에 더 효과적이라는 것이다.

우직지계는 문화에 따라서도 차이가 난다. 문화인류학자 폰스 트롬페나스 Fons Trompenaars가 든 예를 보자. 미국인은 남미에 도착해서 고객을 만나자마자 바로 상품의 우수성을 설명하면서 설득하려 들었다. 그러나 스웨덴인은 첫 5일간은 상품에 대해서 입도 벙긋 않고 관계만 다지다가, 마지막 6일째에 비로소 상품 이야기를 꺼내 품질 면에서 우수한 미국산 제품을 제치고 계약에 성공했다는 것이다. 헨리 키신저에 따르면 서양인들은 클라우제비츠의《전쟁론》이 강조하듯 적의 중심을 찾아서 직접 공격하는 것을 중시하지만, 동양인들은《손자병법》이 강조하듯 적의 전략이나 외교관계를 먼저 치는 등 간접 공격을 중시한다. 미국 문화를 서부극과 전쟁영화에 많이 출연한 '존 웨인' 식의 문화라고도 말한다. 문제 해결에는 당사자가, 단도직입적으로, 핵심부터 파고든다는 것이다. 직의 문화에도 강점이 있음은 물론이다.

《손자병법》은 우직지계를 먼저 아는 사람이 승자가 된다고 했다. 지금과 같은 초경쟁 시대일수록 어렵고 힘들지만 돌아가는 길, 곧 좁은 문으로 가는 사람들이 많아져야 한다. 가기 어려운 길을 가기 편하고 쉬운 길로 만들 줄 알아야 한다. 불리한 여건을 유리한 여건으로 바꿀 줄도 알아야 한다. 이는 우직지계의 핵심 중 하나이다. 서양 속담에 구부러지지 않는 길은 길이 아니고, 일본 속담에도 급하면 돌아가라는 말이 있다. 사업가가 빠르게 돈을 버는 길만을 찾다 보면 돈도 사람도 놓치게 된다. 또 직장인이 출세에 눈이 멀면 동료도 가정도 잃어버리기 쉽다.

흔히 인생의 3대 불행은 소년 급제, 중년 상처, 노년 빈곤을 꼽는다. 사실 너무 젊어서 출세의 가도를 직선으로 빨리 달리느라 정신없는 사람은 자신의 능력이 그에 맞게 성장하지 못함은 물론 주위에 적을 너무 많이 만들어서 중도에 좌절하고 실패하는 경우가 많다. 그러나 주위 사람들과 잘 사귀고 베풀기도 하면서 우迂의 길로 천천히 출세하는 사람은 크게 성공하기 쉽다. 대기만성인 것이다.

목전의 작은 이익, 작은 명예, 미색美色, 안일을 가져다주는 길은 쉽고 빠른 길이다. 하지만 지뢰가 매설되어 있어서 언제 터질지 모른다. 이런 길만 가는 사람은 유약한 인간이 된다. 고요한 바다는 훌륭한 선원을 만들지 못한다는 영국 속담이 있다. 선진국 경제가 어려워지는 것도 이런 쉬운 승리만을 찾아다니는 사람들이 늘기 때문이다. 앞으로 한국에도, 정글에 좁고 어렵고 돌아가는 길을 개척해 대승을 거둔 보응우옌잡 장군 같은 우직지계의 고수가 많이 나왔으면 한다.

"전쟁에서 어려운 일은 돌아가는 길을 바로 가게 하는 길이 되게 하고, 불리함을 유리함으로 만드는 것이다. 그러므로 멀리 돌아가는 길을 가면서 이익으로 적을 유인한다면 늦게 출발해도 적보다 먼저 도착할 수 있다."

# 전략의 신에게 가장 중요한 능력, 쿠 데일Coup d'oeil

이순신, 칭기즈칸, 정주영, 보응우옌잡 등의 위대한 전략가들의 능력을 한 마디로 표현한다면 무엇일까? 윌리엄 더건William Duggan은 승리하는 장군, 성공하는 기업가, 피카소 같은 독창적인 예술가, 위대한 정치가 등 어떤 분야에서건 성공한 사람들의 가장 중요한 능력 한 가지를 들면 바로 전략적 통찰력(쿠 데일)이라고 말한다. 지도자의 첫째 자질은 훌륭한 전략가가 되는 것이고, 훌륭한 전략가의 가장 중요한 능력은 바로 전략적 통찰력이다. 야구의 신이라 불리는 김성근 감독은 "야구는 감독의 직감이 승부의 90퍼센트를 좌우한다."고 밝힌 바 있다.

나는 얼마 전《생각의 탄생》의 공동 저자의 한 사람인 미시건 대학교 로버트 루트번스타인Robert Root-bernstein 교수와 강석진 GE코리아의 전 회장과 같이 만나 저녁모임을 가질 기회가 있었다. 그때 루트번스타인 교수는 이에 관한 이야기를 한 바 있다. 루트번스타인은 전략적 통찰력도 좋지만 "번뜩이는 전략적 통찰력sparkling strategic insight"이 더 좋은 표현이라고 했다.

심리학자로서 노벨 경제학상을 수상한 프린스턴 대학교 대니얼 카너먼 교수는 저서《생각에 관한 생각》에서 인간의 뇌에는 감정적이고 직관적으로 빨리 이루어지는 '빠른 사고'와 천천히 논리적으로 이루어지는 '느린 사고'가 공존한다고 밝혔다. 실제로 싸움터에서 지휘관이 전략적 통찰력 없이 즉흥적 사고로 전투해서 실패한 경우는 대단히 많다. 임진왜란 때 원균도 그 한 예이다. 그는 도원수 권율의 명령에 불복한 죄로 징벌받자 모든 수군을 이끌고 부산포로 출동했다. 그러나 일본 수군은 싸움을 피했다. 그와 조선 수군은 풍랑을 만나 겨우 가덕도에 도착했다. 갈증에 허덕인 수군들이 앞다투어 섬에 내렸다. 매복한 일본 수군들이 달려들어 수백 명이 희생되었다. 가덕도를 빠져나와 영등포를 거쳐 칠천량으로 이동하는데, 수륙에 걸쳐 이를 추적하던 일본 수군의 매복에 걸려 하룻밤 사이에 참패를 당했다. 원균도 사망했다. 그후 조선에 남은 배는 경상우수사 배설이 이끌고 피해 나온 12척이 전부였다. 원균의 칠천량 참패는 명백히 전략적 통찰력의 부족 때문이라고 할 수 있다.

클라우제비츠는 《전쟁론》을 모두 독일어로 썼는데, 유일하게 불어 단어 한 개를 사용한 것이 바로 쿠 데일coup d'oeil이다. 손자는 전쟁에 능통한 지휘관의 잘 계산되고 합리적인 의사결정을 중시하나 클라우제비츠는 군사적 천재의 통찰력이 승리의 관건이라고 지적한다. 클라우제비츠가 말하는 군사적 천재의 주된 특징은 바로 이것이다.

흔히 동물적 감각, 어머니의 직감 등의 말을 많이 하곤 한다. 세렝게티의 사자가 물소를 잡을 때 보통 집단으로 함께 공격해야 성공할 가능성이 높다. 그러나 어떨 때는 사자가 홀로 물소를 바로 공격하여 성공하고 또 어떨 때는 물소 뿔에 받혀 치명상을 입기도 한다. 이렇듯 사자의 물소 공격은 이성적 판단보다 동물적 감각에 의존한다.

자녀를 오래 키운 어머니는 아기가 울 때 울음소리만 들어도 우는 이유를 직감적으로 판단한다. 어머니의 직감에는 경험과 이성적인 판단이 바탕이 된다. 그렇다면 이러한 전략가, 기업가, 예술가 등 거장들의 전략적 통찰력은 어디에서 나오는가? 클라우제비츠는 다음과 같이 4가지에서 나온다고 말한다.

① 역사적 경험에서 나온 통찰력.

② 편견, 그릇된 지식, 증오심 등의 마음을 비운 상태에서의 통찰력.

③ 순간적으로 퍼뜩 떠오르는 직감력.

④ 승리하고야 말겠다는 간절함에서 나오는 통찰력.


칼의 성인 미야모토 무사시는《오륜서》에서 "견見은 적의 표면적인 움직임을 보는 것이고, 관觀은 적의 의중을 꿰뚫어보는 것."이라며 전략적 통찰력과 관觀이 깊숙이 관계가 있음을 설명한다. 또한 송복 교수는 유성룡과 이순신, 이 두 사람의 위대한 만남이 없었다면 조선은 나라 자체가 없어졌을 것이라고 말하며, 역사의 운명을 가른 이순신의 발탁은 유성룡의 전략적 통찰력 때문이라고 칭송하기도 했다.


## 운運이 좋은가, 운을 잘 활용하는가

중동 속담에 운 좋은 사람은 물에 빠지더라도 헤엄쳐 나오는데 그냥 나오는 것이 아니라 입에 물고기를 몇 마리 물고 나온다는 말이 있다. 제2차 세계대전 때 미국은 원자탄을 히로시마 다음으로, 군 관련 시설이 많은 고쿠라小倉에 투하하려고 했다. 그러나 고쿠라 상공에 도착한 비행기 조종사가 원폭을 투하하려고 하는 순간 비가 와서 이 사실을 상부에 보고했고, 인근에 있는 나가사키에 투하하라는 명령을 받았다. 나가사키는 그야말로 날벼락을 맞은 것이다. 운이 이보다 더 나쁠 수 없었다.

임진왜란 당시 진주성 전투에서 김시민 장군은 1차 진주성 전투에서 막강한 일본군을 맞아 잘 싸워서 승리했다. 또한 다음해 2차 진주성 전투에서도 거의 30배나 되는 일본군과 싸워서 10일간이나 버텼다. 그러나 심한 폭우로 서쪽 성벽 한 모퉁이가 무너지자 일본군이 쉽게 진입하게 되어 패배의 길을 걸었다. 결과는 조선인 6만 명이 살육되었다. 성벽이 무너진 것은 우발적 사건이다. 실전에서 운이 얼마나 중요한지 보여주는 대목이다.

클라우제비츠는 《전쟁론》에서 전쟁 승패의 결정 요인은 군의 전투력, 운運 및 정책(또는 전략)의 세 가지라고 말한다. 러일전쟁 때 일본 해군과 러시아 함대 간의 전투는 일본은 물론 전 세계가 일본이 도저히 이길 수 없는 싸움일 것이라고 예측했다. 일본 군부는 예편을 기다리고 있던 도고 헤이하치로東郷平八郎를 함대 사령관으로 발탁해 임명했다. 메이지 천황이 놀라서 그 이유를 물은 즉, 도고가 이상할 만큼 운이 좋은 사람이라는 다소 터무니없는 이유를 댔다. 그러나 군부의 인사는 대성공이었다. 그는 러일해전에서 예측과 달리 크게 승리했으며, 나중에 해군대장과 원수로 진급하기까지 했다.

일본에는 '6할 운은 진짜 운, 4할 운은 스스로 개척한 운'이라는 말이 있다. 삼성 이병철 회장의 '운칠기삼'과 비슷한 말이다. 미국의 대통령 아이젠하워도 똑똑한 장군보다 운 좋은 장군을 선호했던 것으로 유명하다. 그는 그 이유로 운 좋은 사람은 전투에서도 이기므로 자신의 운까지도 좋게 만들기 때문이라는 말을 남기기도 했다.

마찬가지로 기업에도 운이 분명히 존재한다. 짐 콜린스는 《위대한 선택 Great by Choice》에서 '운運 수익률'의 중요성을 강조한다. 그는 자기자본이익률ROE이 중요하다는 단서를 달았으나 운 수익률이 그 어떤 수익률보다 더 중요하고, 더 클 수도 있다고 말한다. 실제로 일본의 도요타는 2011년 후쿠시마

대지진으로 부품 제조사들의 생산시설이 파괴되자 부품 생산에 큰 차질을 받았다. 그에 따라 태국에 있는 부품 생산을 늘렸는데, 이번에는 태국에 물난리가 나면서 대규모 생산 차질을 빚기도 했다. 바로 이런 것이 우발적 요인, 곧 운 수익률이다.

짐 콜린스는 산업 평균보다 10배 이상 잘하는 기업을 위대한 기업, 곧 '10X' 기업으로 표시한다. 그는 '10X' 기업이 특별히 다른 기업보다 운이 더 좋거나 나쁘다고 할 수 없으나, 운을 더 잘 활용하여 수익률을 높인 것만은 분명하다고 말한다. 즉 문제는 "당신이 운 좋은 사람인가"가 아니라 "당신이 운을 잘 활용하는가"라는 것이다. 그중에서도 가장 중요한 운은 사람 운 즉, 상사, 은사, 파트너, 친구, 리더, 동료, 부하를 비롯하여 귀인을 잘 만나는 것이다. 자신이 인생을 걸 수 있는 사람들, 자신에게 인생을 건 사람들과 아름다운 관계를 꽃 피워 나갈 수 있는가를 강조한 말이다. 짐 콜린스는 "나의 행동과 상관없이 발생하는 사건일 것, 나에게 상당한 영향을 줄 것, 그리고 예상하기 어려운 것"에 해당한다면 그것은 순전히 운에 의한 것이라고 설명한다.

## 상대를 부하처럼

사무라이들과의 결투에서 60전 전승을 한 전설의 검객 미야모토 무사시는 《오륜서》에서 상대를 부하처럼 생각하라는 말을 한 바 있다. 내가 아는 한 여성에게는 치매 초기로 요양원에 계시는 어머니가 있는데, 방문 때마다 안타깝기도 해서 다투다 오면 마음이 아프다고 했다. 그러나 약자로 여기고 보살펴주어야 할 부하처럼 생각하고부터는 다투지 않게 되니 마음이 편안하다고 했다. 여기서 부하로 대하라는 것은 무시하라는 것이 아니라 바라는 것을 채워주는 상사처럼 하라는 것이다. 상사를 부하처럼 생각하는 것도 마찬가지다. 여러 모임에 참석하는 사람들을 보면 상사처럼 모임을 즐겁게 만드는 사람도 있고, 불만스러운 일을 찾아 불평하는 부하처럼 행동하는 사람도 있다. 가정에서도 부부가 서로 부하처럼 상대의 잘못을 찾아 사생결단하듯 대할 때 다툼이 생긴다. 그러나 서로 자신이 상사의 마음이 되어 서로를 평생 이끌어가야 할 부하처럼 너그럽게 대하면 싸움이 줄게 된다. 리더십이란 부부에게도 통하는 법이다.

이처럼 상대를 아껴야 할 부하처럼 대하고 잘 되도록 이끄는 사람이 리더이다. 승부에는 리더가 결정적 역할을 한다.《손자병법》은 다음 5가지를 보면 어느 쪽 리더가 승리하는지를 판단할 수 있다고 말한다.

첫째, 상대와 실력을 비교하여 싸울 수 있고 없음을 아는 쪽이 승리한다.

둘째, 병력 규모에 맞게 전법을 구사하는 쪽이 승리한다.

셋째, 상하가 한마음 한뜻으로 뭉쳐 있는 쪽이 승리한다.

넷째, 준비기 더 잘되어 있는 쪽이 승리한다.

다섯째, 장수가 유능하고 왕의 간섭을 받지 않는 쪽이 승리한다.

초변화 시대에 실전 전략을 짜려면 무엇보다 세상이 어떻게 변하는가를 알아야 한다. 우리는 이 장에서 이를 살펴보았다. 그리고 초변화를 초래하는 요인들도 살펴보았다. 지도자의 핵심 역량이 전략 역량임도 알 수 있었다. 실전 전략 실행에 있어서 중요한 우직지계, 전략가의 통찰력, 운 등의 많은 요인도 살펴보았다. 다음 장에서는 실전 전략의 4단계를 보기로 하자.

# 실전 전략 4단계 : 패전시문

**패러다임,    전략,    시스템,    문화**

# 10

전략의 신들은 무엇보다 세상의 변화나 시장의 판도가 바뀌는 것을 잘 읽는다.
환경이 급변하는 시대에 승패의 가장 중요한 요인 중 하나는
패러다임 변화를 얼마나 잘 읽는가이다.
어떤 실전 전략을 수립하건 그 1단계는 패러다임 변화를 파악하는 것이다.
2단계는 그에 대처하는 전략의 수립이다.
그리고 그 전략 위에 시스템을 조직해야 하는 데 이는 3단계이다.
4단계는 시스템의 능력을 최고로 높일 수 있는 독창적 문화를 창출하는 것이다.
패러다임·전략·시스템·문화(패·전·시·문), 이를 실전 전략의 4단계라고 한다.

# 전승하는 리더의 4가지 조건

일본 러일전쟁의 영웅 도고 헤이하치로東鄕平八郎는 이순신을 일컬어 "이순신은 군신軍神이고 자신은 이순신에 비하면 하사관도 못된다."라고 말한 적이 있다. 심지어 그는 러일전쟁의 승부를 갈랐던 러시아 발틱함대와의 전투에도 이순신 장군의 학익진鶴翼陣 전법을 모방해 승리를 따냈다. 그리고 그는 과거 자신들의 조상을 수몰시켰던 적장 이순신의 전법을 모방했음을 적극적으로 인정했다. 그렇다면 전략가로서 이순신 장군이 어떻게 뛰어났기에 적장까지도 인정할 수밖에 없었는지 전승하는 리더의 조건 4가지 단계로 살펴보자. 이는 경쟁 전략의 창시자인 마이클 포터 하버드 경영대 교수의 도움을 얻어 만든 것이다.

1단계는 패러다임의 변화를 파악하는 것이다. 이순신 장군은 임진왜란 발생 1년 2개월 전 전라우수사로 부임한 직후부터 일본군이 쳐들어올 것을 확신하고 이에 대해 철저히 대비했다. 통찰력 있는 지도자는 대세의 흐름이 겉으로 드러나기 전에 미리 파악하여 철저히 대비한다. 이는 실전 전략 4단계 중 1단계인 '패러다임 변화의 파악'이다. 2단계는 대응 전략 수립, 즉 일본 수군과 싸워서 이길 수 있는 대포 주도형 '전략'을 수립했다. 일본 역사학자인 안도 히코타로오安藤彦太郎는 저서《일·조·중 3국 인민 연대連帶의 역사와 이론》이라는 책에서 "이순신의 대포 주도형 해전은 서양에 비해 거의 3세기나 앞선다."라고 밝힐 만큼 첨단 전술에 속한 것이었다. 3단계는 이런 전략을 실행할 수 있는 조직과 '시스템'에 대한 개발이다. 이순신은 병참 지원팀(정경달 등), 전략 및 전술팀(송희립 등), 전선 및 무기팀(나대용 등), 수군 재건팀(안위 등), 정보 제공팀(제만춘 등) 등 많은 조직과 시스템을 개발했다. 이들의 도움을 적재적소에서 잘 활용했다. 그리고 전략의 실행을 시스템화하는 데 성공했다. 제장명 해군사관학교 이순신연구소 교수는 저서《이순신 파워인맥 33》에서 이순신의 전승에는 33인의 공헌이 컸다고 했다. 이순신의 시스템은 이 많은 사람들로 구성된 것이다. 마지막 4단계는 시스템의 능력을 최대한 발휘할 수 있게 하는 독창적 '문화'를 개발하는 것이다. 임원빈 이순신연구소장은《이순신 승리의 리더십》이라는 책에서 이순신이 전문성, 신의, 배려, 솔선수범, 엄격한 규율, 창의적 사고, 의리, 정성, 정의감 등 9개의 덕목을 바탕으로 하는 독창적 문화가 있었다고 밝힌다. 이순신은 또한 가족 중시, 효도 사상 등 한국인이 중시하는 공동체 정신의 모범이 되는 문화를 자신의 부대에 성공적으로 접목함으로써 지지 않는 군대를 육성했다.

위의 네 가지를 순서대로 정리해보면, ① **패러다임** 변화의 파악 ② 대응 **전략**의 수립, ③ 전략의 실행을 위한 **시스템**의 개발 ④ 시스템의 능력을 최대한 발휘할 수 있게 하는 독창적 **문화**의 개발이다. '패전시문'은 실전 전략 4단계와 전승하는 리더의 4가지 조건이다.

손자가《손자병법》을 쓸 때만 해도 농경사회로서 패러다임의 변화는 거의 없었다. 실전 전략 4단계 중 바로 2단계부터 시작해도 충분한 경우가 많았다. 그러나 지금처럼 패러다임이 급변하는 시대에는 그 변화를 모르면 실전 전략의 수립조차 불가능한 시대가 되었다. 이 때문에 우리의 실전 전략은 패러다임 변화에 대한 파악부터 시작해야 한다.

### 스타벅스 슐츠 회장의 4단계 전략

스타벅스의 하워드 슐츠 회장은 미국형 혁신기업 자본주의의 신화, 미국 기업가정신의 모범, 그리고 록펠러나 포드에 비견되는 기업가로 평가받는다. 〈포춘〉 지는 2011년 그를 '올해의 기업인'으로 선정한 바 있다. 그가 어떻게 스타벅스를 글로벌 기업으로 도약시켰는지 '패전시문'의 전략 4단계를 통해 살펴보자.

첫째, 그는 미래에 많은 사람들이 집(제1의 공간)이나 사무실(제2의 공간) 이외의 즐거운 장소(제3의 공간)에서 최고 품질의 커피를 마시면서 이웃들과 정겨운 대화를 원한다는 사실을 파악했다. 즉 커피 마시는 패러다임 변화를 옳게 판단했나. 둘째, 사람들이 인간미 넘치는 친숙한 제3의 공간, 즉 '사람에게 봉사하는 커피 비즈니스'가 아니라 '최고의 커피를 서브하는 사람 비즈니스'를 강조하는 스타벅스 경험Starbucks Experience을 할 수 있게 했다. 즉 차별화 전략을 짰다. 셋째, 전략의 실현을 위한 시스템을 개발했다. 스타벅스는 상점 하나하나가 모두 조직에 자생력이 붙은 시스템으로 돌아간다. 슐츠 회장이 일일이 상점에 다니면서 물을 더 끌여라, 커피를 더 타라 등의 말을 하지 않아도, 전 세계의 모든 상점에서 최고 품질의 커피가 제공된다. 마지막으로 독창적인 문화를 창출했다. 모든 종업원은 파트너이다. 일정 조건이 구비되면 모두 건강보험의 혜택을 받는다. 스톡옵션 같은 재산 나누기 문화도 있다. 이 네 가지를 자세히 보면 실전 전략 4단계인 패전시문을 모두 갖추었음을 알 수 있다.

## 패전시문 1단계, 패러다임 변화를 파악하라

스페인 속담에 "앞을 보지 않는 사람은 뒤처지게 된다."라는 말이 있다. 세상이 어디로 가는지를 정확히 보고 적절한 대응책을 강구하라는 것이다. 아시아 최고의 부자인 리카싱李嘉誠은 사회 불안으로 경제가 침체하고 부동산 값이 많이 떨어졌을 때 부동산을 많이 샀는데, 경제가 회복되자 큰돈을 벌었다. 20세기 세계 제일의 전략가라는 덩샤오핑은 중국이 공산주의의 길을 계속 가다가는 냉전 때 미국에 패해서 국가가 해체된 소련 꼴이 날 것이라고 하면서 공산당원들을 설득하여 중국을 개혁 개방의 길로 가게 만들었다. 일본의 수많은 무사들 중 도요토미 히데요시가 천하를 통일한 것 또한 시대의 움직임을 정확히 파악해서 적절한 대책을 강구하는 특출한 능력 때문이었다. 전승하는 리더가 가장 중시해야 할 일은 세상의 변화 곧 패러다임 변화를 잘 파악하는 것이다.

디지털 TV 시대가 올 때 많은 아날로그 TV 부품회사들이 문을 닫았다. 스마트폰 시대가 되자 피처폰 부품 생산회사들이 도산했다. 앞으로 전기자동차 시대가 되면 얼마나 많은 자동차 부품회사들이 문을 닫을지 알 수 없다. 심지어 조 스넬이라는 과학자는 앞으로 섹스 로봇이 개발되어 가정 파괴와 도덕의 타락이 얼마나 심각해질지 모른다며 웃지 못할 예측을 내놓기도 했다. 아이러니하게도 소말리아에는 일자리가 없어서 해적 모집에 수많은 젊은이들이 경쟁적으로 응하고, 중동 국가들의 경기 침체와 일자리 부족이 자살 폭탄 테러를 증가시키기도 한다. 이 밖에도 세계 곳곳의 폭우, 폭설, 이상 난동, 구제역, 사막화와 같은 환경 재앙이 예측 불가능한 형태로 우리를 위협하고 있다. 말 그대로 예측 불가능한 격변의 시대이다. 이에 대한 예측을 미리 알 수 있다면 반드시 승자가 된다. 다양한 예를 보면서 패러다임 변화를 잘 읽는 것이 얼마나 중요한가를 잘 생각해보자.

### 일본의 부동산

일본에서 1991년 부동산 거품이 터지기 직전 많은 사람들이 땅값이 계속 오를 것으로 판단하고 돈을 빌려서 부동산을 샀다가 큰 손해를 봤다. 자살한 사람도 적지 않다. 일본 6개 도시 평균 땅값은 1991~2005년 사이 4분의 1로 떨어졌다. 자산이 5억 원인 사람이 은행에서 5억 원을 빌려서 합계 10억 원짜리 땅을 산 사람은 어떻게 되었을까? 자기 재산은 다 날아갔고, 은행에서 빌린 돈 5억 원은 2.5억 원으로 반 토막이 났다.

### 코닥의 몰락

코닥은 1991년 필름에서 디지털로 사진의 패러다임이 바뀌는 데 대한 대비를 잘못했다. 1975년 세계 최초로 디지털 카메라 기술을 개발하고서도 몰락하고 파산 신청을 했다. 그러나 한때 코닥과 더불어 세계 필름업계 양대 강자였던 후지필름은 복사기, 의료장비, LCD패널, 화장품 등으로 사업 다각화를 꾀하며 성공적인 생존을 모색했다. 현재 후지필름에서 전통적인 필름은 매출액의 1퍼센트에도 미치지 않는다. 코닥은 1990년대 일본 시장 공략에 나섰으나 후지필름에 막혀 잘 안 되자 그 이유를 일본의 관세 장벽이라고 보고 후지필름을 미국 정부에 통상법 위반으로 제소하는 등 미국 정부의 지원까지 얻어 냈으나 시장에서 생존하지 못했다.

### 도요타의 리콜 대응

도요타 자동차를 운전하던 한 미국인이 브레이크 장치의 고장으로 혼이 났다는 사실을 유튜브를 통해 수많은 소비자들에게 알렸다. 그런데 도요타는 이에 대한 대책을 유튜브가 아니라 언론, TV 등 전통 언론매체의 언론인들을 대상으로 설명하면서 무마하려고 했다. 그러나 문제는 SNS로 이 문제가 더욱 심각하게 확산된 데 있었다. 도요타가 새로운 매체의 영향 등에 대한 패러다임 변화를 제대로 읽지 못한 것이다. 하이브리드 카로 승승장구하던 사업이 크게 위축된 것은 당연했다.

### 패러다임과 전쟁의 승패

일본이 1941년 미국에 태평양전쟁을 막 시작했을 때만 해도 일본은 최소한 작전수행 능력이나 해상전력 면에서 미군보다 우세에 있었다. 그러나 해상 전투의 주력이 전함에서 항공기 중심으로 패러다임이 바뀌는 것을 이해하지 못했다. 일본 해군은 미군보다 더 큰 전투함에 더 큰 함포를 장착하고 있으면 미 해군 전투함을 이길 수 있을 것으로 생각했다. 그러나 일본 해군의 거함 무사시와 야마모토 모두 미국 해군 전투기들에 의해 격침되었다. 미군은 해상 전력보다 항공기 중심으로 전력을 강화했기 때문이다. 일본군이 그 이후 고전을 면치 못하게 되었음은 물론이다.

## 삼성전자의 선택

1997년 경제위기 당시 삼성전자는 일본 등 외국 전자회사들에게 자신들의 살길에 대해서 자문을 구했다. 그들은 한결같이 반도체, PC, 카메라, LCD 등에 다각화하지 말고 반도체 등 한두 제품에 전문화할 것을 조언했다. 그러나 삼성은 그 조언을 따르지 않았다. 앞으로 각종 산업이 서로 간섭하는 융합의 시대가 올 것으로 판단했기 때문이다. 그들은 5대 제품(반도체, LCD, 정보통신, 디지털 미디어, 생활가전) 복합생산 전략을 채택했다. 예측은 맞아떨어져, 융합의 시대가 오자 생산하는 여러 제품을 그야말로 주섬주섬 끼워 맞추면 휴대폰이 될 정도였다. 이후 세계적인 전자회사 중 생산 구조가 삼성전자보다 더 잘 짜인 회사는 없었다.

## 새로운 경쟁자와의 대결

전쟁에서 가장 중요한 것은 적이 누구인가를 잘 아는 것이다. 하지만 전쟁을 열심히 하는데, 적이 자꾸 바뀐다면 어떻게 될까? 실제로 기업 간 경쟁에서는 이런 일들이 비일비재하다. 예를 들면 애플은 PC 제조회사였지만 스마트폰을 만들어서 휴대폰의 최강자 노기아를 순식간에 무너뜨리고 그 자리를 차지했다. 구글은 검색시장의 강자임에도 자동차 자동운행시스템을 개발해서 기존 자동차회사들을 긴장시킨다.

애플은 음악, 영화, 컴퓨터, 휴대폰 등을 융합한 스마트폰을 개발함으로써 기존 업체들의 경쟁자로 등장했다. 새로운 경쟁자가 생긴 셈이다. 업종마다 마이클 포터 교수가 말한 바와 같이 5대 경쟁세력(경쟁자, 납품업자, 구매자, 대체재 생산자, 신규 진입자)이 있는데, 이들도 변할 수밖에 없다. 열심히 경쟁을 하는데, 경쟁자와 경쟁 세력들이 정신없이 바뀐다. 언제 전혀 모르는 새로운 경쟁자들과 경쟁해야 할지 모르는 시대이다. 경쟁판도가 수시로 바뀌는 시대가 된 것이다.

세상은 항상 변화한다. 패러다임 변화에는 고정된 형세가 없다. 그러므로 그 변화에 맞춰 융통성 있게 대응하는 사람이야말로 전략의 신이라고 할 만하다. 손자의 말처럼 물에 고정된 형태가 없듯, 전쟁에도 고정된 형세가 없다. 적의 상황 변화에 따라 유연하게 대응하여 승리를 취하는 자야 말로 '신'이라고 할 수 있다. 자신의 원칙을 밀어붙이는 강한 자가 살아남는 것이 아니라, 유연한 전략으로 살아남는 자가 강한 자인 법이다.

## 패전시문 2단계, 변화에 대처하는 4가지 전략

패러다임 변화와 전략 간의 관계는 다음과 같이 네 가지로 나눌 수 있다. 피터 드러커는《21세기 지식 경영》에서 '현실에 대한 기본 가정' 또는 '널리 보급되어 있는 일반이론'이 패러다임이라고 말한다. 이를테면 디지털 카메라는 사진에 대한 기본 가정 또는 일반이론, 곧 사진 산업의 패러다임을 바꾸었다. 패러다임 변화는 우리 삶의 여러 면에서 찾아볼 수 있지만, 우선 산업의 변화 차원에서 살펴보자. 한 기업으로 볼 때 업종 곧 산업의 변화가 중요한 패러다임의 변화이다. 그러므로 어떤 전략을 선택할 것인가는 산업을 변화시킬 수 있는가의 여부에 따라 다르게 된다.

마틴 리브스Martin Reeves 등 3명의 보스턴 컨설팅그룹BCG 자문위원들은 〈하버드 비즈니스 리뷰〉에 발표한 '당신의 전략이 전략을 필요로 한다' 는 글에서 산업의 환경 변화의 예측 여부와, 산업의 변경 가능 여부에 따라서 전략을 다음과 같이 4가지로 분류할 수 있다고 설명한다.

### ① 적응 전략

패션업종에 종사하는 한국 기업으로서는 세계 패션산업을 바꿀 수 없고, 또한 산업 환경(경쟁자, 진입장벽, 수요예측 등)이 어떻게 변화할지 예측하기도 어렵다. 이런 업종에 종사하는 기업의 경우에는 적응 전략이 적절하다. 빨리 적응하는 기업이 경쟁력을 갖게 된다.

### ② 대응 전략

세계 최대 석유회사인 로열더치쉘의 경우에 산업 변화는 불가능하나 산업 환경 변화의 예측은 가능하다. 이런 경우의 적절한 전략은 대응 전략이다. 장기 전망 계획을 세워서 대응책을 강구할 수 있다. 다른 예로 소니의 공동 창설자인 아키오 모리타 회장이 저서《메이드 인 재팬》에서 미국인 사장과 일본인 사장의 대응 전략의 차이를 설명하는 예를 보자. 미국인과 일본인 사장 두 사람이 숲속을 거닐다가 호랑이를 만났다. 깜짝 놀란 미국인 사장이 먼저 일본인 사장에게 저 호랑이보다 더 빨리 뛸 수 있느냐고 물었다. 일본인 사장은 이렇게 답했다. "첫째, 나는 저 호랑이보다 절대로 더 빨리 뛸 수 없다. 둘째, 절대로 더 빨리 뛸 필요도 없다. 나는 당신보다 조금만 더 빨리 뛰면 된다." 호랑이가 달려드는 것을 변화시킬 수는 없다. 그러나 경쟁 환경의 변화는 예측할 수 있다. 그러므로 적절한 대응책을 강구한 일본인은 살고 미국인은 죽게 된다는 것이다.

### ③ 판을 바꾸는 전략

판을 바꾸는 전략은 산업을 변화시킬 수는 있으나 산업 환경 변화의 예측이 어려운 경우의 전략이다. 일본 전자회사들이 아날로그 TV로 세계 TV산업을 주도할 때 삼성전자는 디지털 TV로 세계 TV시장의 판도를 바꾸었다. 판바꾸기 전략은 일반적으로 특정(하나의) 산업이나 사건의 경우에 해당된다.

### ④ 세상을 바꾸는 전략

디지털 TV는 주로 TV 하나의 산업의 판도를 바꾼다. 그러나 스마트폰은 음악, 영화, 컴퓨터, 전화, 카메라 등 수많은 산업의 판도를 바꾼다. 이런 경우 그야말로 세상을 바꾸는 것이나 마찬가지다. 애플, 삼성전자 같은 스마트폰 생산 기업은 스마트폰 산업을 변화시키는 것은 물론, 산업 환경 변화의 예측도 가능하다. 이런 기업의 전략은 세상을 바꾸는 전략이다. 그런데 개인이나 기업이 패러다임의 변화를 받아들이고 이에 적응 또는 대응하는 전략은 일상적으로 이루어지는 것이다. 그러나 판 바꾸기 전략과 세상 바꾸기 전략은 이와는 반대로 패러다임을 받아들이는 것이 아니라 그 자체를 바꾸는 전략이다. 패러다임의 변화를 초월하므로 초전략이라고 한다.

일상 전략 : ① 적응 전략 ② 대응 전략
초전략 : ③ 판을 바꾸는 전략 ④ 세상을 바꾸는 전략

지금부터 이 네 가지 전략의 예들을 보면서 그 뜻을 더욱 분명히 하도록 하자. 우리가 이 책 1부에서 살펴본 기본 전략을 어떻게 이 네 가지 전략으로

활용할 수 있는가는 당신의 몫이다. 많은 기본 전략을 상황 변화에 맞게 적절히 활용하기 위해서는 그야말로 '전략에 대한 전략'이 필요하다. 다양한 예를 보면서 네 가지 전략을 분명히 이해하기 바란다.

### 적응 전략

식물은 풍토에 적응하지 못하면 죽는다. 신입사원도 회사 문화에 빨리 적응해야 한다. 유행에 따라야 하는 패션상품을 생산하는 회사도 적응 전략을 잘해야 한다. 예를 들어 세계적인 패션회사들은 유행에 맞게 새 옷을 기획해서 디자인해 만든 다음 매장에 전시하는데 보통 몇 개월이 걸린다. 그런데 스페인의 자라Zara는 이를 몇 주만에 끝낸다. 심지어 한국 기업들은 저녁 연속극에 나오는 여주인공의 옷이 멋지게 보이면 이를 밤샘 제작하여 다음 날 동대문시장에 진열할 수 있을 정도로 빠르다. 한국인이 적응 전략에 경쟁력이 있음을 보여주는 대목이다.

다른 예로 맥도날드는 1996년 인도에 진출할 때 소고기를 전혀 사용하지 않는 채식 버거를 개발했다. 인도인들은 윤회사상을 믿으므로 소는 조상들이나 다른 사람들이 환생한 것일지 모른다고 생각하므로 그 고기를 먹지 않는다. 햄버거 맛도 인도인의 입맛에 맞게 하지 않으면 안 된다. 다른 예로 인도 영화는 '1명의 스타, 3가지 춤, 6곡의 노래'로 구성된다고 할 정도로 춤과 노래가 많아서 뮤지컬에 가깝다고도 한다. 관객들이 영화를 보다가 같이 춤도 춘다. 때문에 외국인이 영화를 만들어서 인도에 진출하려면 이런 인도 문화에 적응해야 한다.

오리온의 중국 진출 전략을 보자. 오리온은 초코파이 대신 하오리요우好麗

友라는 브랜드로 중국시장을 가히 평정했다고 할 정도로 성공한 바 있다. 중국인의 기호에 맞게 개발했기 때문이다. 얼마 전 이화경 오리온 대표 등 기업경영인들과 《손자병법》의 저자 손무의 동상이 있는 산동성 제나라 박물관을 방문했을 때 그녀에게 중국에 짝퉁제품이 얼마나 많으냐고 물었더니 짝퉁제품 만드는 회사만 400여 개나 된다고 말해서 깜짝 놀랐다.

### 대응 전략

제2차 세계대전 당시 히틀러의 독일군은 비행기, 탱크, 고성능 포로 무장하고 스탈린그라드를 정복하기 위해 소련 영토에 깊숙이 침입했다. 당시 소련군의 대응 전략은 독일군의 비행기, 탱크, 고성능포를 무력화시킬 수 있는 시가전을 택했다. 시가전에서는 양쪽 군인들이 뒤엉켜 싸워야 하므로 독일군은 비행기, 탱크, 장거리포를 사용할 수 없게 됐다. 소련군은 고도의 기동성을 발휘할 수 있는 6~8명으로 구성된 돌격대를 운영했다. 무기는 시가전과 육탄전에 맞는 자동소총, 수류탄, 총검 등이었다. 또한 독일 보급품을 지키는 군인들은 독일 정규군이 아니라 이웃나라에서 잡혀온 군인들로 전투력이 약했다. 때문에 소련군은 이들을 공격하여 보급선을 끊는 작전을 했다. 소련의 이러한 대응 전략은 아주 성공적이었다. 전쟁을 하는 군대의 경우에는 적응 전략보다 대응 전략이 일반적인 전략이다.

일본의 자동차회사들은 자동차 생산에 필요한 수많은 부품을 부품생산회사들이 공장 조립라인에 정확히 필요한 시점에 필요한 양을 직접 배달하도록 만드는 JIT Just in Time 시스템으로 유명하다. 이 점에서 일본은 단연코 세계 제일이다. 어느 나라도 이를 능가하는 것은 거의 불가능하다. 그렇다면 한국 자동차회사들은 어떻게 대응해야 하는가? 곧 대응 전략은 무엇인가? 자동차 부품을 몇 개의 덩어리로 만들어서 자동차를 조립하면 JIT 방식보다 더 빨리 더 잘할 수 있다. 예를 들어 운전석에 앉았을 때 보이는 핸들 관련 모든 부품을 한 덩어리(모듈), 엔진 관련 모든 부품을 한 덩어리(모듈) 식으로 자동차 부품 전체를 몇 개의 모듈로 만들어서 공장에서 조립하면 더 빨리 조립할 수 있다. 모듈 방식이 JIT의 대응 전략이다.

### 세상을 바꾸는 World Change 전략

비전 실현을 위한 전략이라고 할 수도 있다. 에디슨이 전기를 발명하고, 이의 실현을 위한 전략을 수립하는 것과 같다. 전혀 새로운 비전의 실현과 시장의 창출을 위한 대담한 전략이 필요하다. UPS는 인터넷 사용의 급증으로 전자상거래가 활성화될 비전이 보이자 이에 대비한 투자를 과감하게 하여 시장 점유율을 크게 높일 수 있었다.

전략의 신들은 자신의 전략, 자신이 속한 조직의 전략, 조직이 속한 국가의 전략을 모두 중시한다. 우리는 개인이 기업을 일으키고, 기업이 산업을, 그리고 산업이 국가를 일으키는 예를 많이 본다. 정주영 회장은 외국에서 돈을 빌려 조선소(현재 현대중공업)를 만들었고, 이를 통해 한국을 세계 제일의 조선 국가로 만들 수 있었다. 또한 자동차 회사를 일으켜서 한국을 자동차 수출국으로 만들었다. 정주영 개인의 전략이 기업의 전략, 기업의 전략이 국가 전략으로 연결된 경우이다. 이건희 회장은 1974년 경영난으로 파산한 한국반도체를 사재로 인수한 후 삼성반도체회사를 만들었다. 이는 한국을 IT강국으로 만드는 데 결정적인 역할을 했다. 일본의 시부사와 에이이치澁澤 榮一는 1868년 주식회사 제1호를 설립한 후 모두 500여 개의 기업을 설립했다. 일본이 선진 공업국으로 진화하는 데 큰 역할을 했다.

이와 반대로 국가가 기업을, 기업이 개인을 일으킨 예도 있다. 중국은 덩 샤오핑의 1978년 개혁개방 정책과 더불어 국가가 수많은 기업을 일으키고, 이런 기업은 수많은 개인을 일으키게 만들었다. 중국의 많은 기업은 공기업이다. 미국은 중국과 거의 반대라고 할 수 있다. 빌 게이츠, 스티브 잡스 같은 개인들이 세계적인 기업을 일으키고, 이들 기업은 미국을 세계 최강국으로 만든다. 미국은 대외정책의 목표가 국익의 보호인데 이는 곧 미국 기업의 보호이고, 기업 보호가 개인 보호로 이어지게 된다.

개인이 기업을 망치고, 기업이 나라를 망친 예도 있다. 남미의 경제학자 라울 프레비시Raul Prebisch는 종속이론의 대부이다. 농업이 공업과, 농촌이 도시와, 농업후진국이 공업선진국과 경쟁하면 패배하는 것이 불가피하므로 종속관계에 놓이게 된다고 주장했다. 그러므로 남미 여러 나라가 할 일은 공산품을 생산, 수출해서 선진공업국과 경쟁할 것이 아니라 선진공업국에서 수입하는 공산품을 국내에서 대신 생산해야 한다는 수입대체형 공업화를 주장했다. 그러나 이런 주장은 남미의 기업들을 국제경쟁력 없는 기업으로 만들고, 이는 다시 나라 경제의 경쟁력을 떨어뜨렸다. 미국에서 공정거래위원을 지낸 F. M. 셰러 하버드 대학교 교수는 나라를 망치는 데 있어서 잘못된 교수 한 사람이 적의 군대 몇 사단보다 더 강력한 힘을 발휘한다는 말로써 잘못된 전략의 위험성을 지적한다.

개인 전략, 기업 전략 및 국가 전략이 다 같이 잘나가는 나라로서는 스위스가 좋은 예이다. 스위스는 개인, 기업, 국가의 경쟁력이 모두 높아서 국민소 득은 유럽 최고 수준이다. 이 3차원의 전략은 모두 병행해야 한다. 상대의 전략이 적응을 위한 것인가, 대응을 위한 것인가, 판 바꾸기를 위한 것인가, 세상 바꾸기를 위한 것인가를 잘 판단하는 것도 중요한다. 일반적으로 적응에는 모방 전략도 가능하나, 대응에는 독창 전략이 필요하다. 판이나 세상을 바꾸기 위해서는 '초전략'이 필요하다.

## 패전시문 3단계, 시스템 개발

축구선수는 실력이 아무리 좋아도 팀이 없으면 실력을 발휘할 수 없다. 축구 팀이라는 시스템은 선수 개인의 역량을 최대한 발휘할 수 있게 하는 것이다. 시스템이란 보통 인재도 특별한 능력을 발휘할 수 있도록 하기 위해 존재한다.

대학 졸업자가 아무리 유능해도 직장이 없으면 능력을 발휘할 수 없다. 기업이라는 시스템은 회사원의 능력을 최대한 발휘할 수 있게 하는 조직체이다. 시스템이 무엇인가를 바로 아는 것이 무엇보다 중요한다. 국가도 시스템이고, 자본주의 경제도 하나의 시스템이다. 국가 시스템이 좋으면 기업 같은 소속 시스템이 능력을 최대한 발휘할 수 있고, 기업이라는 시스템이 잘 돌아가면 소속 회사원들이 능력을 최대한 발휘할 수 있다.

### 스위스 시계와 대통령

전략의 실천은 시스템으로 하는 것이다. 스위스 시계의 예를 보자. 얼마 전 '파르미지아니Parmigiani' 시계가 서울 시내 어느 백화점에 전시된 바 있다. 그

가격은 무려 10억 3천만 원인데, 부속품 수는 무려 700여 개나 된다. 지구 중력 때문에 발생하는 미세한 시간 차이를 교정하는 장치 때문에 그렇게 높게 책정되었다는 것이다. 이런 시계는 1년에 3개만 팔려도 매출액이 30억 원이 넘는다. 물론 이 많은 부품을 아무나 조립한다고 해서 시계가 작동하는 것이 아니다. 일류 기술자가 조립하면 조립이 끝나는 순간 시계가 작동한다. 이처럼 부품이나 부분을 조립한 조직체에 자생력을 붙게 하는 것이 시스템이다. 시계, 비행기, 자동차 등 우리 주위에는 시스템의 예를 대단히 많이 찾아볼 수 있다. 시스템 전문가인 도넬라 메도스Donella H. Meadows는 저서《시스템으로 사고하기Thinking in Systems》에서 이렇게 말한다.

"축구팀은 시스템이다. 그 구성 요인은 선수, 코치, 축구장과 축구공이다. 학교는 시스템이다. 시市, 공장, 회사, 국가 경제도 시스템이다. 동물도 시스템이다. 나무도 시스템이다. 그리고 숲은 나무나 동물이라는 하부 시스템을 포함하는 더 큰 시스템이다. 지구도 시스템이고, 태양계도 시스템이고 은하수도 시스템이다."

스위스도 온 나라가 하나의 시스템으로 돌아간다. 얼마 전 스위스 최대은행인 UBS의 한 임원으로부터 들은 이야기이다. 그가 빵집에 빵을 사러 갔는데, 빵이 나올 때까지 줄 서서 기다리다가 뒷사람과 이런저런 이야기를 나누게 되었다고 한다. 그러다 인사나 하려고 얼굴을 보니 스위스의 대통령이라고 해서 깜짝 놀랐다는 것이다. 스위스에서는 일반인이 공공장소에서 대통령을 만나는 일이 그리 어렵지 않은 일이라 했다. 어떻게 이런 일이 일어날 수 있는지 나는 궁금했다. 스위스는 부분을 조립해 나라 전체를 하나의 시계처럼 시스템으로 돌아가게 만든 나라다. 그래서 대통령이 굳이 엄격한 경호를 받을 필요도 없으며 굳이 자리를 지켜야 할 이유도 없다. 유럽의 핀란드, 덴마크, 노르웨이 등 작은 선진국들도 모두 시스템으로 돌아간다. 그러나 이에 반해 아프리카 여러 후진국들은 대통령 자리를 빼앗기 위하여 전쟁까지도 불사한다. 대통령 자리가 막강하기 때문에 그 자리를 차지하지 못하면 생명이 위험하게 될 수도 있다. 스위스에는 장관이 7명인데, 매년 돌아가면서 임기 1년의 대통령을 한다. 임기는 1년인데 연임은 안 된다. 또한 가령 재무부 장관이 대통령이 되면 재무부 일 이외의 일은 간섭할 수 없다. 스위스라는 나라가 굳이 한 명에 의해 좌우되지 않는다는 것을 뜻한다.

인구 10억이 넘는 인도의 경제 규모가 몇 년 전까지 한국 경제 규모보다 작았던 이유 중의 하나도 시스템으로 조직되지 못했기 때문이다. 한국인들은 수많은 기업을 중심으로 힘이 조직되어 있었으나 인도인들의 경우에는 기업들이 적어서 힘이 뭉쳐지지 않았다. 그러나 지금은 다르다. 우선 기업들이 많아졌고, 인도 역시 시스템의 중요성을 감지하기 시작했다. 인도 경제의 규모가 한국을 능가하게 된 것이다. 일반적으로 후진국들은 인구는 많지만 시스템이 구축되지 않아 힘이 뭉쳐지지 않는다. 인구 8천만이 넘는 에티오피아의 경제 규모가 삼성전자보다 작은 것도 시스템의 차이 때문이다.

### 칭기즈칸 군대의 시스템

세계 초일류 기업, 군대, 국가는 모두 시스템으로 작동한다. 칭기즈칸 군대는 러시아를 240~250년간 지배했으며, 중국에 원나라를 세웠다. 인도는 무굴(페르시아 말로 몽골)제국을 세워 통치했다. 당시 몽골의 인구는 70만, 많게는 100만에 이르렀다고 한다. 그 이유는 칭기즈칸이 시스템의 천재였기 때문이다. 이렇게 작은 나라가 비교할 수도 없을 만큼의 대국을 정복할 수 있었던 이유는 1203년 부족, 씨족 개념을 초월하는 혁신적인 시스템을 도입했기 때문이다. 10명의 병사들을 하나의 아르반(10호戶)으로 조직하고, 10개의 아르반, 즉 100명을 하나의 자군(100호)으로 조직하며, 10개의 자군으로 한 개의 밍간(천호)으로 조직하고, 10개의 밍간을 한 개의 투멘(만 호)으로 조직화함으로써 통치를 효율적으로 하는 데 성공했다. 몽골의 모든 부족은 이런 십진법 조직으로 편성되었다. 투멘의 대장은 칭기즈칸이 직접 임명했으며, 몽골부족 전체가 군대라는 조직으로 편성될 수 있었던 것이다. 이는 칭기즈칸의 세계 정복을 위한 든든한 배경이 되었다. 사실 그의 군대는 기병뿐이었다. 기병은 항상 말을 몇 마리씩 예비로 끌고 다녔다. 전사들은 마른 육포와 마른 우유 덩어리를 갖고 다니면서 물에 개어 말 위에서 식사를 해결할 정도였다. 기동성에 있어서 다른 나라 군대와 비교가 안 되는 건 당연한 일이었다.

## 시스템으로 작동되는 초일류 조직

중환자들은 보통 유명한 대학병원을 선호한다. 그 이유는 바로 치료 시스템이 좋기 때문이다. 병원에 명의만 있어서는 안 된다. 수술 전 혈액 등 각종 검사, 검사 결과의 판별, 질병의 진단, 수술, 수술 기계 관리, 수술 후 약 처방과 치료, 입원치료, 환자 맞춤 식사, 사후관리 등 수많은 업무들이 팀과 조직으로 잘 짜여 시스템으로 돌아간다. 또한 관련 업무들은 아귀가 잘 맞아야 한다. 수많은 사람들이 관련되는 치료 및 관련 업무는 마치 성능 좋은 시계의 부속품처럼 자동적으로, 곧 시스템으로 돌아가야 한다. 사람들이 대학병원에 몰려드는 이유이다.

스타벅스와 같은 프랜차이즈 시스템도 마찬가지다. 각각 매장 모두 시스템으로 돌아간다. CEO가 일일이 다니면서 물을 더 끓여라, 커피를 더 타라 등의 잔소리를 할 필요가 없다. 시스템에 따라서 하면 고객들의 불평도 없어지고 세계 어느 곳에서나 똑같은 커피가 만들어지는 것이다. 이용에 불편함이 있게 되면 매뉴얼에 맞게 처리하면 된다. 햄버거 매장, 아이스크림 매장, 도넛 매장 모두 이러한 시스템으로 돌아간다. 미국이 세계 최고의 경제력을 가진 것도 모두 이러한 시스템 우위 전략에 있다고 봐도 무방하다. 언젠가 한국의 사장들과 만난 자리에서 한국에는 햄버거보다 더 좋은 음식이 많은데 왜 미국처럼 글로벌 프랜차이즈를 만들지 못하느냐고 물은 적이 있다. 자리에 참석했던 어느 사장의 답은 명확했다. 많은 사람들이 한식에 대한 이해가 부족하다고 말하지만, 사실은 우리에게 한식에 대한 경영 전략이 없기 때문이라는 것이었다.

### 세계적인 축구 시스템

유럽의 명문 클럽에서 뛰는 선수들은 기량에 관한 한 세계 최고 수준에 오른 선수들이다. 그러나 아무리 세계 최고 선수들만 모아도 우승컵을 들지 못하는 경우가 비일비재하다. 이유는 바로 선수의 포지션과 전략 등이 잘 조직되어 있지 않기 때문이다. 겉으로 보기에는 매우 불규칙해 보이지만 축구는 모두 시스템으로 돌아간다. 시계 속의 톱니바퀴가 제 위치에서 정해진 방향대로 돌아야 시계가 작동하듯이 선수들도 제 위치에서 맡겨진 역할을 잘해야 승리할 수 있다. 축구 시스템은 1863년 영국에서 시작되었을 때 많이 사용된 것은 주로 1-1-8이나 1-2-7시스템이었으나 그 이후 선수의 체력 향상, 축구 기술의 발전, 룰의 개선 등으로 많이 바뀌었다. 지금은 4-4-2, 3-4-3, 3-5-2, 4-3-3 등의 다양한 포메이션이 두루 활용되고 있다. 축구 시스템은 2002년 히딩크 같은 명장에 의해 놀라운 능력을 발휘할 수 있다. 그러나 감독이 무능하면 팀 전체가 무능해지기도 한다. 세계 일류 팀일수록 개인 능력을 잘 살리는 시스템 축구를 한다. 따라서 축구팀을 어떻게 경쟁력이 강한 시스템으로 조직하는가는 대단히 중요하다.

### 시스템으로서의 기업

기업이란 개인의 힘을 생산이라는 목적하에 뭉칠 수 있게 한 조직으로 하나의 시스템이다. 세계적인 기업들은 모두 시스템으로 돌아간다. 미국의 월마트는 종업원 수가 무려 220만으로 종업원 기준 세계 최대이지만 하나의 시스템으로 돌아간다. 이런 회사들의 경쟁력은 개인이 아니라 시스템에 있다. 삼성의 시스템도 마찬가지다. 삼성경제연구소 최우석 소장은 이렇게 말한다. 미국식 경영은 탑 다운이고 일본식은 바텀 업인데 한국식은 이 두 가지를 융합한 것에 부장 등 중간층 간부의 권한을 강화함으로써 문제 해결에 대한 기동성을 강화한 효율적인 시스템이라는 것이다. 삼성의 임금 체계 또한 일본식 연공서열과 미국식 능력주의를 융합한 한국식 시스템이다.

기업 입장에서 고객, 종업원, 주주 중 어느 것이 우선인가? 미국의 모범 항공사인 사우스웨스트는 종업원 제일주의를 채택하고 있다. IBM은 고객의 성공을 가장 중시한다. 존슨앤드존슨은 기업 경영에서 중시하는 순서로 고객 종업원과 공동체 그리고 주주를 마지막으로 꼽는다. 제약회사인 머크Merck는 환자인 고객을 제일 중요시한다. 환자를 중시하다 보면 이윤은 저절로 따라오게 된다는 것이다.

고객, 종업원, 주주 중 어느 것을 중시해야 하는가는 기업에 따라서, 그리고 장단기 전략에 따라서 차이가 있을 수 있다. 그러나 장기적으로 보면 사우스웨스트 항공사와 같이 종업원 제일주의가 가장 합리적으로 보인다. 이 항공사는 종업원을 첫째, 고객을 둘째, 그리고 주주를 셋째로 중시한다.

구글이나 3M 같은 기업은 혁신 기업이고, 많은 한국 기업들은 관리형 기업이 많다. 그렇다면 양자의 차이는 무엇일까? 우선 조직을 보면, 관리형은 수직적이고 관료적이나, 혁신형은 수평적이고 프로젝트 위주의 조직이다. 의사결정 과정을 보면 관리형은 일사분란함을 강조하지만, 혁신형은 다양성을 강조한다. 보상 제도를 보면 관리형은 진급을 중시하지만 혁신형은 능력의 인정, 참여, 자율성을 중시한다. 채용 기준을 보면 관리형은 기업이 필요한 스펙을 중시하지만 혁신형은 능력뿐만 아니라 독창성을 중시한다.

### 시스템의 3종류

우리 주위에는 시스템이 아닌 것이 없을 정도로 많다. 시스템은 세 가지로 나누어놓고 보면 이해하기 쉽다. 첫 번째로 물리적 시스템이다. 시계, 자동차, 냉장고 등은 대표적인 물리적 시스템이다. 동력이 공급되면 작동하지만 동력이 떨어지거나 고장 나면 작동을 멈춘다. 둘째로는 생물학적 시스템이다. 나무, 동물, 사람의 몸 등 생명체는 생물학적 시스템이다. 동력을 스스로 공급하고 고장이 날 때도 어느 정도 스스로 고칠 수 있다. 그러나 두 사람을 결합해서 한 사람으로 만들거나 강아지의 다리를 6개로 만드는 등 시스템의 구조나 변형은 어렵다. 마지막으로 사회적 시스템이다. 가정, 기업, 정부, 군대, 조직

같은 시스템은 구성 부분을 얼마든지 합칠 수도 있고 줄일 수도 있다. 김연아 선수를 역도 선수로, 장미란 선수를 피겨 스케이팅 선수로 만드는 것은 어렵지만 한 기업체 소속으로 만들 수는 있다. 이런 것이 사회적 시스템의 강점이다. 이 때문에 월마트의 종업원을 220만 명으로 증가시킬 수 있다.

시스템 사고의 강점은 수많은 부분을 하나하나 분리해서 보지 않고 서로 긴밀한 관계에 있는 전체로 볼 수 있다는 것이다. 그리고 각 부분에 해당되는 이론이나 전략을 통합해서 볼 수 있게 하는 것이다. 이 두 가지가 큰 강점이다. 시스템은 구성 부분을 크게 하드웨어와 소프트웨어 둘로 나누어볼 수도 있다. 휴대폰의 경우, 하드웨어가 아무리 좋아도 소프트웨어가 없으면 소용이 없다. 소프트웨어가 좋아야 하드웨어가 힘을 발휘한다. 미국〈포춘〉지가 2011년 세계에서 가장 존경받는 자동차 회사로 선정한 BMW는 자동차도 소프트 파워가 좋아야 하드웨어가 힘을 발휘한다는 사실을 알고 소프트웨어 개발과 스마트카 개발을 위해 노력한다. 애플 역시 시스템의 힘이 하드 파워와 소프트 파워의 융합에서 나오는 것을 간파하여 세계 최고의 기업이 된 것이다.

### 시스템의 조건

20명이 넘는 축구팀, 무용수 70여명의 발레단, 단원 120여 명으로 구성된 베를린 필하모닉 오케스트라, 종업원 220만 명의 월마트, 인구 51만의 룩셈부르크, 송해 선생 등 80여 명으로 구성된 전국노래자랑 팀, 100여 명으로 구성된 KBS의 개그콘서트 팀, 군의 소대, 중대, 대대 ……. 이처럼 조직이 하나의 시스템으로 잘 조직되면 놀라운 능력을 발휘할 수 있다. 전체의 능력을 부분의 능력의 합계보다 더 크게 만드는 것이 시스템이다. 그럼 그런 좋은 시스템의 조건은 무엇인가? 피터 드러커에 따르면 다음 세 가지이다. 첫째, 목표가 분명해야 한다. 둘째, 전체 구성원이 목표나 전략을 분명히 이해해야 한다. 셋째, 구성원이 총 지휘자와 같은 책임감을 가져야 한다.

## 패전시문 4단계, 독창적 문화의 창출

대학 졸업 후 통역장교로 근무할 때 미군 장교와 장성들을 만나고, 그들의 조직 문화를 직접 접할 기회가 있었다. 지금도 그렇지만 당시 군대의 조직 문화로는 미군이 세계 최고였다. 당시 1인당 국민소득이 약 100달러인 최후진국 한국의 장교로서 엄청난 문화적 충격을 받았다. 제대 후에는 문화의 차이가 대단히 큰 각종 국내외 조직체의 정규직이나 비정규직으로 근무한 적도 있다. 한때 세계 최고의 은행인 뱅크 오브 아메리카에서는 행원으로, 세계 최고 수준의 가전제품을 생산하는 LG전자에서 사외이사로, 세계 최고 철강회사인 포스코에서는 전략대학 석좌교수로, 아시아 최고의 R&D기관인 한국개발연구원에서는 산업정책실장으로 근무한 바 있다. 하버드 대학교 교수일 때는 연구실이 케네디스쿨에 있었고, 그 이전에는 케네디 스쿨 리서치 펠로우를 역임해서 케네디스쿨 문화도 다소 익힐 수 있었다. 하버드 대학교 학생일 때는 MIT 강의를 들을 수 있는 기회가 있어서 MIT 문화도 접할 수 있었다. 서울대 부총장 때는 대학 발전과 관련하여 미국의 세계적인 공사립 대학을 방문하고 그 문화를 연구할 기회가 있었다.

국내 한 방송사와 공동으로 세계 초일류 기업, 초일류 간접 자본 시설 등을 방문한 적도 있다. 스위스의 UBS은행, IMD, WTO, 독일의 바스프, 벤츠,

도이체방크, 이체, 프랑크푸르트 공항, 미국의 3M, 인텔, 일본의 도요타, 소니, 프랑스의 테제베, 네덜란드의 스키폴 공항 등이 내가 방문한 목록이다. 국내의 기업이나 조직체는 물론이다.

나는 이런 수많은 기회들을 통해 다양한 기업 경영인과 경영 현장을 만날 수 있었다. 그 경험 속에서 만났던 일류 조직체들은 모두 독창적 문화가 있다. 세계에서 가장 우수한 인종이라고 하는 유대인들에게도 독창적 문화가 있다. 먼저 유대인 문화를 보기로 하자.

### 노벨상의 22퍼센트를 가져간 유대인의 문화

세계 유대인 인구는 한국 인구(남북한 및 해외교포) 8천만의 약 5분의 1 수준이다. 하지만 전 세계 노벨상 수상자의 수는 5분의 1이 넘는다. 그리고 각계각층에 세계적인 명사들이 많다. 그 이유는 바로 유대인의 문화 때문인데, 유대 랍비 테드 팔콘Ted Falcon과 데이비드 블래트너David Blatner는 저서《일반인을 위한 유대교Judaism for Dummies》에서 유대인에 관해 이렇게 설명한다.

첫째, 유대인들은 '책의 사람들The People of the Book'이라 불리곤 한다. 특히 탈무드 공부를 많이 한다. 둘째, 유대인들은 세상을 더 좋고 공평하게 만들 수 있는 의학, 과학 및 법학을 종교적으로 중시한다. 이는 노벨상이 많이 수여되는 분야이기도 하다. 셋째, 신에게 선택받은 사람들The Chosen People이라고 생각한다. 다른 인종보다 더 잘해야 된다는 생각이 강하다. 넷째, 수백 년간 지속되어온 유대인 차별 정책 때문에 유대인들은 감시자들의 눈에 보이는 도시 중심부에서 살아야 했다. 그렇다 보니 자연스럽게 대부업, 소매업, 의료, 오락, 법률 등의 일에 종사하면서, 해당 업에서 발군의 능력을 가지게 된 것이다. 할리우드의 영화 산업(유니버설, MGM, 20세기 폭스 등)도 유대인들이 시작한 것이다.

랍비 벤자민 블리치는 《유대교의 이해》라는 책에서 다음의 세 가지가 유대교를 기독교와 다르게 만든다고 지적한다. 책과 교육을 중시한 유대인들은 나라 없이 수백 년간 전 세계를 떠돌다가도 다시 일어섰지만 칼을 받들고 책을 버린 칭기즈칸의 후예들은 한때 세계를 제패했지만 몰락의 길을 걸었다. 이 세 가지도 유대인을 세계적인 인종으로 만드는 중요한 문화적 요인이다. 첫째, 결혼과 가정을 중시한다. 둘째, 부자가 되고, 돈을 올바르게 사용할 것을 강조한다. 셋째, 공동체로부터 유리되면 안 됨을 강조한다.

### 세계의 부자, 그들의 문화

부자의 2대들은 아버지의 재산 형성 과정의 다양한 면모들을 보고 자라면서 자연스럽게 부를 유지하는 경우가 많다. 그러나 그 다음 세대(3대)의 경우에는 이와 달리 태어날 때부터 부유한 환경에서 자라며 재산을 탕진할 가능성이 높다. 이 때문에 부자가 3대 가기 힘들다는 말이 있다. 거지도 3대 가기 힘들다는 말도 있다. 칭기즈칸의 후손들은 3대 때 무너지기 시작했다. 피터 드러커는 부자가 4대까지 지속될 확률은 단 5퍼센트에 불과하다고 지적한다. 그러나 예외가 있기 마련인데, 경주 최부자 가문이 바로 그 예에 해당한다. 경주 최부자 댁은 1대 최진립(1568~1636)에서 전 재산을 사회(영남대)에 기부한 12대 최준(1884~1970)까지 12대에 걸쳐서 만석꾼의 부를 누릴 수 있었다. 그 이유는 '최부자 6훈'이라는 독특한 문화가 뒷받침되었기 때문이다. 집안의 가훈만 봐도 독특한데, 진사 이상의 벼슬은 하지 않으며, 시집 온 며느리는 3년간 무명옷을 입어야 하고, 찾아오는 손님은 후하게 대접하며, 만석 이상의 재산은 사회에 환원하며, 흉년에 땅을 사지 않고, 주위 백 리 안에 굶어 죽는 사람이 없게 하는 것이다. 따라서 최부자가 땅을 사면 그 땅에서 나오는 소출은 자신들에게 돌아올 것이므로 주위 사람들은 반대는커녕 오히려 환영했다. 최부자에 대한 반감이 있을 리 없어서 임진왜란이나 많은 농민반란 같은 혼란기에도 약탈이나 방화를 한 번도 당하지 않았다.

얼마 전 빌 게이츠를 넘어 세계 최고의 부자가 된 멕시코의 카를로스 슬림Carlos Slim의 가문에도 독특한 문화가 있다. 그의 아버지는 레바논에서 1902년에 멕시코로 이민 와서 38세에 부자가 되었는데, 자식들에게 다음 3가지를 철저히 가르쳤다. 첫째, 모든 사람들이 원하는 재화나 서비스 비즈니스를 제공할 것, 두 번째로는 양질의 제품을 공정하고 정당한 가격에 제공할 것, 마지막으로 소득과 비용을 철저하게 관리해서 남는 이윤을 사업에 재투자하라는 것. 그는 자신에게 가장 중요한 것은 가족이라고 말한다. 또한 자식 6명이 모두 책임감 있는 사람으로 잘 성장하기만을 바란다. 부모로부터 이런 교육을 철저히 받은 카를로스는 많은 부동산을 샀고, 특히 1982년 멕시코가 경제 위기를 겪을 때 통신회사인 텔맥스Telmex, 텔셀Telcel을 비롯하여 많은 회사를 매입했다. 그 이후 멕시코 경제가 회복됨에 따라 세계적인 부자가 되었다. 그는 겸손하고, 성실하며 남을 많이 배려하는 사람이다. 그리고 "남에게 도움 되지 않는 삶은 무익한 것"이라는 아인슈타인의 말을 삶의 철학으로 여긴다.

이나모리 가즈오 일본 교세라 회장의 집안도 남다르다. 그는 마쓰시타 고노스케, 혼다 소이치로와 더불어 일본에서 가장 존경받는 3대 기업가로 손꼽힌다. 그는 도산 직전의 일본항공을 월급 한 푼 받지 않고 일해서 회생시킨 바 있다. 남에 대한 배려와 사회공헌을 중시한다. 경영철학의 핵심은 자비다. 배가 부르면 사냥하지 않는 사자식의 절제도 강조한다. 막대한 보수를 챙기는 미국 기업 CEO들의 성과주의에 반대한다.

워렌 버핏은 인간 생활에서 가장 중요한 것은 진실성이라고 말한다. 진실성 없이 성공하려고 노력하는 사람은 모래성을 열심히 쌓는 것이나 마찬가지라는 것. 세계 최대 PR 회사인 에델만 사의 리처드 에델만 회장은 지금과 같이 복합적인 세상에서는 정직이 가장 안전한 길이라고 여긴다. 얼마 전 독일 벤츠 사 공장에 갔다가 엔진 공장 안내자에게 엔진 부품의 수를 물었더니 2천 개가 넘는다고 답했다. 이 많은 부품 제작자 중 어느 한 명이 불량품을 만들면 엔진 전체가 불량품이 된다. 모두가 최고의 엔진을 제작하기 위하여 최선을 다하는 정직한 문화가 필요한 것이다.

### 세계적인 기업의 문화

삼성과 세계 6대 메이저 석유회사인 프랑스의 토탈Total 사가 합작해서 설립한 삼성토탈에는 독창적인 기업 문화가 있다. 공장이 입지한 충남 대산에는 설립 초기 직원 자녀들의 과외 학원, 아내들의 여가 활동 시설 등 문화시설이 거의 없었다. 그러다 보니 가정주부들 중에는 우울증에 걸리는 사람도 있었다. 이 때문에 직원들이 대산 지역 근무를 기피하기까지 했다. 고심 끝에 삼성토탈은 그야말로 '토탈' 솔루션을 찾았다. 우선 전 직원에게 국가기능장자격증을 따게 한다. 현재 이 자격증을 보유한 직원은 전체의 3분의 1이 넘는다. 자격증 3개 이상 취득하는 직원은 '기능 마스터'가 되고, 진급 우대, 기능 마스터 호칭 헌정, 기능 마스터 거리에 팽나무 기념식수, 동판 제작 및 부착 등의 혜택을 받는다. 현재 40개 이상의 기념식수가 있다. 삼성토탈이 설립한 교육문화센터의 학생용 도서실에는 청소년에게 필요한 책들이 잘 구비되어 있고, 성인용 독서실에는 국가기능장과 기능마스터 시험을 준비하는 직원들이 열심히 공부하고 있다. 자녀들의 교육을 위해서는 직원 중 대학 이상 학력 소지자들이 자발적으로 학습지도를 한다. 따라서 독서실에는 부모와 자녀들이 함께 열심히 공부하는 모습을 볼 수 있다.

아내들을 위해서는 홈과 컴퍼니를 결합한 '홈퍼니' 활동을 한다. 화초 재배, 사회봉사 등 11개의 운영 위원회가 있는데, 아내들은 취미에 맞는 위원회에 참여한다. 화초 재배 운영위원회는 상당한 규모의 화초 재배시설도 갖고 있었다. '직원+자녀+주부'의 생산적 활동을 통한 모두의 행복을 위하는 삼성토탈식 기업문화가 정착되어가고 있다. 삼성토탈은 대형 화학 산업 설비 때문에 사소한 실수도 대형 사고로 연결된다. 그러나 2008년 이후 지금까지 사고는 한 번도 없었다.

또 다른 경우를 살펴보자. 언젠가 나는 김종훈 한미파슨스 회장의 안내로 회사 5층에 만들어놓은 창조공간을 살펴볼 기회가 있었다. 그곳에서는 직원들이 언제든지 무료 다과와 각종 오락 시설을 즐길 수 있다. 창의적 시설도 많이 구비되어 있다. 방음 장치가 잘 된 공간도 있어서 누구든지 원하면 마음껏 큰 소리도 지를 수 있다. 포스코에도 본사 4층에 '포레카'라는 이름의 비슷한 공간이 있다. 나는 그 오픈식 때 다행히 이어령 선생과 같이 초대받아 경영진들로 부터 그 취지를 자세히 들을 기회가 있었다. 오락과 휴식과 창의적인 생각을 할 수 있는 멋진 시설이라고 생각했다. 모두 독창적 문화를 위한 공간인 것이다.

## 3개 차원에서 이해되는 문화

수많은 사람들이 수없이 다양하게 정의하는 것이 바로 문화이다. 문화는 대단히 포괄적이고 난해하다. 게리 페라로Gary P. Ferraro는 저서《국제 비즈니스, 문화가 좌우한다》에서 문화에 대한 정의가 1952년에 이미 160가지나 되었다고 말한다. 지금은 문화 전쟁 시대라고 하듯 문화의 중요성이 그만큼 커지고 있다. 문화는 다음 3가지 차원에서 이해하는 것이 좋다.

첫째, 문화는 문제 해결 방식이다. 배고픔의 문제를 해결하는 방식이 음식 문화, 사람이 죽었을 때의 문제 해결 방식이 장례 문화인 것처럼 말이다. 문화 인류학자 폰스 트롬페나스는《문화의 파고를 넘어서》라는 저서에서 문화를 이렇게 정의한다. 예를 들어, 남극에 진출한 각국의 연구소들이 재배한 채소들을 먹는 방식은 다양하다. 미국인들은 샐러드로 만들어서, 중국인들은 기름에 볶아서, 한국인들은 쌈을 싸서 먹는다면 이런 것은 음식 문화의 일면이다.

둘째, 문화는 그 자체가 하나의 상품이다. 미국 〈로스엔젤레스타임스〉는 얼마 전 한류 열풍의 주인공 배용준의 경제 가치를 4조 원이라고 추정한 바 있다. 김인규 전 KBS 사장은 한류이 경제적 가치를 연 5조 원(2012년)으로 추정하기도 했다. 이는 방송 프로그램 수출액, 음반 판매액, 입장료 수입 등을 포함한 추정액이다. 한류 드라마가 일본에서 본격 인기를 끈 것은 '겨울연가' 때문이다. '겨울연가'의 방송권과 복제 배포권으로 번 돈은 KBS 33억 원, 일본의 NHK는 1,800억 원이나 된다. 부가사업권을 포함하면 KBS는 85억 원, NHK 등 일본 방송사는 약 1조 원가량으로 추산한다. 심지어 일본 NHK는 '겨울연가'를 세 번이나 방송했다. 거품 경제 이후 금전적으로 어려움이 많을 때 '겨울연가'가 많은 도움이 되었다는 것이다.

셋째, 문화는 사람의 마음을 끄는 힘, 곧 소프트 파워이다. 케이팝 때문에 한글을 배우는 외국인, 겨울연가의 촬영지를 보려고 남이섬을 찾는 외국인이 많아졌다. 한국무역협회의 조사를 보면, 외국인들에게 "한류를 접한 후 한국 상품을 구매한 적이 있는가?"라는 질문에 75.4퍼센트가 그렇다고 답했다. 외국인의 마음을 한국 상품으로 끌어들이는 문화의 이런 힘을 소프트 파워라고 한다.

국가경쟁력 세계 최고인 스위스는 국민들이 열심히 일하는 것으로 유명하다. 그러나 재정적자가 문제가 되고 있는 PIIGS(포르투갈, 아일랜드, 이탈리아, 그리스, 스페인)는 대부분 이른바 시에스타Siesta, 낮잠을 즐기는 공통점이 있다. 이 중 유럽에서 가장 먼저 국가부도 위기에 처했던 그리스의 문화는 '국가부도 문화'라고도 한다. 안드레아스 파판드레우 전 총리가 이끌던 좌파정권은 선거 때마다 복지예산을 들고나왔다. 학생들은 대학원까지 수업료가 무료인데, 졸업하면 대부분 실업자가 된다. 일자리가 없으므로 공무원과 공기업 정원을 계속 늘렸다. 공무원들은 일자리를 보장받고 연금은 퇴직 전 임금의 95퍼센트를 평생 받는다. 심지어 공무원의 3분의 1이 과잉 인력이라고 할 정도다. 유럽연합은 그리스에게 구제 금융을 제공하며 공무원 수, 공무원 봉급, 연금을 감축할 것을 요구했다. 이에 공무원 노조는 총파업으로 맞섰다. 중앙공무원, 세무공무원, 심지어 판사들까지 총파업의 선두에 섰다. 교통이 마비되고, 은행, 상점, 주유소, 학교가 모두 문을 닫았다. 식물인간이 아니라 식물국가로 전락했다. 그리스의 국가 전략 목표는 복지 확대이다. 기업과 산업의 글로벌 경쟁력을 중시한 스위스와는 정반대이다. 그리스의 정치인과 공무원은 그 좋은 나라에 '낭떠러지 문화'를 정착시켰다.

지금까지 전략의 수립과 시행의 4단계를 살펴보았다. 어떤 분야에서나 GC

가 강한 기업은 물론 개인도 이 전략의 4단계를 거치게 된다. 글로벌 경쟁시대에 가장 중요한 것은 이 4단계를 외국의 경쟁기업보다 더 빨리 그리고 더 잘하는 것이다. 이 네 가지를 모두 잘하는 기업이 일류기업이 된다.

## 패러다임과 전략

전략에는 두 종류가 있다. 하나는 많이 증가한 통행 인구 때문에 새 길을 만드는 것과 같이 현재의 패러다임을 받아들이면서 이에 적응 또는 대응하는 전략이다. 다른 하나는 과거 서울과 부산 간 통행 인구가 없을 때 경부고속도로를 만들어서 통행 인구를 창출하고, 지역 발전을 이룩하는 등 패러다임이나 세상을 확 바꾸기 위한 전략이다.

현재의 패러다임을 받아들이는 전략은 적응 또는 대응 전략이나 현재의 패러다임이나 세상을 확 바꾸는 전략은 초전략이다. 초전략에는 두 가지가 있다. 하나는 디지털카메라처럼 카메라 산업 하나만을 또는 하나의 사건이나 문제만을 해결하는 핀 바꾸기 전략이다. 다른 하나는 스마트폰처럼 수많은 산업의 패러다임을 바꾸는 전략이다. 적응 또는 대응 전략만 아는 사람은 경부고속도로 건설과 같은 초전략에 대하여 저항감을 갖기 쉽다. 그러나 지금은 초경쟁 시대, 경제전쟁 시대, 판도가 자주 바뀌고 세상도 많이 바뀌는 시대이다. 대응 전략이나 적응 전략은 물론 초전략을 모두 잘 알아야 하는 시대이다.

우리의 실전 전략 4단계를 패·전·시·문이라고 할 때는 적응 또는 대응 전략의 관점이지만 전략이 패러다임을 바꾸는 관점에서 보면 이는 전·패·시·문이 된다.

패전시문 : 대응 또는 적응 전략

전패시문 : 초전략

고구려의 부흥과 함께 동북아의 강자로 군림했던 우리 민족이 일본에게 험한 일을 당했던 것도 모두 패전시문에 대한 인식이 부족했기 때문이다. 첫 번째, 패러다임 변화를 몰랐으며, 두 번째로는 이 때문에 전략을 제대로 세울 수 없었다. 세 번째로 전략을 실천할 수 있는 시스템도 없었다. 마지막으로 세계의 변화를 바꾸거나 적응할 수 있는 문화를 창출하지 못했다. 이 4가지가 바로 우리가 말하는 실전 전략 4.0이다. 이를 모르면 기업도 국가도 앞으로 같은 운명을 되풀이할 수밖에 없다.


## 개인의 전략 능력, 4단계로 높인다

실전 전략 4단계는 개인과 조직의 전략 능력을 단계별로 4차례에 걸쳐서 높일 수 있음을 말한다. 피터 드러커가 정의하는 전략은 어떤 길을 가야 하는가이다. 이를 뒤집으면 어떤 길을 가면 안 되는가도 전략이 된다.

삼성전자는 TV의 패러다임이 아날로그에서 디지털로 바뀌는 것을 미리 알고 디지털 TV에 치중한 결과 아날로그 TV에 집착하던 일본 소니를 앞설 수 있었다. 이와 같이 패러다임 변화를 미리 알아차리는 것만으로도 자신의 능력을 크게 높이는 길이 된다. 이 때문에 자신의 능력을 크게 높이는 제1단계는 실전 전략 4단계의 첫째인 패러다임 변화를 미리 잘 파악하는 것이다.

둘째는 전략을 통해 자신의 능력을 크게 높이는 것이다. 파리는 잘 달리는 말 궁둥이에 붙으면 하루에 100킬로미터도 갈 수 있다. 이순신이 13척의 배로 일본 수군 130척과 싸울 때 명량해협을 선택한 것은 좁은 명량해협과 빠른 물살의 힘을 빌리기 위해서였다. 말의 힘, 명량해협의 힘을 빌리는 것은 앞에서 말한 차세(借勢) 곧 세의 전략이다. 김연아 선수가 세계적인 코치의 도움을 받은 것도 마찬가지다. 이와 같이 세의 전략 하나만으로도 자신의 능력을 엄청나게 높일 수 있다. 이 책이 다룬 각종 전략을 잘 활용하면 자신의 능력을 가히 무한정 높일 수 있다고 해도 과언이 아니다.

셋째는 시스템을 잘 구축하는 것이다. 학생들은 좋은 친구를 만나면 학교 생활과 공부를 더 잘한다. 선생님을 잘 만나도 그렇다. 교실, 운동장, 식당 등 시설이 좋아도 그렇고, 교훈이나 급훈이 좋아도 그러하다. 학교의 시스템을 잘 짜면 학생들의 능력을 크게 높일 수 있다. 가정도 하나의 시스템이고 회사도 하나의 시스템이다. 축구팀도 하나의 시스템이고 에베레스트 등산 팀도 하나의 시스템이다. 시스템을 잘 구축함으로써 개인의 능력을 얼마든지 높일 수 있다.

넷째는 독창적인 문화를 만드는 것이다. 자녀를 세계적인 음악가, 운동선수, 과학자로 키우려는 부모라면 자녀에게 맞는 독창적인 가정문화를 조성해야 한다. 자녀가 초, 중, 고등학생으로 성장함에 따라서 가정문화도 그에 맞게 바꾸어 나가야 한다. 부모가 가정문화를 어떻게 조성하는가에 따라서 자녀의 능력에는 하늘과 땅의 차이가 난다고 할 수 있다. 회사의 경우에도 마찬가지다. 회사도 업종에 따라서 그에 맞는 독창적 문화를 만들어야 한다. 문화가 구성원의 능력을 좌우한다. 넓은 의미의 전략 능력이 위와 같은 4단계에 따라서 크게 증대될 수 있음을 명심할 필요가 있다.

# 개인, 기업, 국가의 전략적 실패

기업, 국가의 실패에서 얻는 교훈

성공을 위해서는 실패의 원인을 잘 따져보는 것이 중요하다.
성공보다 실패의 원인을 먼저 찾아보는 것은 투자의 귀재 워렌 버핏이 즐겨 사용하는
방법이다. 그는 누구에게나 항상 몇 년 뒤 성공이 아니라 실패할 수 있다는 사실을
가정하고 그 원인과 리스트를 만들어서 분석해보라고 권한다.
뛰어난 전략을 수립하더라도 실패할 수 있다. 한 번 크게 성공한 사람도
바로 패자로 추락하는 경우를 많이 본다.
이번 장에서는 전략의 실패 사례를 다양한 측면에서 살펴볼 것이다.

## 위대한 패배자들

나는 미국에서 박사학위를 받고 귀국해 경기도 안성에 남의 말만 듣고 지인과 같이 바로 땅을 사서 오동나무를 심었다가 실패한 경험이 있다. 몇 년 뒤 땅을 되팔았는데, 겨우 은행 이자 정도 밖에 받지 못했다. 지출한 비용도 많았다. 당시 서울 강남의 미개발 땅값이 평당 몇 천 원에 불과 했으니 그 돈으로 서울 강남에 땅을 샀으면 많은 돈을 벌 수 있었을 것이다. 오동나무 때문에 그 기회를 놓쳤는데, 경제학에서는 이를 기회비용이라고 한다. 실패한 오동나무 재배의 기회비용은 대단히 컸다. 피터 드러커는 실전 전략에 실패하더라도 2~3번까지 시도해보라고 말한다. 그러나 나는 단 한 번의 실패로 이 일을 접었다. 한참이 지나 그 실패를 곱씹어보았다. 실패의 이유는 간단했다. 단품 전략도 모르고, 실전 전략 4단계도 몰랐기 때문이다.

독일의 저명 언론인 볼프 슈나이더는 저서 《위대한 패배자》에서 세계적으로 유명한 패배자 24명을 10개의 부류로 분류한다. 예를 들어 골리앗은 나름대로의 위대한 전략이 있었지만 다윗의 더 좋은 전략 앞에 참패했다. 골리앗은 '비참한 패배자'로 분류된다. 소련 공산당 서기장 고르바초프는 개혁 개방 전략으로 다른 민족은 해방시켰으나 자신의 조국 소련은 해체시켰다. 공산주의를 끝장내는 데도 절대적인 공헌을 했다. 고르바초프는 '영광스러운 패배자'로 분류된다. 앨 고어는 미국 대통령 선거에서 조지 부시를 이기고도 대통령이 되지 못했다. 그는 '승리를 사기당한 패배자'로 분류된다. 빈센트 반 고흐는 사후에는 화가로서 세계적 명성을 얻었지만 생전에는 탕자 정도의 생활을 하다가 결국 권총 자살을 했다. 그는 '인정받지 못한 패배자'로 분류된다. 덩샤오핑은 세 차례나 패배했지만 오뚝이처럼 다시 일어나서 중국을 부자 나라의 길로 가게 만들었다. 처칠은 네 차례나 패배했지만 번번이 재기에 성공했다. 역전할 때마다 더 큰 승리를 차지했다고 해도 과언이 아니다. 이들은 '오뚝이 같은 패배자'로 분류된다.

전국시대 일본 전국을 최초로 통일한 후 임진왜란을 일으킨 도요토미 히데요시는 조선과 명나라를 정복하려는 원대한 꿈을 가졌다. 그러나 일본 수군이 이순신 장군이 이끄는 조선 수군에 번번이 패하게 되자 꿈을 접은 실패자가 되었다. 장제스는 마오쩌둥과 중국 대륙을 차지하는 전쟁을 했으나 전략, 시스템, 문화 등 여러 면에서 뒤떨어져서 패자가 되어 대만으로 도망간 패배자가 되었다.

히틀러는 3개월이면 충분히 소련을 점령할 것으로 생각하고 1941년 6월 소련 침공을 감행했다. 심지어 군인들조차도 여름옷만 준비해갔을 뿐이다. 3개월이 지나도 전쟁은 끝날 조짐이 보이지 않았다. 그러나 겨울이 다가오자 심한 추위에 많은 군인들이 얼어 죽거나 병에 걸렸다. 1941년 12월 병력이 대폭 감소된 상태에서 소련군이 반격에 나서자 나치군은 패퇴했다. 비축된 물자 없이 준비도 덜 된 상태에서 침공했다가 완패한 것이다. 당시 독일군의 사상자는 100만 명이 넘는 수준이었다.

도널드 키오Donald Keough 코카콜라 전 사장은 저서《실패하는 사람들의 10가지 습관》에서 기업이 다음과 같은 10가지를 하면 확실한 실패에 이를 것이라 말한다. 그는 성공의 비결이라는 것은 이 세상에 없다고 단정하며, 오히려 자신이 걸어온 실패 속에서 '반면지교'의 교훈을 얻을 것을 권한다. 그는 이를 '실패의 10계명'이라고 부른다. 그가 제안하는 10계명은 시종일관 반어적이다. 새로운 일에 도전하지 말 것, 고집불통이 될 것, 내가 최고라고 생각하고 외부와 담을 쌓을 것, 잘못은 나에게 없고 항상 다른 사람에게 있다고 생각할 것, 법을 아슬아슬하게 피하면서 사업할 것, 깊이 생각하지 말 것, 외부 전문가와 자문위원에게 전적으로 의존할 것, 관료화될 것, 혼동되게 메시지를 보낼 것, 미래를 두려워할 것 등이 바로 그것이다. 워렌 버핏이 한때 미국에서 가장 유능한 기업인 중 한 명으로 손꼽은 그는 어떤 기업이건 10가지 중 단 하나만이라도 해당된다면 이미 그 기업에 적신호가 켜졌으므로 즉시 문제를 해결하라고 말한다.


## 패배한 일본의 '실패의 본질'

일본은 태평양전쟁에서 왜 미국에 패했는가? 노나카 이쿠지로 등 일본의 대표 전략가 6명은 당시 미드웨이 전투, 오키나와 전투 등 미국과의 6대 전투에서 일본이 패배한 원인을 분석한 결과를《일본 제국은 왜 실패하였는가?》라는 책으로 출간했다. 이 책은 일본에서 100만 부 이상 팔리며 베스트셀러에 올랐다. 일본 경제경영학자들은 앞으로 100년 뒤에도 읽힐 책의 하나로 이 책을 주저하지 않고 꼽는다. 이 책이 유명하게 된 것은 실패의 본질을 잘 분석했을 뿐만 아니라, 그 실패 요인들이 1991년 거품경제 붕괴부터 오늘날까지 여전히 일본 경제의 발목을 붙잡고 있다고 보기 때문이다.

이 책은 가장 가까운 나라인 일본의 실패를 잘 설명한다. 이 책은 일본의 주된 실패의 원인으로 전략 실패와 조직 실패 두 가지가 함께 맞물려 있다고 지적한다. 특히 미국의 군대 조직은 시스템으로 작동하지만 일본의 군대 조직은 시스템보다 인맥이나 인간관계 중심으로 작동하는 것이 큰 문제라는 것이다. 이 책의 설명을 보자.

"전략에 있어서는 ① 명확한 전략 개념이 부족하고, ② 구조를 동반하는 급격한 변화에 적응하기 어려우며, ③ 획기적인 혁신을 하기 힘들다. 조직에 있어서는 ① 집단이 서로 통합하는 데 따르는 부담이 크고, ② 결정하는 데 오랜 시간이 필요하며, ③ 집단 사고 때문에 이단을 배제하는 경향이 있다."

여기서 지적하는 실패의 본질은 6대 전투를 분석한 것으로 '전투 차원'의 것이다. 태평양전쟁의 패인을 알기 위해 20년간 베트남전쟁, 스탈린그라드공방전 등 세계 주요 6대 전쟁을 연구했다고 한다. 그들은 이 6대 전쟁에서 결과적으로 모두 약자 또는 패자 등이 역전승을 했으나 일본만은 미국에게 역전승을 하지 못했음을 강조한다. 당시 일본은 전쟁을 하기에 앞서 독일이 영국을 점령하고 일본이 중국을 굴복시키면 미국은 전의를 상실하여 일본에 협상을 제의해올 것으로 희망적인 관측을 했는데, 이는 명백한 오판이었다. 육군 내부에 이미 미국과 전쟁하면 승산이 없다는 보고서가 상부에 도착했음에도 육군 수뇌부는 이를 무시했다. 러일전쟁, 중일전쟁에서도 승리한 일본은 미국과의 전쟁에서도 승리할 수 있을 것으로 착각한 것이다. 또한 전함 간 전투 시에도 더 큰 전함과 함포를 장착한 일본이 승리할 것으로 믿었다. 그러나 일본 전함 무사시호와 야마토호는 앞서 살폈던 것처럼 미국 전함이 아니라 비행기에 의하여 철저히 괴멸되다시피 했다. 일본은 전쟁 패러다임 변화를 바로 알지 못했다. 또한 일본 육군은 정신력을 지나치게 강조하고 백병총검주의를 신봉해왔다. 군대 내 문화도 미국에 현저히 뒤떨어졌다. 가미가제식 자살특공비행기를 운영한 것도 잘못된 것이었다. 실전 전략의 4단계로 나누어볼 때 미국에 크게 뒤떨어졌다는 것이다.

후지와라 아키라는《일본 군사사》에서 일본의 패전 원인의 근저에 '천황군대'에 본질적인 문제가 있다고 설명한다. 해군은 전쟁에 반대했으나 육군과 대립하고 있었고, 육군과 해군은 일왕에 소속된 상태에서 명확하게 반대 의사를 표시할 수 없었다. 육군과 해군의 의사를 조정할 수 있는 기구가 필요했으나 천황제 아래에서 이는 불가능했다. 후지와라는 이를 두고 '방대한 무책임의 체계'라고 일갈한다. '천황'을 위해 목숨을 바친다는 메이지 이래의 국민교육은 정신주의와 군인의 생명 경시로까지 이어졌다. 육군 장관이 배포한 전진훈戰陣訓은 "살아서 포로가 되는 치욕을 당하지 말라."고까지 했다. 포로가된 장교에게는 자살이 강요되었으며, 군인들은 절망적인 상황에서도 끝까지싸우다가 죽어야 했다. 죽지 못하면 자살을 해야 했다. 옥쇄 때문에 사이판, 괌, 이오지마, 오키나와 등에서 군인들이 전멸했다. 일본 군인의 목숨은 말하자면, 국민이 아니라 '천황'의 것이었으므로 소모품에 불과했던 것이다. 군인이 주민의 생명을 지켜주는 것이 아니라 주민에게 군인을 위하여 생명을 희생하도록 강요했다. 오키나와에서도 주민에게 군을 위하여 자살을 강요했다. 후지와라의 말을 보자. "포로를 치욕이라고 하여 국제법을 지키지 않아도 된다고 한 것이 남경대학살이나 포로 학대의 원인이 되었다."

나카소네 야스히로 일본 전 수상은 저서《21세기 일본의 국가 전략》이라는 책에서 "전략의 형성은 국가의 사활이 걸린 중요한 문제"임에도, 일본에는 전략이 없는 것이 큰 문제라고 지적했다. "일본은 전통적으로 국가 전략이 약한 나라였고 지금도 그러하다. 〈…〉 국가 전략 형성을 위한 인재 육성을 하는 대학이나 민간의 연구기관이 빈약하다. 〈…〉 하버드 대학교의 케네디 스쿨 같은 교육기관이 전무하다. 〈…〉 일본의 대학은 전통적으로 반권력적이어서 상아탑에 들어앉아 있는 것을 자랑으로 여기는 풍조가 있어, 산업 정책이나 농업 정책마저도 학문의 분류가 아니라고 경시되어왔다. 말할 필요도 없이 종합적인 국가 정책이나 전략을 학문과 교육의 대상으로 삼는 것은 아카데미즘에 반한다고 여기는 습성이 있어 대학에서는 이를 정규 과목으로 삼지 않고 있다."

오늘날 일본이 직면한 어려움은 무엇인가? 리처드 다베니는 저서《전략적 자본주의》에서 미국은 소련과의 냉전에서 승리한 후 일본과의 경제전쟁을 시작했는데, 결과는 일본의 패배였다고 설명한다. 경제전쟁에서 패배의 결과로 나타난 것 중 하나가 1991년의 거품경제이다. 일본 경제는 지난 세기 서구 선진국을 모두 따라잡을 때까지 승승장구하다가 거품경제가 터진 1991년부터 잃어버린 20년이라고 할 정도로 심한 침체를 겪었다. 1980년대 중반 이후 미국과의 경제전쟁에서 진 것을 '제2의 패전'으로 평가한다.

# 세계적인 기업의 몰락

미국의 세계적인 전자회사 제니스Zenith는 내가 LG전자 사외이사가 되기 직전 LG전자에 의해 인수되었다. 제니스는 1918년 시카고에서 설립되어 단파 방송, 서브스크립션 TV, 리모콘, 줌, 이동형 TV 등 수많은 신제품을 개발한 회사였다. 미국의 국력이 급격이 팽창할 때 그 중심에는 제니스 같은 회사들이 있었다. 그러나 1980년대 일본 전자회사들에게 시장을 계속 빼앗기면서 사양길을 걷기 시작했다. 세월이 갈수록 재무구조는 나빠졌고 급기야는 1999년 LG전자에 인수된 것이다.

내가 한때 행원으로 근무한 바 있는 뱅크 오브 아메리카의 사례를 보자. 이 은행은 1904년에 설립된 뒤 1970년대까지 아주 잘 운영되어 100여 개국에 1,000개 이상의 지점을 가진 거대 은행으로 성장했다. 그러나 1980년대에 들어서면서 사상 최대의 적자를 기록했다. 주가도 폭락했다. 거대 은행의 몰락은 미국 달러의 가치를 떨어뜨릴 정도였다. 그러나 기업 몰락의 병을 고쳐 구제금융을 모두 상환하고 2010년에 다시 미국 최대의 은행이 되었다. 2008년 메릴린치를 인수함으로써 세계 최대의 자산 관리은행이 되었다.

GM은 세계 1위 자동차회사였으나 2008년 리먼 사태 직후 큰 위기를 맞이했다. GM은 한때 미국의 부, 경쟁력, 성공적인 미국 기업 모델의 상징이었다. 찰스 어윈 윌슨 GM 회장이 미 국방장관 지명 상원 청문회에서 "GM에 좋은 것은 미국에 좋고, 미국에 좋은 것은 GM에도 좋다."라고 말할 정도였다. 적잖은 한국 기업들은 1997년 경제위기 이후 GM과 같은 미국 기업을 롤 모델로 해야 한다고 생각했다. 그러나 GM은 고객이 원하는 차가 아니라 자체 생산 계획에 따라서 차를 생산하다가 멸망의 길로 들어섰다. 2007년 부도 때

각 대리점에 팔리지 않은 차가 100만여 대나 진열되어 있었다.

거대 모기지금융회사인 패니메이Fannie Mae도 유명하다. 2008년 금융위기 당시 불구 상태로 정부 관리 대상일 때 CEO였던 다니엘 머드Daniel Mudd는 이런 말을 남기기도 했다. "패니메이의 기업 문화에는 확실히 오만한 점이 있었다. 고객들은 싫건 좋건 간에 패니메이의 방침에 따를 수밖에 없었다. 그리고 원칙 없이 신용불량자들에게 많은 대출을 한 것이 후회스럽다." IT 분야에서 천하무적이라고 할 정도로 강대했던 IBM이 1990년대에 들어와서 극심한 어려움을 겪었던 것도 성공 뒤에 오는 오만이었다.

스타벅스는 2008년 금융위기 때 갑작스럽게 몰락의 길을 가다가 회생했다. 당시 많은 매장을 닫고 종업원을 해고했다. 주가는 폭락했고, 〈월스트리트저널〉 같은 언론은 스타벅스는 이제 사망한 것이나 다름없다고 보도했다. 하워드 슐츠 회장은 그 첫 번째 원인으로 경영 전략의 판단 착오를 거론했다. 커피 회사임에도 CD, 샌드위치 등의 다각화로 이미지만 구겼다. 본업에 충실하지 못했던 것. 그리고 그다음으로 전례 없는 금융 위기 사태를 꼽았다. 잘 모르는 금융 폭풍을 만나 대책 없이 우왕좌왕했다. 그때까지만 해도 스타벅스는 경기 침체의 선행지표 대접을 받았었다. 경쟁사인 맥도날드가 맥커피의 개발과 홍보에 막대한 돈을 퍼부음으로써 소비자들로 하여금 스타벅스가 죽을 것이라는 기묘한 이미지를 남긴 것 또한 컸다고 지적했다. 또한 당시에 합리적인 소비문화를 이끌었던 웹이나 파워블로거들이 스타벅스를 사치로 취급하는 분위기도 스타벅스가 어려움을 겪는데, 큰 원인이었다고 말한다. 종업원의 가장 중요한 가치와 문화가 흔들렸던 것도 마찬가지다. 하워드 슐츠는 이러한 실수를 바탕으로 본업인 최고 품질의 커피를 만들기 위한 지속적 혁신, 핵심 고객의 확보, 전 종업원의 위기의식과 위기

탈출에 대한 공감, 신뢰를 바탕으로 한 문화의 정착 등으로 위기를 탈출하게 되었다고 말한다. 그 일환으로 스타벅스는 미국 기업 중 최초로 시간제 노동자에게도 종합 의료보험을 제공하기 시작했다.

전략의 실패로 패자가 된 좋은 예는 휴대폰 세계 1등 기업 노키아다. 노키아는 이미 2004년에 터치스크린 휴대폰을 개발했으나 휴대폰이 날개 돋친 듯이 팔리는 상황에서 경영진은 자기 만족에 빠져서 이를 무시했다. 애플에서 스마트폰이 나오자 노키아는 일순간에 몰락의 길을 갔다. CEO는 물론 30년간 노키아를 이끈 많은 핵심 임원들도 물러났다. 그러고는 사상 최초의 외국인 CEO 스티븐 엘롭이 영입되었다. 노키아는 1998년 모토로라를 앞지르고 휴대폰 세계 최강자 자리에 오른 지 14년 만에 그 자리를 삼성전자에게 내주었다. 노키아는 한때 핀란드 수출의 4분의 1, 법인세의 5분의 1이상을 차지했다. 매출액은 정부 예산보다 많을 정도였고, 핀란드 경제가 노키아 경제라고 할 정도였다. 세계 시장 점유율은 50퍼센트를 넘을 때도 있었다. 노키아는 핀란드인의 자존심이었고, 전 세계 경영대학마다 성공기업 사례로 노키아를 가르칠 정도였다. 그러나 주지하다시피 몰락의 길로 들어섰다. S&P 등 국제신용평가사들은 그 신용등급을 투기(정크) 등급으로 낮추었다. 그렇다면 노키아의 몰락 원인은 무엇인가? 앞서 말한 '패전시문'의 틀을 통해서 살펴보자.

첫째, 패러다임 변화를 잘못 읽었다. 노키아는 심지어 터치스크린을 아이폰보다 무려 2년 먼저 개발했지만, 시장에서 가능성이 없을 것으로 잘못 판단하고 개발을 중단했다. 소프트웨어가 하드웨어보다 더 중요하게 되는 일은 없을 것이라고 믿었다.

둘째, 전략 면에서 완벽하게 실패했다. 기업의 방향을 스마트폰 같은 혁신적인 제품의 개발보다 비용 관리 쪽으로 틀었다. 이 때문에 첨단 기술자나 혁신 담당 인재들이 애플, 삼성전자 등 경쟁기업으로 떠났다. 경영진들은 노키아의 심비안 운영체제를 버리고 MS 윈도폰으로 결정했다. MS 윈도폰은 개발에 여러 달이 소요되었으므로 상당기간 공백 상태에 놓일 수밖에 없었다.

셋째, 시스템의 관료화이다. 생산 공장과 사원의 수가 과다했다. 노키아의 혁신적 시스템이 비용 절약형 시스템으로 변했다.

넷째, 직원들은 노키아가 몰락하는 일이 없을 것으로 과신했다. 오만한 문화, 경직적인 문화, 혁신보다 비용 관리 치중 등의 문화가 노키아를 몰락하게 만들었다.


## 성공한 자에게 찾아오는 '몰락의 5단계'

지금까지 개인, 국가, 기업의 몰락 사례를 보았다. 모두 대성공 다음 몰락하는 것은 오만함 때문인 경우가 많다. 여기서는 짐 콜린스의 설명에 따라서 기업을 중심으로 몰락 원인을 살펴본다. 그 원인은 개인이나 국가의 경우에도 많은 부분 해당될 것으로 보인다. 기업의 몰락은 중병처럼 시름시름 앓으면서 서서히 몰락하는 경우와 갑작스럽게 몰락하는 경우로 나눌 수 있다. 개인, 기업, 국가가 대성공 다음에 몰락하는 것은 오만함 때문인 경우가 많다. 짐 콜린스는 저서《위대한 기업은 다 어디로 갔을까》에서 몰락 기업도 환자의 경우처럼 1기에서 5기까지 악화된 다음 몰락한다는 것을 발견했다. 그는 강대기업은 물론 어떤 기업도 몰락이라는 질병에 걸릴 수 있고, 몰락이라는 질병이 그 원인의 조기 진단으로 치유가 가능하다고 말한다. 그 병은 1~5기로 진행 되는데, 4기까지도 치유가 가능하다. 그러나 일단 말기인 5기까지 진행되면 사망하게 된다. 〈비즈니스위크〉도 콜린스의 이런 주장에 대한 특집기사를 낸 바 있다. 그가 밝힌 기업 몰락의 5단계는 다음과 같다.

제1기 : 성공에서 오는 오만. 기업의 성공에는 세계경기 회복, 국가의 적절한 경제정책, 운運 등 많은 요인이 작용한다. 경영진이 이런 요인을 무시하고 성공은 오로지 자신의 능력 때문이라고 생각하면서 오만해지는 단계이다.

제2기 : 미숙한 확장. 일단 성공하면 우리는 무엇이건 잘할 수 있다고 확신하면서 사업을 무리하게 확장하는 단계이다.

제3기 : 리스크와 위험의 부정. 회사가 잘못되어 가는 징조가 여러 곳에서 나타나지만 좋은 면을 부각하면서 이를 무시하는 풍조가 만연하는 단계이다.

제4기 : '구세주'에게 매달린다. 잘못되어가는 징조가 사방에 나타나므로 외부로부터, 심지어 국내 문화를 전혀 모르는 외국인을 '구세주'로 영입한다. 구세주는 검증도 안 된 전략을 과감하게 추진한다. 깜짝 효과는 있을지 모르나 회사 사정은 악화되어 사망 단계로 넘어가게 된다.

제5기 : 멸망을 받아드린다. 경영진은 소생의 희망이 없음을 인정하고 청산이나 매각을 생각한다. 배의 '흘수선吃水線 가설'이라는 게 있다. 전 회사원이 승선한 회사라는 배가 대해를 항해할 때 배의 구멍이 흘수선 위에 작게 나면 수리가 가능하지만 흘수선 아래 크게 나서 수리가 불가능하면 배를 버릴 수밖에 없게 된다는 가설이다.

　개인이나 기업이나 성공 후 오만이라는 덫에 걸리지 않기는 참으로 어렵다. 승자는 대부분 오만이라는 덫에 걸리게 되어 있다. 오만과 태만은 실패의 확실한 처방전이다. 나폴레옹 같은 전쟁 영웅도 예외가 아니다. 그는 병장에서 황제가 되는 데 10년이 채 안 걸렸다. 유럽의 많은 전쟁에서 연전연승을 했다. 지나치게 오만해진 나머지 1812년 여름 60만 명의 대군으로 러시아를 침공했다. 20만 마리의 말과 엄청난 양의 와인도 갖고 갔다. 그런데 러시아 군대는 싸움에 나서는 것 대신에 나폴레옹 군대를 러시아 깊숙이 끌어들였다. 그리고 침략군이 사용 가능한 모든 것을 불태워버리는 초토화 작전을 했다. 침략군은 현지에서 식량 조달은 물론 심지어 숙소의 조달도 불가능하게 되었다. 뿐만 아니라 러시아 군대의 유인과 지연작전으로 여름옷만 준비해간 나폴레옹 군대는 모스크바까지 진격해 가서 겨울을 맞이했다. 얼어 죽거나, 굶어죽거나, 러시아군의 공격을 받아 60만 명의 대군은 거의 소멸되었다. 나폴레옹 군대는 완패했다. 나폴레옹은 이빨과 발톱 모두 빠진 호랑이처럼 되었다. 이 사실을 안 프로이센, 오스트리아, 영국, 러시아는 연합군을 만들어서 프랑스를 침공하여 1814년 파리를 점령했다. 프랑스는 점령한 땅을 다 빼앗겼다. 영토는 1790년 수준으로 되돌아갔다. 나폴레옹은 체포되어 엘바섬으로 유배되었다.

　이라크의 사담 후세인은 미국에 맞설 수 있다고 자만했다. 그는 페트로 달러를 유로로 전환하는 과감한 조치를 취하고부터 멸망의 길로 들어섰다.

기업이 갑작스럽게 몰락하는 이유는 여러 가지이다. 이병철 삼성그룹 창업자는 기업이 정권과 너무 가까워도, 너무 멀어도 안 된다고 했다. 정권과 너무 가까우면 정권이 바뀔 때 갑작스럽게 무너지기 쉽다. 경제위기가 와도 갑자기 몰락할 수 있다. 1997년 경제위기 폭풍에 휘말려 많은 기업들이 갑자기 몰락했다. 30대 그룹 중 16개가 해체의 길을 걸었다.

## 청나라가 영국에게 패한 이유

성서에 이런 말이 있다. "사람은 잘났다고 생각할 때가 바보가 되는 순간이다." 청나라의 몰락도 이와 관련되어 있다. 청나라의 경제 규모는 1793년 영국의 조지 매카트니George Macartney 사절단이 방문했을 때, 영국의 7배 정도였으나 그 이후 계속 줄어들어 중국이 공산화된 1949년에는 70퍼센트 수준으로 떨어졌다. 중국은 영국이 세계 최고의 선진국, 해양대국이 되어 있는 것을 모르고 있다가 100년이 넘도록 굴욕적인 세월을 보내야 했다. 역사학자 아널드 토인비는《역사의 연구》에서 아편전쟁에서 1949년 공산화될 때까지를 '중국을 서양이 경멸한 시대'라고 정의했다. 그 경위를 보자.

영국은 건륭황제가 83세 수연을 맞은 1793년(건륭 57년)에 탁월한 외교관인 조지 매카트니 경을 중국에 파견하여 상호 대등한 입장의 자유무역은 상호 이익이 됨을 설득하고 국교를 맺자고 했다. 양국 대사와 상인들도 상대국에 대등한 자격으로 상주할 수 있게 하고, 자유무역을 저해하는 각종 규제의 철폐할 것을 요구했다. 매카트니는 대포, 마차, 보석 박힌 시계, 영국 도자기, 유명화가가 그린 국왕 조지 3세와 왕비의 초상화 등 많은 선물을 함께 준비해갔다. 그러나 중국은 매카트니에게 영국이 조공을 바치는 중국의 예속된 번국이나 마찬가지이므로 황제를 만날 때 무릎 꿇고 중국식으로 예를 다할 것을 요구했다. 그러나 매카트니는 영국을 평등한 나라로 대우하고, 다른 조건도 들어주지 않으면 무릎 꿇을 수 없다고 버텼다. 건륭황제는 중국에는 없는 것이 없고 영국과의 교역은 실익이 없다고 하면서 요구 조건을 일언지하에 거절했다. 이후 영국은 1816년 프랑스와의 전쟁에서 승리한 후 세계 최고의 해군력으로 제해권을 장악하고 있다는 사실을 중국에 알렸으나 중국은 시종일관 무시로 대응했다. 영국은 윌리엄 피트 암허스트를 대표로 하는 2차 사절단을 중국에 보냈다. 중국은 그에게 삼궤구고三跪九叩의 예 즉, 무릎을 세 번 꿇고 머리를 아홉 번 조아리는 예를 강요했다. 심지어 폭우 속에서 걷게 하고, 어색한 가부좌를 한 모습을 보고 앉을 줄도 모른다고 흉을 보기도 했다. 무엇보다 자정이 넘은 시간 자금성 입성을 강요할 때 암허스트가 불평하자 물리적 충돌도 일으켰다. 황제가 이 사실을 알고 북경을 떠날 것을 명하자 암허스트 일행은 귀국길에 올랐다. 결국 영국은 막강한 해군력을 동원하여 중국과의 1차 아편전쟁(1840~42)에서 승리함으로써 강제로 중국의 문호를 개방했다. 그 후의 중국은 어떻게 되었는가? 쑨톄孫鐵는 저서 《중국사 산책》에서 이렇게 말한다. "아편전쟁 이전 외국에 평등한 지위를 부여하기를 거부했던 중국은 아편전쟁 이후 외국으로부터 평등한 지위를 부여받지 못하는 처지로 전락하고 말았다." 암허스트는 추방당할 때 아직 활, 창 수준의 군사력밖에 없는 중국이 해양을 제패한 영국의 해군력을 몰라도 너무 모른다며 아쉬워했다. 영국이 산업혁명을 선도하고, 주식회사와 자본주의 경제 시스템으로 국력을 일취월장 팽창시키고 있다는 국제적 환경의 변화를 전혀 읽지 못했다. 물론 그 대가는 엄청났다. 모두가 알다시피 영국은 홍콩을 강제 점령했다. 쑨테는 이를 계기로 중국이 식민지 수준으로 전락하고 영구적인 원자재 공급지와 시장으로 전환되었다고 분석한다.

## 역사상 세계 최강국, 몽골의 몰락

정복한 영토만 해도 몽고제국은 로마의 2배나 된다. 그러나 원나라를 설립한 쿠빌라이 칸(칭기즈칸의 손자)의 사망과 더불어 몽고는 몰락의 길로 들어섰다. 리샹李尙은 저서《중국제국 쇠망사》에서 몽고제국의 몰락이 원나라의 몰락과 더불어 시작되었다고 지적한다. 그리고 몽고제국의 몰락 원인을 다음과 같이 설명한다.

첫째, 세계 정복이라는 칭기즈칸 전략이 제국 경영이라는 패러다임으로 바뀌었음에도, 이에 대한 대응을 잘못했다. 이른바 업그레이드를 하지 못한 것. 칭기즈칸이 자손들은 방대한 제국을 분할 통치하느라 잦은 불화를 일으켰다. 다양한 국민, 영토로 구성된 제국 경영에 경험이 부족했다.

둘째, 제국 경영 전략의 부재다. 칭기즈칸의 성공 요인은 고도의 기동성 우수한 무기, 전략의 천재성 및 빼어난 전술의 4가지이다. 이는 다른 나라를 정복하는 데 필요한 성공 요인이었다. 그러나 이에 버금가는 제국 경영 전략과 전술은 찾아보기 어렵다.

셋째, 국가 관리 시스템의 불안이다. 원나라의 지도층은 소수의 몽고족이고 피지배층은 방대한 인구의 중국인이었다. 중국인에 대한 차별이 심했고 이들을 잘 리드하지도 못했다. 국민에 대한 메시지도 불분명했다. 국가 관리 시스템이 불안할 수밖에 없었다.

넷째, 칭기즈칸 후예들의 '무武 숭상, 문文 경시'의 오만한 문화가 제국 경영에 맞지 않았다. "말 위에서 천하를 제패할 수는 있으나 말 위에서 천하를 경영할 수는 없다."라는 말도 있건만 원나라는 국민의 직업을 관리, 아전, 승려, 도사, 의사, 기술자, 목공, 매춘부, 유생, 거지의 10등급으로 나누었다. 주로 중국인인 유생들은 백정만도 못한 취급을 당했다.


## 뛰어난 전략이 성공하지 못하는 이유

전략은 좁은 의미의 전략(단품 전략)과 넓은 의미의 전략(한상床 전략)으로 나눌 수 있다. 후자는 실전 전략 4단계 전체를 말한다. 좁은 의미의 전략은 실전 전략 4단계 중 제2단계에 해당되는 전략만을 말한다. 뛰어난 전략이 성공하지 못할 때의 전략이란 보통 단품 전략을 의미한다. 그런 전략이 성공하지 못하는 이유는 무엇인가?

첫째, 아무리 뛰어난 전략이라도 전쟁 중에 적이 바뀌고 환경이 급변하는데 이를 모르면 성공하지 못한다. 예를 들어 한국전쟁 당시 맥아더 장군은 인천 상륙작전에 성공한 후 후퇴하는 북한군을 일사천리로 추격했다. 압록강까지 진격하고 통일을 목전에 둔 상태에서 뜻밖에 중공군을 만났다. 그는 적이 바뀐 줄 모르고 적도 잘 몰랐기 때문에 중공군과의 초기 전투에서 패배했다. 당시 2군단장으로 참전했던 백선엽은 초기 패배의 원인을 두 가지로 분석했다. 하나는 항일전, 국공내전을 통하여 상당한 전술능력을 갖춘 중공군을 너무 모른 것이고, 다른 하나는 중공군의 기습공격 등 전쟁 방식에 대비를 잘못한 것이라고 했다. 반면에 중공군은 미군, 한국군에 대한 분석이 훌륭했다. 당시 중공군 부사령관 덩화鄧華가 작성한 보고서에서 나타난 미군과 한국군의 실정은 이러했다. "미군은 전차와 포병, 공군이 강하나 보병은 약하다. 죽음을 두려워해서 과감한 공격이나 진지 사수의 의지가 없다. 낮에만 행동하고, 야간전투, 근접전에는 아주 미숙하고, 보급품이 끊기면 바로 전의를 상실하고 후방이 차단되면 스스로 물러난다. 한국군은 모든 면에서 미숙하다. 훈련이 절대 부족하다. 화력과 전투력 면에서 한국군 1개 사단은 미군 사단의 3분의 1도 안 된다. 그러나 전의는 어느 정도 갖추고 있다."*

둘째, 위대한 전략도 적의 더 위대한 전략을 만나면 패배하게 된다. 나폴레옹은 1812년 60만 대군으로 모스크바를 침공했다. 그러나 그의 전략은 러시아의 더 좋은 전략 앞에 비참한 실패로 끝났다. 장제스는 미국의 적극적인 지원을 받았지만 마오쩌둥과 중국 대륙을 차지하기 위한 전쟁에서 패한 후 대만으로 도망을 갔다. 그는 일본 육군사관학교에서 공부했고, 부하 엘리트들도 일본에 많이 유학했다. 그들은 일본의 군사 전략을 많이 사용했는데, 마오쩌둥 군대는 이를 잘 알고 있었다. 반면에 마오쩌둥의 전략은 독창적이었다. 장제스 군대는 도시 점령 전략을 중시해서 병력을 많은 도시에 분산했지만 마오쩌둥 군대는 게릴라 전략을 채택해서 병력을 필요할 때 집중할 수 있었다. 그럼으로써 국민의 대다수인 농민을 우군으로 만드는 데 성공했다.

셋째, 전략은 아무리 뛰어나도 그 목표를 지도자만 알고 부하들이 모르면

---

* 백선엽, 《군과 나》, 시대정신, 2009.

실패한다. 예를 들어 제2차 세계대전 때 미드웨이 해전에서 일본 야마모토 사령관의 전략 목표는 미 항공모함을 유인해서 항공 결전으로 격파하는 것이었다. 그러나 전략 목표가 잘못 전달되어 부하들 중 일부는 목표가 미드웨이 섬 정복으로 착각했다.

넷째, 전략은 전술, 전술은 전투로 잘 연결되어야 한다. 이 삼자는 일사분란하게 진행되어야 한다. 위대한 전략도 전술이나 전투가 잘못되면 실패할 수밖에 없다.

다섯째, 군사 전략은 아무리 뛰어나도 국가의 대전략과 맞지 않으면 실패한다. 예를 들어 베트남전쟁 때 미국의 국가 전략의 하나는 남베트남 정부가 유지되는 것이었는데, 남베트남 정부는 부패와 무능으로 스스로 유지하기 어려울 정도였다. 이것이 결국 미국 군사 전략의 실패로 나타났다.

여섯째, 전략이 아무리 뛰어나도 이를 실현시킬 수 있는 시스템이 잘못되면 실패한다. 문화가 잘못되어도 실패한다. 패러다임 변화를 잘못 판단해도 실패한다.

일곱째, 삼성과 애플은 부품 시장에서는 협력 전략, 제품 시장에서는 경쟁 전략, 특허 시장에서는 전쟁 전략을 수립한다. 이처럼 복수의 전략이 필요할 때 한 가지 전략만 사용한다면 아무리 위대해도 성공하지 못한다.

마지막으로 위의 요인들이 복합적으로 발생하면 뛰어난 전략도 실패한다. 뛰어난 전략이 성공하지 못하는 이유는 실전 전략 4단계의 4가지 기준으로 보면 이해하기 쉽다. 기업과 제국의 몰락 사례를 차례로 보자.

# 패러다임 변화를 모르면 패자의 길로 들어선다

당뇨병 치료약으로 유명한 덴마크의 제약회사 노보 노디스크Novo Nordisk 는 중국의 고도 성장, 그리고 중국인이 서구식 음식습관에 물들어가는 것을 보면서 곧 당뇨병 환자가 급증할 것으로 판단하고 약을 미리 개발하여 기다리고 있었다. 아니나 다를까 당뇨병 환자와 치료약 수요가 급증했다. 패러다임 변화에 미리 잘 대비한 것이다. 미리 길을 알고 길목을 지키고 있었던 것이다.

한국의 지도자들은 일본 수상 카쓰라 다로桂太郎와 미국 육군 장관 윌리엄 태프트 간에 미국은 필리핀, 일본은 한국을 점령하는 것을 서로 인정하는 가쓰라-태프트 협정이라는 비밀협정을 1905년 7월에 체결한 것을 모르고 있었다. 그리고 잘 알다시피 이후 일본의 식민지가 되었다. 일본은 1905년 포츠머스 조약(러일강화조약)에서 러시아에게 일본의 대한제국에서의 지배권을 인정받고 가쓰라-태프트협정과 제2차 영일동맹을 통해 미국과 영국으로부터 대한제국의 식민지화를 묵인받았다. 청일전쟁(1894~95)과 러일전쟁(1904~05)은 한반도를 차지하기 위한 중국과 일본, 및 러시아와 일본 간의 전쟁이었다. 한국의 지도자들은 이를 진혀 이해하지 못했다. 에드워드 메이슨 하버드 대학교 교수는 저서《한국의 경제사회 근대화》에서 한국이 일본의 식민지가 되고 해방 후에도 남북분단, 한국전쟁 등의 참화를 겪게 된 것은 국가 지도자들이 패러다임 변화를 몰랐기 때문이라고 말한다.

잘나가던 미국의 리먼 브라더스, 메릴린치, 베어스턴스, AIG, 패니메이 같은, 쟁쟁하던 일류 금융회사들도 2008년 금융위기가 닥치자 순식간에 부도가 나거나, 팔려가거나, 정부 감호를 받는 신세가 되었다. 패러다임 변화를 잘 몰랐기 때문이다. 스위스 시계회사들이 과거 세계 아날로그시계 산업을 선도하다가 일본 기업들이 전자시계를 생산하자 위기를 맞이했던 것처럼 말이다.

옛날에는 정보가 적어서 패러다임 파악이 힘들었다면 지금은 오히려 너무 많아서 힘들다. 영화감독 겸 디지털 큐레이터 스티븐 로젠바움은 저서《큐레이션Curation Nation》에서 과거에는 수도꼭지를 틀면 원하는 정보가 쏟아졌다면 지금은 열린 소방호스로 콸콸 들어오는 물에 비유했다. 익사할 정도로 넘쳐나는 정보 홍수 속에서 살아야 한다. 문제는 유용한 정보의 선별이다. 건초더미에서 정보의 바늘을 잘 찾는 것이나 마찬가지다. 선별 능력이 경쟁력을 결정한다. 큐레이터(사서)가 수많은 책 중에서 필요한 책을 잘 골라야 하는 것에 비유된다는 것이다. 구글의 CEO 에릭 슈미트는 인류가 유사 이래 2003년까지 창출한 정보의 총량은 백경(10억의 10억 배) 바이트인데, 현재는 이틀마다 이만한 정보가 생산되고, 앞으로는 더 많아질 것이라고 예측했다. 미래학자 앨빈 토플러 또한 우리가 현재 사용하는 USB는 기가바이트인데, 2020년 이전에 페타바이트Petabyte(천 조 바이트)가 될 것이라고 예측했다. 인간은 이런 정보 기술 혁명에 대비가 안 되어 있다는 것이다.

스티븐 로젠바움은 지금 우리가 겪고 있는 변화를 국가기념일에 불꽃놀이를 할 때 하늘에서 연거푸 터지는 불꽃에 비유한다. 모양도 다르고 예측하기도 어려운 각양각색의 불꽃이 연속으로 터지고 순식간에 사라지므로 정신이 없다는 것이다. 패러다임 변화의 예측은 그만큼 어렵게 된다.


## 실전 전략 2단계와 반짝 성공

한 출판사의 편집자는 회사 사장이 패러다임 변화는 잘 파악하는데, 이에 대한 대응 전략을 수립하지 못하여 어렵다며 고충을 털어놓았다. 기업이 단기적으로 성공하려면 최소한 두 가지는 잘해야 되는데, 하나는 패러다임 변화를 바로 파악하는 것이고 다른 하나는 이에 대응하는 전략을 잘 수립하는 것이다. 이 두 가지는 반짝 성공의 조건이 된다. 기업을 일으켜 성공한 사람이 실전 전략의 3번째 단계인 시스템을 잘 개발하지 못해도 전략만 잘짜면 어느 정도 성공이 가능하다. 그런데 우리가 여기에서 말하는 전략은 실전 전략 4단계 중 제2단계에 해당되는 좁은 의미의 전략을 의미한다. 반짝 성공한 나라의 예를 보자.

중국의 수나라는 고구려와의 전쟁 때문에 망했다. 수나라 양제는 30만의 주력군을 이끌고 살수(청천강)에서 전투를 했으나 대패했다. 4만 명이 수장되고 요동성으로 살아 돌아온 병력은 3,700명에 불과했다. 너무나 분하고 창피해서 2차례나 더 고구려 정벌을 시도했으나 모두 실패했다. 인적, 물적 피해는 막심했다. 농민들은 가혹한 세금징수, 부역 동원, 전쟁 기간에 발생한 홍수 피해 등으로 반란을 일으켰다. 관리들도 가담하는 등 반란의 물결은 전국을 뒤덮었다. 드디어 618년 수양제가 그의 부하에게 살해되자 수나라는 건국 후 불과 37년 만에 멸망했다. 수양제의 전략 실패는 자신의 사망과 나라의 패망으로 이어진 것이다.

IBM은 1990년대 적자 기업으로 위기 상태를 맞이했으나 다시 강대 기업으로 복귀했다. 브루스 앤더슨 전자사업 총괄 사장은 IBM의 성공 요인이 패러다임 변화를 잘 읽고 그에 맞게 적응한 데에 있다고 강조했다. 기존 사업 분야도 버림으로써 변화에 잘 적응하는 것이 무엇보다 중요했다고 한다. 옛날 사람들에게 IBM은 전자계산기 회사 정도로 떠올리지만 PC, 마그네틱 카드, D램 반도체, 바

코드, 플로피 디스크 등 수 많은 제품을 발명했고, 다양한 데이터베이스 관리 시스템(항공예약시스템, 대공방어시스템, 컴퓨터 운용체제)도 창안했다. 미국에서 과거 18년간 가장 많은 특허를 등록한 기업이다. 끊임없는 혁신을 하고 있는 기업이다. 그러던 이런 기업이 1990년대에 들어와서 대규모 적자기업으로 돌아섰고, 이를 타개하기 위하여 컴퓨터 중심의 기업에서 IT 서비스와 컨설팅 중심으로 사업구조를 바꾸어 PC, 프린터 사업부를 매각하는 등 제품보다 문제해결 중심으로 바꾸어가며 다시 부흥의 길로 돌아섰다.

## 최소한 당대에 성공하는 법

대런 애스모글루와 제임스 로빈슨은 저서 《왜 국가는 실패하는가?》에서 국가의 실패 이유가 제도와 시스템에서 비롯한다고 강조한다. 국가 제도나 시스템이 소수의 엘리트를 위한 것이고 '국민을 쥐어짜는 시스템' 때문이라는 것이다. 그렇기 때문에 국가가 성공하기 위해서는 혁신, 경제성장 및 재산의 분배가 선순환할 수 있는 포괄적 시스템이 필요하다고 지적한다. 소련이라는 나라가 소멸한 것은 공산주의 국가 경제 시스템의 잘못 때문이다. 국가이건 조직이건 시스템에 문제가 생기면 기울어지게 된다.

진시황이 중국을 통일했지만 진나라가 2대 황제 때 멸망한 것은 2대 황제였던 호해胡亥가 날이 갈수록 포악한 정치를 일삼는 것은 물론, 과도하게 세금을 거둬들였기 때문이다. 한 마디로 국가의 영속을 위한 문화가 뒷받침되지 못했다. 특히 사치가 극에 달했고 행동도 제멋대로 했다. 나라는 온통 전쟁과 군사 문화가 지배했던 것이다. 기업의 경우에도 창업자가 실전 전략의 3단계까지 완성한 다음 자식에게 물려주더라도 탄탄한 문화의 뒷받침이 없으면 자식 대에서 무너질 수밖에 없다.

일본항공JAL은 2010년 파산했다. 1987년에 민영화가 되었지만 관료의 낙하산 인사로 구성된 대부분의 임원들은 엘리트 의식이 강했다. 도산으로 JAL은 많은 수모를 당했다. 승무원들은 기내 청소를 하고 해고된 승무원들의 제복은 섹스 상품 시장에서 비싸게 팔렸다. 도산의 주된 이유는 시스템이 무너진 것이다. 그러다가 경영의 달인이라 불리우는 이나모리 가즈오 교세라 회장이 JAL 회장으로 긴급 취임함으로써 그의 장기인 아메바 경영(부서별 독립 채산제)으로 회생시켰다. 시스템을 근본적으로 고친 것이다. 그는 JAL 임원이 책임 의식도 없고 채소가게 하나 경영할 능력도 없는 사람들이라고 지적하며 근본부터 바꿀 것을 강조했다.

조선왕조 500년의 멸망도 바로 이 시스템의 붕괴에서 비롯된 것이다. 신용하 전 서울대 사회학 교수는 조선이 망한 가장 중요한 이유로 지도자들이 국가라는 시스템을 몰랐기 때문이라고 지적한다. 국가와 가문을 동일시했다는 것이다. 실전 전략 4단계에서 3단계 시스템에 대한 이해가 전혀 없었기 때문이다. 심지어 조선 말기의 지배층은 패전시문의 전략 4단계에서 어느 것도 제대로 갖춘 것이 없었다. 서양이 산업혁명을 일으키고, 일본이 1868년 메이지 유신을 통해 자본주의를 시작하는 등 패러다임이 급변하고 있었음에도 전혀 파악하지 못했다. 대응하는 전략이 없었다. 시스템에 맞는 문화의 창출도 없었다.

# 백년기업의 조건

바스프는 1865년 설립된 회사로서 그 역사는 백 년이 넘는다. 현재 세계 170여 개국에 300개가 넘는 생산 시설이 있으며 매출액은 무려 100조 원이 넘는다. 두 차례의 세계대전, 대공황, 유류파동, 2008년의 경제 위기 등을 잘 견디고 현재도 세계 최고의 화학회사가 된 중요한 이유에 대해 위르겐 함브레히트 회장은 무엇보다 '세계 최고 화학회사의 길'을 선택해서 변함없이 걸었기 때문이라고 말한다. 아울러 끊임없는 재발명reinvent도 중요하다고 했다. 바스프는 실전 전략의 마지막 단계인 독창적인 문화도 잘 개발해서 성공한 것이다.

엔씨소프트 김택진 대표는 자신보다 먼저 창업했던 벤처기업들이 사라졌는데, 그 이유로 '진지함이 없었던 것'을 꼽았다. 일단 성공하면 룸살롱에서 술판을 벌이는 등 윤리적 자기 단속이 안 되는 상황에서 망가졌다는 것이다.* 실패한 기업을 돕는 팔기회八起會의 남재우 회장은 이런 말을 하기도 했다. 실패한 기업들은 보통 창업한 지 5~19년이 지나고 사업이 본 궤도에 진입한 다음 무리한 사업 확장을 하거나 단체장 같은 것을 하라는 주위의 유혹에 넘어가 실패하게 된다고 했다. 그는 항상 긴장의 끈을 놓으면 안 된다고 했다.

일본의 오다 노부나가는 일본 사상 처음으로 전 국토의 6할 이상을 통일했다. 그러나 천하통일을 목전에 둔 상태에서 부하에게 죽임을 당했다. 잔인한 그의 성격 때문이었다. 그 뒤를 이은 도요토미 히데요시가 최초로 일본을 통일했는데, 그는 부하를 잘 대했다. 심지어 적장도 죽이지 않고 대우를 잘하여 부하로 삼았다. 마오쩌둥은 장제스와 중국 대륙을 차지하기 위한 전쟁에서 이

---

*〈중앙일보〉 2012년 8월 22일자 인터뷰.

겼는데, 마오쩌둥은 국민의 대대수인 농민을 자기 편으로 끌어들이는 데 성공했으나 장제스는 그렇지 못했다. 당시 중국인의 대다수는 농민이었다. 1978년 중국이 개방 정책을 시작할 때까지도 농촌 인구의 비율이 전체 인구의 82퍼센트나 되었다. 인구비로 보면 공산당이 이미 승리한 것이나 마찬가지였다. 장제스 군대는 부패했다. 경제 정책도 실패해서 민심은 장제스 정권을 떠났다. 특히 1948년 화폐 개혁으로 물가가 몇 만 배나 상승했다.

제2차 세계대전 당시 히틀러는 영국의 처칠과 전쟁을 했으나 패자가 되었다. 인생을 자살로 마무리했다. 처칠은 신뢰, 인간미, 충성심 같은 것을 중시했으나 히틀러는 이런 것에 관심이 없었다. 피터 드러커의 말처럼 부자가 3대에 이를 가능성은 5퍼센트에 불과하다. 개인이나 기업이나 100년을 가려면 4단계를 관통해야 한다. 4번째인 문화까지 튼튼하게 해야 한다.


실전 전략 4단계를 통해서 보면, 승자는 패러다임 변화를 알고, 패자는 모른다. 승자는 올바른 전략이 있으나 패자는 없다. 승자는 시스템이 좋으나 패자는 나쁘다. 승자는 독창적 문화가 있으나 패자는 없다. 지금까지 세계적으로 유명한 개인, 기업, 국가 및 제국의 실전 전략 실패 사례를 살펴보았다. 그리고 어떠한 패배이건 그 주된 원인은 실전 전략의 실패에서 찾을 수 있음을 알았다. 다음 장에서는 이와는 반대로 세계적으로 유명한 성공 사례를 살펴보기로 하자.

# 전략 위의 전략, 초전략

위대한 성공에서 얻는 전략적 교훈

## 12

위대한 성공에는 이를 가능케 한 위대한 전략이 있다.
그 위대한 전략은 패러다임을 제대로 파악하고,
시스템을 잘 조직하며, 문화의 힘을 구축하는 것에서 시작한다.
이번 장에서는 패전시문의 관점에서 훌륭한 전략이 어떻게
개인, 기업, 국가의 성공을 이끌고 있는지 살펴볼 것이다.
앞에서 살펴본 기본 전략을 상황변화에 맞게 적절히 활용한
그야말로 '전략 위의 전략'이다.

## 세계에서 가장 유명한 전쟁전략가

세계적에서 가장 유명한 전쟁 전략가는 누구인가? 많은 사람들은 서양에서는 나폴레옹, 동아시아에서는 베트남의 보응우옌잡 장군이라 평한다. 그럼 누가 더 위대한가? 그 둘의 차이를 살펴보자.

초년의 나폴레옹은 유럽 국가와의 전투에서 대성공을 거두었고, 전성기에는 거의 서유럽 전역을 정복했다. 그러나 그의 전략을 자신 스스로가 충분히 설명한 적은 없다. 그러나 전략에 관한 수많은 격언은 그의 전략의 일면을 들여다볼 수 있는 좋은 단초를 제공한다. 로렌스 프리드먼의 지시《전략의 역사》를 참조해 살펴보자.

"체력이 1이면 정신력은 3이다. 결정적 시점에 우세한 전력을 집중하라. 신은 병력이 가장 우세한 쪽 편이다. 군대를 파괴해서 적을 패배시킨다. 전략이란 시간과 공간 활용술이다. 약하거든 때를 기다려 힘을 기르라. 체력이 약하면 정신력으로 보충하라. 적이 실수를 하거든 계속하게 하라. 같은 적과 계속 싸우면 나의 전술을 다 가르쳐주는 것이나 마찬가지이다. 적이 원하는 것을 하지 말라. 항상 자신감을 가져라. 나의 골칫거리는 잘 알지만 적의 골칫거리를 알기는 어렵다."

그는 중앙은행 설립, 공교육 제도 확립, 종교적 자유의 허용, 나폴레옹 법
전의 편찬, 프랑스 혁명 이념의 유럽 전파 등 수많은 업적을 쌓았다. 전략가로
서 나폴레옹은 단기적으로 엄청난 성공을 거두었다. 프랑스의 문학과 예술은
그의 업적을 예찬한다. 그러나 장기적으로는 대실패였다는 평가가 지배적이
다. 마이클 하트는 저서《세계사를 바꾼 사람들》에서 이렇게 평한다.

"나폴레옹은 너무나 엄청난 전략적 실수를 했다. 결론적으로 전쟁에 패하
고 적군에 잡혀서 귀양 갔다가 그곳에서 생을 마감했다. 그를 일류 군사 지도
자에 포함시켜서는 안 된다."

그럼 그는 구체적으로 어떤 잘못을 했다는 것인가? 우선 1812년 60여만
명의 대군을 러시아 원정에 보냈다가 모스크바까지 간 후 러시아군의 반격, 러
시아의 추위, 보급품 부족 등으로 참패를 당했다. 그의 군대는 사실상 소멸되
다시피 했는데, 이는 전쟁사상 가장 유명한 참패로 꼽힌다. 1813년 이미 대군
을 잃어 동력을 잃었다고 생각한 영국, 프로이젠, 오스트리아, 러시아가 연합
하여 전쟁을 시작했는데, 나폴레옹은 라이프치히에서 참패하고 포로가 되어
다음해 엘바섬으로 귀양에 이르게 된다. 이후 1815년 엘바섬을 탈출하여 다시
집권했으나 영국의 웰링턴과 연합군이 이끄는 워털루 전투에서 패하여 다시
체포되었다. 그는 미국에 보내줄 것을 간청했지만 세인트 헤레나 섬으로 귀양
보내졌다. 1821년 그곳에서 암으로 52세를 일기로 생을 마감했다. 전성기에는
프랑스가 서유럽의 대부분을 점령했으나 연합군에 패한 후 점령했던 땅을 모
두 돌려주었으므로 1815년의 영토는 1789년 프랑스혁명 때보다 오히려 감소
했다. 나폴레옹은 계속되는 전쟁으로 재정 수입이 부족하여 당시 루이지애나

지역을 미국에 1,500만 달러라는 헐값에 팔기까지 했다. 현재의 루이지애나주보다 비교할 수 없을 정도로 큰 지역이다. 미국은 덕분에 국토의 크기가 거의 2배로 증가했다. 미국은 1848년 멕시코와의 전쟁에서 이겨 캘리포니아, 텍사스 일부, 애리조나 등의 땅을 차지하게 됨으로써 또 다시 국토의 규모를 2배로 확대했다. 나폴레옹은 돈이 아쉽기도 했지만 루이지애나를 영국으로부터 지켜내는 것이 어려울 것으로 판단했기 때문에 미국에 판매했다. 또한 그 이전에도 패배한 경우가 많았다. 1805년에는 트라팔가 해전에서 영국의 넬슨 제독에게 패함으로써 해상통제권을 완전히 영국에 넘겨주었고, 영국 지배 목표도 사실상 무위에 그쳤다. 이때의 쇠락은 영국의 번성과 맞물려 오랜 동안 프랑스의 침체를 가져왔다.

20세기 최고의 명장으로 꼽히는 보응우옌잡 장군은 어떨까? 인류 역사상 약자가 강자와 싸워서 이긴 가장 유명한 예는 다윗과 골리앗의 싸움이다. 그러나 그보다 훨씬 규모가 큰 현대화된 전쟁에서 약자가 강자를 이긴 예는 베트남 전쟁이 거의 유일하다. 보응우옌잡 장군은 경제력이 200배가 넘는 세계 최강국 미국의 군대와 싸워서 이겼다. 미국 고등학교 세계사 교과서에 따르면 베트남 전쟁으로 미군은 5만 8천여 명이 목숨을 잃었으며, 베트남은 130만 명의 목숨을 잃은 것으로 평가받는다. 그런데 보응우옌잡 장군의 위대함은 그뿐만이 아니었다. 그보다 앞서 경제력이 30배가 넘는 프랑스 군대와 디엔비엔푸 전투(1954년)에서 싸워서 승리했다. 프랑스와 베트남의 전쟁은 코끼리와 메뚜기의 싸움이었다. 이 드라마 같은 승리로 인하여 베트남은 그 길고 긴 프랑스의 식민 통치를 끝냈다. 게다가 베트남은 1979년 베트남 국경을 침공한 중국군 10만 명을 격퇴했다. 현대판 다윗 보응우옌잡 장군은 프랑스, 미국, 중국 등 거대한 골리앗들을 모두 물리친 세계적으로 유례가 없는 인물이었다.

헨리 키신저는 저서 《중국 이야기》에서 보응우옌잡 장군이 《손자병법》 전략을 능수능란하게 활용함으로써 이길 수 있다고 말한다. 나폴레옹은 승리할 때 힘이 비슷한 또는 약한 이웃나라들과 싸워서 이겼으나 보응우옌잡 장군은 경제력이 월등히 강한 미국, 프랑스, 중국 등과 싸워서 이겨냈다. 그렇다면 승리를 이끌어낼 수 있었던 보응우옌잡 장군의 전략은 무엇인가?

첫째, 적의 전략, 외교, 군대를 동시에 타격했다. 《손자병법》은 적의 공격 순서를 적의 전략, 적의 외교, 적의 군대 그리고 적의 성곽(도시) 순이라고 설명한다. 그러나 미군은 베트남의 도시를 공격할 수 있었으나 베트남은 미국의 도시를 공격할 수 없었다. 그가 공격할 수 있는 것은 전략, 외교, 군대 이 셋밖에 없었다. 그는 이 세 가지를 모두 공격했다.

둘째, 특히 심리전을 중시했다. 미군은 최강의 군대와 무기를 동원하여 전쟁을 조기에 끝내려고 했으나 보응우옌잡 장군은 가급적 오래 끄는 한편, 외교를 통하여 미국 내의 반전 여론을 조성했다. 그는 베트콩으로 하여금 미군을 살해하여 시신을 사이공 시내에 끌고 다니게 하고, 이를 미국 TV가 방송하도록 했다. 노련한 TV 앵커 월터 크롱카이트는 "베트남에서 미국은 도대체 무엇을 하고 있는가? 베트남에서는 무슨 일이 벌어지고 있는가?" 등의 큰 의문을 제기했다. 이 방송을 본 수 많은 미국인들은 전쟁에 등을 돌리기 시작했다. 국론은 분열되고, 린든 존슨 대통령 행정부의 전쟁 의지도 약화되기 시작했다. 미국 각지에서 반전 시위가 발생했다. 이것은 바로 《손자병법》이 최선책이라고 하는 적의 전략을 공격하여 전쟁 의지를 꺾는 것이다. 바로 보응우옌잡 장군이 노린 것이다.

셋째, 온 국민과 군대가 단결하여 총력전을 펼쳤다. 총력전은 클라우제비츠가 《전쟁론》에서 주창하는 주된 전략이다. 보응우옌잡 장군은 《손자병법》 전략과 더불어 이 전략을 함께 사용했다. 베트남인들은 장구한 세월에 걸쳐 외국 침략 세력들에게 시달려왔다. 외세에 대해서는 알레르기 반응을 일으킬 정도였다. 온 국민은 미국이라는 침략 세력을 몰아내기 위하여 똘똘 뭉쳐 싸웠다.

넷째, 보응우옌잡 장군은 정규전뿐만 아니라 게릴라전도 많이 했다. 《손자병법》의 기정 전략과 허실 전략을 적극 활용했다. 로버트 그랜트는 저서 《현대 전략 분석》에서 보응우옌잡 장군의 전략을 다음과 같이 요약한다. 그 핵심은 적이 원하는 방법, 적이 원하는 시간과 장소에서 싸우지 않는 것이다. "우리는 적이 전면전을 원하면 국지전으로 대처하고, 속전속결을 원하면 지구전을 하고, 정규전을 원하면 비정규전을 한다. 우리의 전략은 전쟁을 오래 끄는 것이다. 지구전만이 우리의 정치카드를 최대한 활용할 수 있고, 물질적인 핸디캡을 극복할 수 있으며, 우리의 약점을 강점으로 전환시킬 수 있다. 우리의 군사력을 증강시키고 지속하는 것이 우리가 고수하는 원칙이다. 성공이 확실할 때 공격을 하고 손해라고 판단되면 전투를 거절했다."

그는 스스로 《손자병법》 등을 공부해 세계 최고의 전략가가 되었다. 나폴레옹까지도 세세하게 연구했다. 미국과의 전쟁에서도 그야말로 미국 육사 수석 졸업한 장군들과도 싸워서 이겼다. 그는 20세기 세계 최고의 명장으로 꼽힌다. 베트남 전쟁은 당시 미 국방장관 로버트 맥나마라의 이름을 따서 맥나마라 전쟁이라고도 했다. 맥나마라는 경영의 천재였다. 그러나 경영 천재는 전쟁 천재인 보응우옌잡 장군을 당해내지 못했다. 경영 전략이 군사 전략을 당하지 못했던 것이다.

나폴레옹은 참패한 후 적의 포로가 되어 비참하게 생을 마감했다. 반면에 보응우옌잡 장군은 전승했다. 외세를 몰아낸 후 국가를 통일하는 그의 꿈을 실현하고, 국가가 발전의 가도에 들어서서 성장하는 것을 보면서 건강하게 장수했다. 2011년 100세 생일 잔치를 하고 2013년 102세로 생을 마감했다. 유사 이래 육전陸戰의 세계 최고 명장은 나폴레옹이 아니라 단연코 보응우옌잡이라고 하는 사람도 많다. 그는 군 생활을 장군으로 시작해서 장군으로 제대했다. 평생 진급 못한 군인이라는 우스갯소리도 있다. 한문 이름은 무원갑武元甲인데, 그에게 참 잘 어울리는 이름이다. 오래전 하노이를 찾아 보응우옌잡 장군을 만나 전략을 포함하여 많은 것을 물어볼 기회가 있었다. 방문을 마치고 작별 인사를 하는데, 같이 찍은 사진을 사진첩으로 만들어주어 깜짝 놀랐다. 그의 취미가 사진 찍기와 피아노라는 사실은 나중에 알게 되었다.


## 해전海戰의 신, 이순신과 넬슨

인류 역사상 3대 해군제독을 든다면 영국의 호레이쇼 넬슨, 러일전쟁 때 러시아의 발트해 함대를 패배시켜 일본을 승리로 이끈 도고 헤이하치로東鄉平八郎, 그리고 임진왜란의 영웅 이순신이다. 넬슨은 1805년 트라팔가르 해전에서 나폴레옹이 지휘하는 프랑스와 스페인의 연합함대를 격파하고 전사했다. 그 결과 영국 해군을 파괴하고 영국 본토를 침공하려던 나폴레옹의 계획이 좌절되었다. 그리고 해상 지배권은 프랑스에서 영국으로 넘어갔다. 넬슨은 혼전의 명수로 유명하다. 모험을 즐긴다. 넬슨은 1794년 코르시카 칼비 항구 공격 도중 한쪽 눈을 잃었고, 1797년 산타크루스 공격 도중 한쪽 팔을 잃었으며, 1805년 트라팔가르 해전에서 승리 후 목숨을 잃었다. 그와 같은 명장이 있었기에 영국의 해상 지배와 제국 경영이 가능했다.

이에 비해 사람들은 이순신 장군의 위대함은 인정하지만 전 세계가 인정하는지에 대한 의구심을 제기하기도 한다. 그러나 앞서도 언급했듯이, 일본의 영웅 도고 헤이하치로는 발트함대를 무찌른 후 다시 한 번 이순신에 대한 존경심을 잃지 않았다. 나폴레옹 군대를 격파한 영국의 넬슨 제독에 필적할 만하다는 평에 그는 자신이 "하사관"에 불과하다며 이순신 장군의 위대함을 에둘러 표현했다. 영국의 해군 제독 발라드도 저서 《바다가 일본 정치사에 미치는 영향》에서 이순신은 전략의 천재, 인류 역사상 가장 위대한 지도자 중 한 사람이라고 평했다. 넬슨도 이룩하지 못한 업적을 쌓았음에도 이순신 장군이 다른 나라에 잘 알려지지 않은 것을 안타까워하기도 했다.

또한 일본의 국민 소설가 시바 료타로는 소설 《대망》에서 이순신에 관해 '세계 제일의 해장'으로 치켜세우며, 일본 해군 지휘관이 러시아와의 해전에 앞서 이순신 장군의 영령에 비는 이야기를 담아냈는데, "아시아가 낸 유일한 바다의 명장 이순신의 영령에 빌었다는 것은 당연한 감정일지도 모른다."라며 이순신을 칭송했다.

하지만 무엇보다 이순신 장군이 뛰어난 점은 조선의 국토가 분할되어 중국과 일본의 소유가 되고, 나라가 없어지는 것을 막았다. 송복 연세대 교수는 이에 대해 임진왜란이 명과 왜의 일종의 대리전 격이었음에도 이런 비극을 막은 이가 이순신이라고 단언한다. 이순신이 바닷길을 막아 호남을 보존하는 한편, 보급로를 차단함으로써 조선이 분할되지 않도록 막은 것이다. 송 교수는 저서《서애 류성룡, 위대한 만남》에서 이렇게 말한다. "임진왜란은 왜(倭)의 입장에서 보나 명의 입장에서 보나 '조선 분할 전쟁'이었다. 왜는 조선 남쪽 4도를 내놓으라는 그들 말로 '조선 할지(割地) 전쟁'이었고, 명은 그런 왜의 침략을 한강 이남에서 막아 북쪽 4도를 지킴으로써 그 반쪽 조선을 요동 방어의 울타리로 삼는, 그들 말로 '번리지전(藩籬之戰)', 바로 '조선 울타리' 방어 전쟁이었다."

또 김종대는 저서《이순신, 신은 이미 준비를 마치었나이다》에서 이렇게 설명한다. "도요토미 히데요시는 봉(封, 일본 왕으로 봉한다는 것)과 공(貢, 조선 4도를 왜가 차지한다는 뜻) 외에도 많은 것을 요구했다. 하지만 명은 봉만 허가하겠다고 했다. 〈…〉 (명과의) 협상이 결렬되자 격분한 도요토미는 또 다시 조선을 침략할 것을 명령했다. 도요토미는 이 때 한강 이남의 조선 4도만이라도 강점해 왜의 영토로 만들겠다는 목표를 세우고 총 14만 1,500명의 대병력을 동원하였다."

이순신은 결국 도요토미 히데요시의 조선 점령의 두 가지 꿈을 접게 만들었다. 하나는 호남 곡창 지대를 차지한 식량 조달이고, 다른 하나는 평양까지 진격한 일본 육군의 원활한 보급물자 수송을 통한 조선 본토의 점령이었다. 유성룡은 저서《징비록》에서 이렇게 할 수 있었던 것이 모두 한산도 대첩(1592년 7월) 때문이라고 밝힌다. 한산도는 일본 수군이 호남으로 가는 해로상의 전략적 요충지이다. 평양까지 진격한 일본군은 이순신 때문에 바다를 통한 보급의 길이 막히자 버티지 못하고 추위와 굶주림에 남쪽으로 후퇴할 수밖에 없었다. 임진왜란을 일으킨 도요토미 전문가 야마지 아이잔은 저서《도요토미 히데요시》에서 이렇게 설명한다. "해전에서는 대실패였다. 〈…〉 전라도는 서해안의 요로인데, … 이곳이(이순신 때문에) 가로막힌 것은 일본군에게 거의 치명상을 입힌 것이나 다름없었다. 마침내 고니시 유키나가小西行長도 평양에서 오도 가도 못하였고, 결국 회담을 계기로 이곳에서 물러났다. 파죽지세로 나아가던 일본군의 행동도 부득이 여기에서 일대 좌절을 가져왔다."

넬슨과 도고는 국가의 적극적 지원을 받으면서 전쟁을 치렀으나 이순신이 그들과 달랐던 점은 왕과 신하들의 시기, 질투, 모함, 심지어 훼방까지 받아가면서 승리했다는 점이다. 넬슨과 도고는 전쟁에 필요한 군수 및 물자를 국가로부터 충분한 지원을 받았다. 그러나 이순신은 식량 조달, 선박 건조, 무기 생산, 의류 및 보급품 등을 스스로 조달하면서 전쟁을 했다. 오히려 중앙에 물자를 보내기까지 했다. 장한식은 저서《이순신 수국水國 프로젝트, 경제를 일으켜 조선을 구하다》에서 이렇게 설명한다. "우선 조정의 지원을 기대하기 어려웠다. '전혀' 받지 못했거나 백 번 양보하더라도 '거의' 받지 못했다. 워낙에 가난했던 나라가 전쟁으로 결딴이 나자 군대를 돕기는커녕, 거꾸로 일선 군대에게 손을 내미는 치지였다. 이순신도 피난 조정에 수시로 종이 등 각종 물자를 올려 보내거나 군량미를 실어 보내야 했다."

이순신은 명실상부하게 전승全勝을 실현한 장군이었다.《손자병법》이 가장 이상적이라고 하는 승리는 전승이다. 이순신의 전승은 싸우지 않고 이기고, 싸워야 하는 경우 최소의 소모로 승리하고, 싸움마다 승리하는 것 3가지의 특징이 있다.

우선 이순신은 처음부터 조선을 침공한 일본군과 싸워서 이겨야 하는 전쟁을 했다. 그러나 한산도 해전에서 승리한 후 일본 수군으로 하여금 해전을 포기하게 만들면서 한동안 싸우지 않고 이길 수 있었다. 이민웅은 저서《이순신 평전》에서 이렇게 설명한다. "이순신이 이끄는 조선 수군은 일본의 주력 함대를 연거푸 격파함으로써 남해의 제해권을 장악했다. 이 결과를 보고받은 히데요시는 일본군에 조선 수군과의 해전을 금하고, 해안 지역에 왜성을 쌓고 주둔하면서 부산 등의 교두보를 지키라고 명령했다. 요컨대 일본 수군이 해전을 포기하도록 만들었고, 일본 수군의 전라도 해역 진출을 방어하면서 남해의 제해권을 장악하는 역사적 쾌거를 이뤄냈다."

둘째로, 아군의 피해를 최소화하며 승리했다. 당시 일본 수군은 이순신의 판옥선을 단 한 척도 파괴하지 못했다. 명량해전에서는 일본 수군은 배 133척 중 31척이 파괴되었고, 5천여 명의 수군을 잃었다. 그러나 이순신의 배에서는 부하 단 2명만 사망했다.

셋째로, 모든 싸움에서 승리하지는 못했지만 가장 중요한 싸움에서는 패하지 않았다. 임원빈 교수의 저서《이순신 병법을 논하다》에 따르면 임진왜란 당시 이순신은 23전 전승이 아니라 43전 38승을 했다.


## 중국에서 가장 성공한 전략가, 덩샤오핑

20세기 세계사에서 중국의 현대 발전사를 볼 때 가장 큰 영향을 준 사람은 명실상부하게 덩샤오핑(1904~1997)이다. 덩샤오핑은 근대 중국의 가장 대담한 전략가로 손꼽힌다. 에즈라 보겔 하버드 대학교 사회학과 교수는 저서《덩샤오핑과 중국의 전환》에서 중국 발전에 대한 덩샤오핑의 역할은 크게 3가지로 제시한다.

첫째, 중국은 마오쩌둥의 대약진 운동과 공업화 정책의 실패로 경제는 거덜났고, 문화혁명으로 사회는 분열되었다. 가난한 나라, 분열된 나라, 혼돈의 나라, 불신의 나라, 외부와 단절된 나라였다. 이러한 중국을, 1978년 개혁·개방의 길로 이끌어 30여 년간 연 10퍼센트의 고도 성장 국가로 재탄생시켰다. 지금은 미국과 더불어 G2 국가가 되었다. 국가의 목표를 공산주의 계급투쟁에서 자본주의식 경제 발전으로 바꾸었다. 중국을 고도성장시켜 부국의 길로 가게 만들었다. "마오쩌둥이 없었으면 중국이 없었고, 덩샤오핑이 없었으면 배부른 중국이 없었을 것이다."라는 말이 있다. 에즈라 보겔 교수는 덩샤오핑의 위대함이 중국의 경제, 외교, 정치 사회가 어떤 길을 가야 할 것인가를 분명히 제시했다고 주장한다.

둘째, 중국을 대외 개방 정책을 통하여 세계무대의 주역으로 등장시켰다. 공산주의 국가에서는 인민의 적은 국내에서는 지주와 자본가 계급이고 국외에서는 미국 등의 제국주의적 자본주의 국가이다. 덩샤오핑은 경제 발전과 대외 개방 전략으로 이런 사상으로부터 중국인을 해방시켰다.

셋째, 낡은 국가시스템을 새롭게 짜고 안정된 지도 체제를 확립했다. 미래 지도자가 누가 되는가를 미리 알게 했다. 중국에서는 국가의 대표를 능력이 검증된 유능한 7명의 상무위원 중에서 선출한다. 그 임기도 보장된다. 이 때문에 후임대표가 누가 될지 알게 하는 중국의 국가 리더십은 안정되어 있다.

덩샤오핑은 1992년 심천을 방문하는 동안 중국이 빨리 성장해서 20년 안에 한국 등 아시아의 4마리 용을 따라잡을 것을 지시했다. 중국은 1978년 개혁 개방 정책 시작 이후 2008년까지 연평균 9.9퍼센트나 성장했다. 인구 13억의 중국이 확 뒤바뀌었다. 세계 인구 5명 중 거의 1명이나 되는 사람들을 가난에서 벗어나게 만들었다. 공산주의 국가를 정반대가 되는 자본주의 길로 가게 만들었다. 경제성장을 못하던 나라를 제일 빠르게 하는 나라로 만들었다. 중국은 한국의 최대 수출 시장이 되었다. 중국의 경제 규모는 개혁개방 전에는 한국보다 조금 더 큰 정도였으나 지금은 일본, 독일을 넘어서 G2가 되었다.

덩샤오핑은 일생 여러 차례 실각했으나 뛰어난 전략으로 매번 복권할 수 있었다. 그가 정식으로 학문을 배운 것은 소련에서 설립한 중산 대학에서 6개월간의 공부한 것이 전부다. 프랑스에 유학을 갔으나 정식으로 학교 공부를 한 기록은 없다. 그는 1978년 근대화의 완성을 2050년으로 보고 국가 발전 계획을 수립했다. 2049년에 1인당 소득 2,000달러로서 중등 발달 정도의 국가를 목표로 했으나, 이 목표는 2007년에 이미 달성했다. 후진타오의 목표는 2020년 3,000달러인데, 이 목표는 이미 2005년에 달성되었다. 목표가 너무나 빨리 달성되어 지도자들마저 당황할 정도였다. 골드만삭스는 2016년에 중국의 경제 규모가 미국을 넘어설 것이라고 예측했다.

중국은 권위주의적 국가이다. 이런 국가의 일반적 특성은 대표성이 없고, 후계구도의 투명성이 없으며, 자유선거가 없는 것이다. 그런데 현재 덩샤오핑이 생전에 만들어놓은 국가 시스템과 지도체제가 그대로 시행되고 있다. 중국은 8,200여만 명의 공산당원이 있고, 그 위에 전국대표대회 대의원, 중앙위원, 정치국원이 있고 최고 기관으로 정치국 상무위원(5~9명)이 있다. 이 중에서 1명의 총서기를 뽑는다. 총서기가 국가주석이 된다. 중국의 중앙정부는 대단히 안정적이다. 서구에서와 같이 포퓰리즘의 소지가 원천적으로 차단되어 있다. 덩샤오핑의 강점은 서양 민주주의의 단점을 상당 수준 제거하여 중국 모델을 튼튼하게 만든 것이다. 한국은 대통령이 새로 선출되면 그 전의 정책을 뒤엎어버리는 경우가 많은데, 중국은 국가정책을 지도자가 바뀌더라도 일관되게 추진한다. 이를 제도적으로 만들어놓은 것이 덩샤오핑의 큰 공헌이다. 덩샤오핑은 자신의 사후를 대비하여 간부의 계급 정년제를 도입하여 5년 연임만 가능하게 했다. 최고위직인 7명의 상무위원은 68세를 넘으면 연임이 불가능하게 만들어놓았다. 또한 지방과 중앙의 순환보직제를 통하여 경험을 축적하게 만들었다. 그리고 후임자를 미리 정하도록 만들어놓았다. 후진타오의 후계자 시진핑처럼 후계자를 미리 정할 수 있게 만들어놓았다. 세계 주요 국가 중 국민들이 다음 지도자를 분명하게 알 수 있는 나라는 중국뿐이다.

덩샤오핑은 여러 면에서 초전략가이다. 공자는 문文의 성인, 손자는 무武의 성인 덩샤오핑은 부富의 성인이라고 말한다. 덩샤오핑은 중국의 전략을 다음과 같이 24자로 요약했다. 미국은 이를 중국의 24자 전략이라고 하고, 중국은 이를 외교 전략이라고 한다.

"냉정하게 관찰하라. 입지를 확고하게 하라. 침착하게 대응하라. 능력을 감추고 때를 기다리라. 겸손한 자세를 잘 유지하라. 결코 지도자의 자리를 요청하지 말라."

덩샤오핑은 중국이 나아갈 방향을 분명하고 또한 일관되게 제시했다. 이에 대한 분명하고 강한 메시지가 있었다. 피터 드러커는 "어떤 길을 가야 하는가는 전략이고 어떻게 가야 하는가는 전술"이라고 전략과 전술에 대해 정의내린 바 있다. 덩샤오핑은 분명히 이 점을 알고 있었다. 즉 어떤 길로 가야 하는가, 어떻게 가야 하는가를 알고 구성원들이 그 방향으로 가도록 리드하는 것이다. 곧 올바른 전략과 전술을 알고 실현하는 것이다.

## 애플과 스티브 잡스의 초전략

스티브 잡스는 스마트폰의 예에서 보는 바와 같이 현재의 패러다임을 받아들이고, 이에 적응하거나 대응하는 전략이 아니라 패러다임 자체를 확 바꾸는 전략, 즉 초전략으로 유명하다. 이 책에서 제시하는 실전 전략 4단계와 달리 초전략으로 패러다임을 바꾼 것이다. 실전 전략 4단계에서 그의 경우는 제1, 2단계의 순서가 바뀐다. 그러므로 그의 경우 실전 전략 4단계는 초전략부터 설명이 가능하게 된다.

로버트 그랜트가 저서 《현대 전략 분석》에서 밝힌 바에 따르면, 애플은 다양한 소비자에게 혁신적인 하드웨어, 소프트웨어, 주변장치, 서비스 및 인터넷을 통하여 최고의 계산 및 음악 경험을 제공하기 위하여 헌신했다. 그리고 자체의 운영체계, 하드웨어, 소프트웨어 기술 등의 독특한 능력을 바탕으로 사용에 대단히 편리하고, 멋지게 통합된, 그리고 혁신적인 산업디자인을 바탕으로 한 신제품과 솔루션을 제공했다. 기존 제품의 업데이트는 물론 신제품의 개발을 위하여 끊임없는 연구개발 투자를 했다. 그뿐만 아니라 아이팟, 아이튠즈 뮤직 스토어 같은 획기적인 제품을 개발함으로써 소비자 전자 제품과 컴퓨터의 융합을 잘 활용했다. 애플의 전략은 또한 아이튠즈 등의 새로운 생태계를 확대함으로써 고객에게 고품질의 판매와 A/S를 동시에 제공할 수 있도록 했다. 잡스는 음악, 영화, 미술, 전화, 계산기 등과 관련된 기술과 산업을 융합하는 융합 전략에 뛰어났다. 애플 소프트파워, 애플 엔지니어링, 애플 마케팅 등의 독창 전략도 중시했다. 《손자병법》이 중시하는 기정 전략이나 허실 전략, 《전쟁론》이 중시하는 총력 전략도 중시하는 등 '전략의 융합'도 잘했다. 애플의 초전략은 다음과 같다.

애플의 초전략 = 기정 전략 + 융합 전략 + 독창 전략 + …

애플 조직 구조의 특징은 단순성이다. 애플에는 위원회 제도가 없다. 스티브 잡스기 소니와 애플을 비교한 것을 보면 소니에는 워크맨을 만드는 데 많은 부서가 관여하지만 애플의 경우에는 하나의 통합된 조직만이 책임을 진다. 그리고 비용과 경비를 담당하는 사람은 CFO 한 사람뿐이다. 애플에는 5만 명 이상의 직원, 70여 명의 부사장, 9명의 임원 팀이 있다. 스티브 잡스에게 직접 보고하는 부사장은 6명에 불과하다. 그리고 'Top 100'이라는 비밀 전략 조직을 두고, 현안에 따라 짧은 기간에 만나며, 명단, 장소, 회의 내용 등은 모두 비밀이다. 그야말로 계급장을 떼고 만나는 모임이다. 애플에는 애플 대학이 있다. 현재 하버드 경영대 교수 팀이 이 대학을 이끌고 있다.

GE는 다재다능한 매니저를 원하나 애플은 정반대로 고도로 전문화된 매니저를 원한다. 애플은 자신의 일이 아닌 것은 하지 못하게 한다. 애플은 항상 신규 창설 하이테크 회사와 같은 문화를 유지한다. MS와의 차이는 MS는 돈이 얼마나 필요한가를 미리 정하고 그에 필요한 제품을 개발하는 반면에 애플은 우선 위대한 제품부터 개발하고 수입을 생각한다. 애플의 프로젝트는 소규모 팀이 담당한다. 철저히 책임지는 문화가 있다. 인정사정없이 책임을 묻는데, 이직률은 대단히 낮다. 책임자가 애매한 경우가 없다. 애플에는 어떤 일에건 직접 책임자, 즉 DRIDirectly Responsible Individual가 있다.

또한 애플은 경쟁기업, 산업 및 사람들의 생활을 많이 바꾼다. 그리고 애플의 스마트폰은 PC를 대체할 것이므로 'PC 이후 시대'를 열 것이고, 애플의 혁신적 제품은 개인차원의 기술이 중요한 '개인 기술의 시대'를 열 것이다.


## 국가의 품격과 문무부文武富의 융합

후지와라 마사히코는 저서《국가의 품격》에서 일본이 품격 있는 국가가 되기 위해서 4가지를 잘해야 한다고 말한다. 첫째로 독립불기獨立不羈, 둘째 높은 도덕성, 셋째 아름다운 전원, 넷째 천재의 배출이 그것이다. 첫째 키워드인 '불기'란 구속받지 않는다는 뜻이다. 그는 일본이 미국의 반 식민지 상태에 놓여 있으며 품격 있는 국가의 조건을 전혀 갖추지 못했다고 지적한다. 세계에 자랑할 만한 일본의 아름다운 정서와 틀에 입각함으로써 전후에 상실한 조국에 대한 긍지와 자신을 되돌릴 수가 있어야 한다는 것이다. 또한 일본은 유럽 각국에 비해 극단적으로 낮은 식량 자급률을 높이고 스스로 나라를 지킬 수 있는 독립국가로서 면모를 갖춰야 한다고 주장한다. 우리가 이해하기에 따라서는 일본의 과거사 문제와 맞물려 민감한 문제로 들리지만 그들의 미래 국가 전략의 단초를 이해할 수 있다는 점에서 참고할 필요가 있어 보인다. 또한 천재를 배출하기 위해서는 아름다운 경치, 무엇인가에 진정으로 무릎 꿇는 마음, 정신성을 존중하는 풍토의 3가지 조건이 충족되어야 한다고 주장한다.

나는 국가 전략으로서 '문무부文武富의 조화로운 융합'이 우리에게 중요하다고 판단한다. 또한 품격 있는 국가 건설에 첫째 조건이 되어야 한다고 생각한다. 이 조건이 충족되지 않는다면 우선 경제적 독립이 어려우므로 위의 네 가지 조건의 달성은 거의 불가능하다. 한국의 경우 개인의 아름다운 전원도 중요하지만 10만 평방킬로미터에 불과한 국토 전체를 하나의 아름다운 전원도시로 개발하는 것이 중요하다. 싱가포르는 국토 전체를 하나의 전원도시로 개발하고 있다. 국토를 하나의 아름다운 전원도시로 개발하여 중국인, 일본인 모두를 관광객으로 끌어들일 수 있게 만들었으면 한다. 중국의 중경시의 면적이 8만 2,000제곱킬로미터임을 감안하면 한국은 나라 전체가 하나의 도시가 될 수 있다. 오제학 한국교통연구원 부원장 등은 KTX 경제권 발전 전략의 일환으로 '전국을 하나의 창조도시로' 개발 가능하다는 연구 보고서를 발표한 바 있다.

미국은 문文, 무武, 부富 3개 분야에서 세계 최고일 뿐만 아니라 이를 균형 있게 발전시키는 점에 있어서도 세계 최고이다. 미국은 대학이 세계 최고 수준이고, 각 분야 교육과 연구도 세계 최고 수준으로 문文에 있어서 세계 최고이다. 미국은 어린이들에게 문무부에 대한 균형 있는 교육으로 유명하다. 국민의 건강, 팀워크나 페어플레이 정신의 개발, 전략 훈련 등의 목적으로 3대

스포츠 즉, 아메리칸 풋볼, 야구 및 농구를 국가 차원에서 장려한다. 특히 미식축구를 장려한다.

유대인도 마찬가지다. 인종 중 문무부 3자에 대한 교육을 철저히 하는 인종은 유대인이다. 유대인은 가정을 미니 학교, 미니 도서관, 미니 성전이라고 말하며 어느 곳에서든 배움을 일상화한다. 구약성서에 나오는 유대인의 조상 아브라함은 대단한 부자이다. 유대인은 어릴 때부터 돈 교육, 십일조 등의 교육을 잘 받는다. 또한 부자가 되어야 함을 강조한다. 미국의 큰 부자 중에는 유대인들이 많다. 유대인이 건국한 이스라엘은 중동 국가들과 항상 분쟁 속에서 산다. 그리고 수백 년간 국가 없이 전 세계에 흩어져 살면서 무武를 중시하지 않을 수 없었다.

중국은 유사 이래 전쟁의 나라라고 할 정도로 전쟁이 많았다. 현재의 중국도 전쟁으로 탄생했다. 중국은 문文에 치중하고 무武를 소홀히 하다가 19세기에는 서구 열강으로부터 이빨과 발톱 빠진 호랑이 취급을 받았다. 공산주의 시절에는 문의 성인인 공자가 죽어야 된다고 하면서 무의 성인 손자孫子만 중시하다 보니 나라가 전쟁판 비슷하게 되었다. 공자와 손자를 균형 있게 중시하게 되자 문무가 균형 잡힌 나라가 되었다. 그러나 아주 가난한 나라가 되었다. 덩샤오핑이 1978년 개혁 개방으로 중국을 부의 길로 가게 하니 문무부가 균형잡힌 나라가 되었고, 세계 제2의 경제대국으로 부상했다.

한국은 강한 문文의 전통이 있다. 부모님들의 교육열은 세계 최고 수준이고, 한국 기업 경영인들의 교육·연구열 또한 마찬가지이다. 한국의 군은 세계 최고 수준의 미국의 군사제도와 경영을 본받은 것으로 한국인들로 하여금 세계 최고 수준의 무武 경험을 하게 만든다. 그리고 1960년대부터 본격 시작한 경제개발계획은 한국을 부富를 중시하는 사회로 만들었다. 문·무·부를 균형 있게 중시하게 되자 세계에서 가장 짧은 기간에 희망 없는 후진국에서 선진 공업국이 된 나라 중 하나가 되었다.

미국 건국의 아버지 조지 워싱턴은 장군으로서 무인이었다. 그러나 빼어난 문인이면서 또한 부를 중시했다. 문무부를 균형 있게 중시했다. 중국의 덩샤오핑은 13년간 군 지휘관으로서 전쟁을 한 무인이었다. 그러나 마오쩌둥이 살아 있는 백과사전이라고 할 정도로 문文의 능력이 탁월했다. 그런 그가 중국을 부국의 길을 가게 만들었다. 문·무·부의 균형 발전을 중시했다.

우리는 이 장에서 세계적으로 위대한 성공을 거둔 개인, 기업, 국가를 보았고, 그 뒤에는 항상 위대한 실전 전략이 있었음을 알았다. 미국은 식민지 시대 때 영국과의 독립전쟁에서 승리하여 태어난 나라이고, 중국은 국공내전에서 승리하여 태어난 나라이며, 일본은 사무라이들 간의 전쟁의 결과로 태어난 나라이다. 세계에서 가장 극적인 성공을 맛본 이스라엘도 마찬가지이다. 인구당 부자가 가장 많고, 국가경쟁력 연속 세계 1위 등, 가장 성공한 나라의 하나인 스위스는, 위대한 국가 전략으로 승승장구하고 있다. 항상 평화를 위하여 전쟁을 준비하고 있다. 전승하는 나라의 전승하는 국민이 되기 위해서 전략이 얼마나 중요한가를 알 수 있다. 그리고 문은 우리를 지혜롭고 겸손하게 만들고, 무는 심신을 건강하게 만들 뿐만 아니라 전략을 깨닫게 하고, 부는 우리의 삶을 풍요롭게 한다. 전승하는 사람, 품격 있는 국가가 되기 위해서는 개인, 국가 할 것 없이 문무부의 균형 있는 발전이 중요하다.

## 초전략
## 10계명

# 13

운전면허가 있다고 해서 최고의 운전자가 된다는 보장은 없다.

마찬가지로 승자가 된다고 해서 최고의 승자가 된다는 보장이 없다.

앞서 살펴본 것처럼 승자가 되기 위해서는 실전 전략 4단계를 제대로 이해해야 한다.

남에게 많은 피해를 주고 승자가 되는 하수,

최소의 피해를 주고 승자가 되는 중수,

주어진 상황에서 싸우지 않고 이기는 고수,

주어진 상황이나 상대를 확 바꾸어서 싸울 필요가 없게 만드는 것이 초고수의 전략이

다. 전략 10계명은 승자가 되기 위한 자격 조건이다.

일상생활에서 두루 활용할 수 있도록 초전략 10계명을 소개한다.

## 제1계명 : 실력에 '전략 능력'과 운을 더해라

파리가 하루에 100킬로미터를 갈 수 있는가? 불가능할 것 같지만 가능하다. 말 궁둥이에 붙어 갈 수도 있고 KTX를 타고 가도 된다. 개인의 기술 중 가장 중요한 것은 귀인의 도움을 받는 기술이다. 직장인은 상사, CEO 등의 도움을 잘 받는 기술이 중요하다. 좋은 직장생활을 하기 위해서는 좋은 직장을 만나는 것이 가장 중요하다. 무기, 말, 귀인의 세勢를 빌리는 것을 전략에서 차세借勢라고 한다. 이순신은 13척의 배로 일본 수군의 배 130척과 싸워 이길 때 명량해협의 세를 빌렸다. 이런 것이 전략 능력이다.

## 제2계명 : 정답이 없는 것이 정답이다

정주영 회장이 유럽에서 돈을 빌려서 조선소와 배를 같이 만들 때의 일이다. 외국에서 학위를 받은 한 직원은 조선소 건설 후 배를 만드는 것이 정답이라고 하면서 그렇게 할 것을 여러 차례 건의했다. 그러나 정 회장은 듣지 않았다. 정답이 없다는 것이 정답임을 알기 때문이다. 내가 그에게 이 사실을 물었

더니 웃으면서 배를 완성한 다음에도 조선소를 더 확장했다고 했다. 정답이 없
는데도 정답을 안다는 사람은 고집불통이 되기 쉽다. 자신이야말로 정답을 안
다는 사람들은 다툼을 많이 하게 된다.

미야모토 무사시는 자신의 검술을 스승 없이 스스로 터득했다. 그와의 결
투로 목숨을 잃은 많은 사무라이는 유명 도장에서 검술을 배운 검객이다. 그
는 막 싸움꾼이었다. 세계를 재패한 칭기즈칸도 막 싸움꾼이었다. 중국에는 청
나라 때까지 4,000여 종의 병서가 있었으나 칭기즈칸 때 몽고에는 병서라고는
한 권도 없었다. 있어도 칭기즈칸은 글을 읽지 못했다. 마오쩌둥도 막 싸움꾼
이나 다름없었고, 베트남의 보응우옌잡 장군도 그러했다. 정식으로 군사교육
을 받아 본 적이 없다. 현대그룹을 창설한 정주영 회장도 정식으로 경영교육
을 배워 본 적이 없다. 이들은 실전을 통해 스스로 터득한 전략으로 최고의 경
지에 올라갔다. 이러한 막 싸움꾼의 특징은 바로 상대보다 유연하다는 것이다.
싸움에는 '하나의 정답이 없다'는 것이 정답임을 안다. 그러나 정통으로 무술

을 배운 사람들은 상대에 상관없이 배운 방식대로 싸우려고만 한다. 전략의 신은 정답이 없는데도 안다고 하면서 남과 다투는 일을 하지 않는다. 그들의 주요한 특성은 유연성이다. 공자는 궁하면 통한다는 궁즉통窮卽通, 노자는 인공·인위를 거둬내야 통한다는 무위즉통無爲卽通, 손자는 변해야 된다는 변즉통變卽通을 강조한다. 바둑의 정석도 바뀐다. 과거 일본이 세계 바둑을 재패할 때 정석은 일본 바둑이었다. 그러나 한국이 재패하자 한국 바둑이 정석이 되었다. 개인 간의 싸움이나 인생살이 등 매사에 정답을 안다는 사람은 전략가가 아니다. 이것이 전략의 제2계명이다. 때문에 누구나 항상 더 잘할 수 있는 방법, 다른 방법, 새로운 방법을 찾으려고 노력해야 한다.

## 제3계명 : 남과 같은 것으로 남을 이기려 하지 말라

상품은 똑같은 것을 수없이 만든 것이고, 명품은 소수를 만든 것이며, 작품은 한 개를 만든 것이다. 인간은 누구나 신神의 작품이다. 세상에 하나밖에 없는 존재이다. 독특한 특성과 재능이 있다. 이를 잘 살려야 한다. 사람은 누구나 남과 같은 부분도, 다른 부분도 있다. 같게 할 것은 같은 부분만이다. 다른 부분은 결코 같게 하면 안 되고 같게 할 수도 없다. 다른 부분은 차별화 전략으로 강점으로 살려야 한다. 이 점에 대하여 경쟁 전략 창시자인 마이클 포터 하버드 경영대 교수의 말처럼 "무엇 때문에 남과 꼭 같은 것을 해서 일등하려고 하는가, 자신만이 할 수 있는 독특한 일을 하여 유니크한 승자가 된다." 《손자병법》이 말하듯 이기는 사람은 "상대를 끌고 다니지 적에게 끌려 다니지 않는다."

승자는 자신을 결코 비하하지 않는다. 자신에 대한 비하는 창조주를 모독하는 일이라고 한다. 동아시아 전문가인 에즈라 보겔 하버드 대학교 교수가 20세기 세계 최고의 전략가라고 한 덩샤오핑은 키가 150cm에 불과했다. '목이 없는 사람'으로 불리기도 했다. 한번은 마오쩌둥이 당 간부회의에서 자신의 정책에 반대하는 사람은 자리에서 일어서라고 하니 덩샤오핑만 일어섰다. 마오쩌둥은 이렇게 말했다. "덩샤오핑 동지는 키가 작아서 앉으나 서나 마찬가지니, 일어서지 않은 것으로 하겠다." 당 간부 중 덩샤오핑보다 키가 더 작은 사람이나 풍채 나쁜 사람은 거의 없었다.


## 제4계명 : 비교 우위, 경쟁 우위, 진화 우위 모두 중시하라

영덕이 대게를 안동에 판매하고, 안동이 마를 영덕에 판매할 수 있는 것은 자원 면에서 비교 우위가 있기 때문이다. 하지만 안동에서 고등어를 생산하지 못함에도 간고등어를 판매할 수 있는 이유는 바로 경쟁 우위 때문이다. 필리

핀이 목재를 한국에 수출하는 것은 비교 우위 때문이고, 박영주 이건산업 회장이 솔로몬 군도, 칠레 등에서 나무를 재배하여 필리핀에 수출하는 것은 경쟁 우위 때문이다. 경쟁 우위론의 창시자인 마이클 포터에 따르면 일반적으로 자원 등 눈에 보이는 것이 결정하는 것은 비교 우위이고 두뇌 등 눈에 보이지 않는 것이 결정하는 것은 경쟁 우위이다. 여기서 경쟁 우위를 결정하는 것이 바로 전략이다.

김연아 선수에게 피겨 스케이팅에 유리한 체격 조건이 있는 것은 비교 우위다. 그러나 체격 조건이 그 정도로 좋은 선수는 전 세계에 넘쳐난다. 그렇다면 그들은 왜 김연아 선수처럼 하지 못하는가? 경쟁 우위가 없기 때문이다. 김연아 선수는 비교 우위도, 경쟁 우위도 있다. 세상에는 초년에 경쟁 우위로 승자가 된 후 중년, 말년으로 갈수록 더 큰 승자가 되는 사람도 있다. 진화 우위가 있기 때문이다. 이런 사람은 직장에서 과장으로 빨리 승진한 후 오만해져서 도태되는 것이 아니라 부장, 임원, CEO 등으로 더 빨리 승진할 수도 있다. "승리를 거듭할수록 승리가 더 쉬워지는" 사람도 많다. 이런 사람에게는 소년등과, 중년상처, 말년빈곤이라는 인생의 3대 불행이라는 말이 해당되지 않는다. 우리에게 익숙한 공자의 다음 말도 인간은 계속 진화해야 함을 강조하고 있다. "나는 15세에 배움에 뜻을 두었고吾十有五而志于學, 30세에 인격이 성숙하게 되었으며三十而立, 40세에 무엇에 마음이 홀리지 않게 되었고四十而不惑, 50세에 천명을 알게 되었으며五十而知天命, 60세에 매사를 순리대로 이해하게 되었고六十而耳順, 70세에 마음이 원하는 대로 해도 법도에 어긋나지 않게 되었다七十而從心所欲不踰矩."

# 제5계명 : 전략의 숲과 전술의 나무를 함께 보라

내가 잘 아는 하버드 대학교 교수는 심장병이 심해지면서 페이스메이커(심장박동조절장치)를 몸속에 부착하는 수술을 받았다. 그런데 여름이 되어도 차도가 없어서 다시 정밀 진찰을 했더니 그 스위치가 켜져 있지 않은 황당한 일이 생겼다. 더더욱 당황스러운 것은 이를 부착할 필요가 없었다는 사실이다. 그는 이 일을 오히려 너무나 기뻐했다. 바로 그때 하버드에 갔던 나는 하버드 야드(캠퍼스 중심)를 지나다가 우연히 그를 만났다. 그는 아주 반가워하면서 다짜고짜 좋은 세미나가 있으니 같이 참석하고 점심도 같이 하자고 했다. 그는 식사도 즐기는 등 대단히 건강해 보였다. 이때 페이스메이커를 부착할 것인가, 다른 방법으로 치료할 것인가는 전략, 부착한다면 어디에 어떻게 할 것인가는 전술, 실제로 수술해서 부착하고 스위치를 켜는 것은 전투라고 할 수 있다. 이 3가지는 모두 잘되어야 함은 물론이다. 전투에서 실패하면 전략도 실패한다. 우리가 말하는 이 3가지는 군사 용어와 다를 수 있다. 다른 예로 휴가 때 여행을 한산도에 가는가, 소금 박물관과 토판염으로 유명한 신안 증도에 가는가는 전략이다. 갈 때 기차, 고속버스, 배, 자가용 등으로 어떻게 가야 하는가는 전술이다. 자가용으로 간다면 시속 몇 킬로미터로 가는가 등은 전투이다. 운전 중 사망사고라도 난다면 전략, 전술은 모두 헛것이 된다. 전략, 전술, 전투는 삼합이 맞아야 성공한다. 실전 전략에서는 이 세 가지를 항상 같이 생각해야 한다. 남과 이야기를 할 때 하고 있는 일이 전략, 전술, 전투 중 어느 차원의 것인가를 판단할 필요가 있다. 이야기 도중 다투기를 좋아하는 사람은 문제가 주로 전투 차원인 경우가 많다. 전투만 아는 사람은 자신이 정답을 안다고 생각하기 쉽다.

## 제6계명 : 나를 둘러싼 모든 것들의 전략을 이해하라

한 기업인이 1997년 외환위기 직후 상담을 요청한 적이 있다. 그가 식사 도중 이런 이야기를 했다. 외환위기 직전 경영하던 화학회사를 청산해서 위기를 피한 것이 행운이라고 하면서 기분이 대단히 좋다고 했다. 그는 국가의 고금리와 낮은 환률, 그리고 고임금 전략 때문에 더 이상 자신의 화학회사를 운영하기 어렵고 국가 경제도 위기를 맞이할 것 같아서 청산했다. 사업을 하던 그의 친구들은 모두 안타깝게 생각했고, 더러는 그 작은 회사 하나 경영하지 못하냐며 핀잔을 주기도 했다. 그런데 그런 친구들은 외환위기가 발생하자 거의 모두 부도가 났다. 흑자 부도를 낸 친구도 있었다. 대학에서 경제학을 전공한 득을 보았다고도 했다. 그가 경제위기의 화를 피할 수 있었던 것은 자신, 기업 및 국가의 전략을 잘 판단했기 때문이다.

다른 예로, 포항제철을 건설할 무렵 포항에 있는 협력업체에서 일하던 한 분은 이런 말을 했다. 국가가 포스코를 확실히 발전시킬 것이므로 자신의 회사도 많이 발전하고, 자신의 월급도 오르고 포항의 땅값도 많이 오를 것으로 판단했다. 그래서 고향 농지를 판 돈과 월급을 모은 돈으로 집을 사고 땅도 샀다. 아니나 다를까 땅값이 많이 올랐다. 그는 부자가 되고, 그를 잘 아는 친지들도 따라서 돈을 벌었다. 개인, 기업 및 국가의 전략을 잘 판단했기 때문이다.


## 제7계명 : 왼손에는 《손자병법》을 오른손에는 《전쟁론》을 쥐어라

병법을 병 치료의 관점에서 보면, 건강을 유지하여 병이 나지 않게 하라는 한의학은 싸우지 않고 이기라는《손자병법》, 반면 대장에 용종이나 위암이 발견되면 즉시, 그 중심을 찾아 최대한 빨리 제거하라는 양의학은《전쟁론》에 비유된다. 한의학은 암수술, 양의학은 침술 치료를 잘 못한다는 단점도 있지만 강점도 있다. 현재 미국의 많은 의과 대학은 한의학 연구를 본격 시작했다. 양자를 융합하여 앞설 수 있는 치료법을 개발한다는 것이다. 청나라 건륭황제의 어의인 서대춘徐大椿은《손자병법》13편에 병 치료법이 다 포함되어 있다고 했다. 약 다루는 것은 병사를 다루는 것이나 마찬가지라고도 했다. 토머스 클리어리Thomas Cleary는《전쟁의 예술》에서 병 치료의 병법을 다음과 같이 설명한다. 벌모伐謀는 몸을 건강하게 유지하여 병이 나지 않게 하는 것, 벌교伐交는 병의 전염을 막는 것, 벌병伐兵은 병이 들었을 때 약을 먹는 것, 공성攻城은 병에 걸렸을 때 수술하는 것에 비유한다. 러우위리에 북경대 교수는 저서《중국의 품격》에서 중의에서는 병은 그 원인이 이미 병이 드러나기 전에 존재한다고 말한다. 드러난 병을 치료하는 것은 병과 싸워서 이기는 것이고, 병의 원인이 발생하지 않도록 하는 것이 병과 싸우지 않고 이기는 것이다. 그러므로 병이 났을 때 병을 다스리는 것은 하책이고, 사람을 다스려 육욕六欲 칠정七情을 잘 관리하고 절제된 음식과 생활로 병이 나지 않도록 하는 것이 상책이다. 중의의 핵심은 병이 아니라 사람을 다스리는 것이다.《논어》도 "지혜로운 자는 즐겁게 살 줄 알고, 어진 자는 장수하는 법을 안다."智者樂, 仁者壽고 한다. 중국에는 '큰 덕이 있는 자는 장수하게 된다'는 말이 있다.

《황제내경皇帝內徑》은 인술의 최고 경지는 몸에 질병이라는 적의 침입을 미연에 방지하는 것이라고 한다. 이는 질병과의 싸움에서 전승하는 것이다.《황제내경》은 기름기 있는 짙은 음식을 많이 섭취하면 큰 혹이 생긴다고 한다. 우리 몸에는 다수의 만성 잠복 바이러스가 있다. 몸이 건강하고 면역력이 강하면 병을 일으키지 못하고 수십 년간이라도 잠복해 있다. 그러나 몸이 약해서 면역력이 떨어지면 독감, 대상포진, 수두, 간염, 폐렴 등 각종 질병을 일으킨다. 우리 몸은 항상 침입한 박테리아나 바이러스와 싸우고 있다. 이기지 못하면 약을 써야 하고, 약으로도 이길 수 없으면 죽게 된다. 몸을 건강하게 유지하는 것이 박테리아, 바이러스와 싸우지 않고 이기는 길이다.

대장암을 발견하면《전쟁론》이 강조하듯 가급적 초장에 그 중심을 찾아 파괴하는 것이 가장 이상적이다. 암과 같은 질병을 수술해서 싸우지 않게 사전에 철저한 준비를 하라는《손자병법》과《전쟁론》 전략의 강점을 융합한 융합전략이야말로 최선의 치료법이다.


## 제8계명 : 실전 전략 4단계 패전시문을 익혀라

실전 전략 4단계에는 두 가지 특성이 있다. 하나는 실전 전략은 4단계에 따라서 실행해야 된다는 것이다. 다른 하나는 개인과 조직의 전략 능력을 4단계에 걸쳐 4차례나 높일 수 있다는 것이다. 가령 당신이 외국인을 많이 초대해서 식사를 대접해야 하는 단체의 식사 담당자라고 가정해보자. 손님 중에는 음식을 손으로 먹는 인도인, 젓가락으로 먹는 중국인, 포크와 스푼을 사용하는 미국인들이 모두 있다고 하자. 그럼 어떻게 해야 하는가? 실전 전략 4단계를 따라서 하면 쉽게 대응할 수 있다. 우선 지난 모임과 달리 이번 방문자의 면면이 어떻게 변했는지 알아야 한다. 이는 실전 전략 4단계 중 제1단계인 패러다임 변화의 파악이다. 이를 파악하면 인종별, 연령별, 그리고 손님 수에 맞는 밥상을 차리기 위한 전략을 세워야 한다. 이는 제2단계인 대응 전략에 해당된다. 그다음은 식재료 조달, 취사, 서빙 등 일사분란하게 식사를 준비해서 제공할 수 있게 조직해야 한다. 이는 제3단계인 시스템 문제이다. 마지막으로 손가락, 젓가락, 숟가락, 포크와 나이프 어느 것을 사용하건 편안하게 식사할 수 있게 하는 것인데, 이는 제4단계인 문화와 관련된 것이다. 이와 같이 우리는 실전 전략 4단계를 통해서 식사 제공 같은 일상문제 해결을 위한 연습을 잘하는 것이 필요하다.

## 제9계명 : 전략을 융합하여 초전략을 수립하라

애플의 스티브 잡스는 컴퓨터, 음악, 영화, 전화기 산업 등의 융합으로 스마트폰을 만들어 전화기 산업을 바꾸고 세상도 바꾸었다. 그렇게 하는 데는 부품 산업과의 협조 전략, 경쟁 업체와의 경쟁 전략, 특히 업체와의 전쟁 전략 등 전략의 융합도 잘했기에 가능했다. 산업의 경우 초전략은 산업을 바꾸고 세상을 바꾼다. 그러나 개인의 경우에는 사람을 확 바꾸는 것도 초전략이라고 할 수 있다. 하버드 대학교의 종신 교수가 된 어느 한국인 어머니는 그 아이가 6살 때 미국으로 이민 갔다. 도착하자마자 제일 먼저 한 것은 보스턴에 데리고 가서 하버드 대학교를 보여준 것이다. 그 아이는 20년 뒤 종신 보장 교수가 되어 하버드로 돌아왔다. 아이를 확 바꾼 이런 것도 일종의 초전략이다.

## 제10계명 : 방어 능력보다 철저한 보복 능력을 구축하라

적과 대치하고 있을 때 적이 공격하지 못하게 하려면 방어 능력보다 철저한 보복 능력이 있음을 적에게 알리는 것이 더 중요하다. 범죄자에게 국가의 범죄 예방 능력을 보여주는 것도 중요하지만, 범죄에 대한 확실한 보복(처벌) 능력이 있음을 보이는 것이 더 중요하다. 국가가 보복 능력이 없다는 것을 알게 되면 사람들이 범죄를 저지를 유혹을 받게 된다. 즉, 과학 기술자가 신기술을 개발할 때 국가가 그 공로를 특허로 확실히 보호해주는 것은 신기술 개발을 촉진하게 만든다. 학생들은 선생님이 시험 채점을 공정하게 하여 성적에 대한 정확한 평가를 받을 수 있다는 사실을 확실히 알 필요가 있다. 성적이 나쁜 학생이 좋은 점수를 받고, 성적이 좋은 학생이 나쁜 점수를 받는다면 학생들은 열심히 공부할 마음이 생기지 않을 것이다.

참고문헌

국문

가토 히사시,《축구교본(필승)》, 서림문화사, 1998.

강상구,《마흔에 읽는 손자병법》, 흐름출판. 2011.

강판권,《조선을 구한 신목, 소나무》, 문학동네, 2013.

국립민속박물관,《한국무예사료 총서》, 제1~13권, 2005.

국방부전사편찬위원회,《무경칠서》, 1987.

궁위전孔玉振,《손자, 이기는 경영을 말하다》, 와이즈베리, 2011.

규장각,《충무공이순신전서》, 규장각 유고전집, 1795.

김광수,《손자병법》, 책세상, 1999.

김두겸 외 지음,《뿌리 깊은 기업》, 화산문화, 2011.

김인규, 〈한류를 통해 G7 선진국으로〉 전경련 국제경영연구원 조찬회 발표. 2013.1

김종대,《이순신 : 신은 이미 준비를 마치었나이다》, 시루, 2012.

김종래,《CEO 칭기즈칸 : 유목민에게 배우는 21세기 경영전략》, 삼성경제연구소, 2002.

김종훈,《우리는 천국으로 출근한다》, 21세기북스, 2010.

김학준,《한국 전쟁 : 원인, 과정, 휴전, 영향》, 제4판, 박영사, 2010.

김형국,《활을 쏘다 : 고요함의 동학, 국궁》, 효형출판, 2006.

나카소네 야스히로,《21세기 일본의 국가진략》, 시공사, 2001.

노나카 이쿠지로 외 지음,《일본제국은 왜 실패하였는가 : 태평양전쟁에서 배우는 조직경영》, 주영
  사, 2009.

노나카 이쿠지로 외 지음,《전략의 본질》, 비즈니스맵, 2006.

노승석,《이순신의 승리전략》, 여해고전연구소, 2013.

노왁, 마틴 ; 하이필드, 로저,《초협력자 : 세상을 지배하는 다섯 가지 협력의 법칙》, 사이언스북스,
    2012.

노태돈,《삼국통일전쟁사》, 서울대학교출판부, 2009.

다베니, 리처드,《하이퍼컴피티션》, 21세기북스, 2009.

다이아몬드, 스튜어트,《어떻게 원하는 것을 얻는가Getting More》, 출판8.0, 2011.

도설천하국학서원계열 편집위원회(중국),《36계》, 시그마북스, 2010.

도요카와 젠요豊川善曄,《경성천도》, 다빈치북스, 2012.

라이커, 제프리,《도요타 방식, Toyota Way》, 가산출판사, 2004.

러우위리에樓宇烈,《중국의 품격》, 에버리치홀딩스, 2011.

루트번스타인, 로버트 ; 루트번스타인, 미셸,《생각의 탄생》, 에코의서재, 2007.

류징화 외,《제국은 어떻게 망가지는가》, 아이필드, 2012.

리델 하트, 바실,《전략론》, 책세상, 1999.

리링李零,《유일한 규칙-손자의 투쟁철학唯一的規則-孫子的鬪爭哲學》, 글항아리, 2010.

리링李零,《전쟁은 속임수다兵以詐立-我讀孫子》글항아리, 2007.

리샹,《중국제국 쇠망사》, 웅진지식하우스, 2009.

리스, 앨 ; 트라우트, 잭,《마케팅 전쟁Marketing Warfare》, 비즈니스북스, 2006.

마오쩌둥,《마오쩌둥 사상과 중국혁명》, 평민사, 2008.

마오쩌둥,《모택동 자서전》, 다락원, 2002.

마오쩌둥,《중국 혁명전쟁의 전략문제》, 1936.

마쥔馬駿,《손자병법 교양강의馬駿說孫子兵法》, 돌베게, 2009.

마치馬馳,《리자청의 상략36계》, 다락원, 2004.

매일경제산업부,《경영의 신에게 배우는 1등 기업의 비밀》, 매일경제신문사, 2010.

맨큐, 그레고리,《맨큐의 경제학》, 7판 센게이지러닝코리아(주), 2015.

모리야 야쓰시,《불패전략 최강의 손자》, 국일증권경제연구소, 2002.

박재희,《손자병법으로 돌파한다》1권, 2권, 문예당, 2003.

박찬희 ; 한순구 공저,《인생을 바꾸는 게임의 법칙》, 경문사, 2005.

백선엽,《군과 나》, 시대정신, 2009.

베리, 스티븐,《세렝게티 전략》, 서돌, 2009.

보걸, 에즈라,《덩샤오핑 평전》, 민음사, 2014.

보스턴컨설팅그룹 서울사무소,《전쟁과 경영 : 클라우제비츠에게 배우는 전략의 지혜》, 21세기북스, 2001.

사카이야 다이치,《일본을 이끌어온 12인물》, 자유포럼, 1997.

셰르방-슈레베르, 다비드《항암-우리 몸의 자연 방어체계를 이용한 암 예방과 치유》, 문학세계, 2008.

셸링, 토머스《갈등의 전략》, 나남출판, 1992.

송병락, '直보다 빠른 迂…때론 간접공격이 효과적', 조선일보, 2012.7.14.

송병락,《마음의 경제학》, 박영사, 1990.

송병락,《세계로, 초일류 선진국으로》, 중앙M&B, 1994.

송병락,《싸우고 지는 사람 싸우지 않고 이기는 사람》, 2판, 2010.

송병락 ; 이원복 공저,《자본주의 공산주의》, 동아출판사, 1990.

송복,《서애 류성룡, 위대한 만남》, 지식마당, 2007.

송재용,《송재용의 스마트 경영》, 21세기북스, 2011.

송재용 ; 이경묵 공저,《Samsung Way : 로벌 일류기업 삼성을 만든 이건희 경영학》, 21세기북스, 2013.

슈나이더, 볼프《위대한 패배자》, 을유문화사, 2005.

스노우, 에드가,《마오쩌둥 자전》, 평민사, 1985.

시바 료타로,《대망 34 – 언덕 위 구름》, 동서문화사, 2005.

시바 료타로,《미야모토 무사시》, 창해, 2005.

신세돈,《세종대왕의 바른 정치 외천본민》, 국가미래연구원, 2012.

쑨톄,《중국사 산책》, 일빛, 2011.

야마지 아이잔山路愛山,《도요토미 히데요시》, 21세기북스, 2012.

오여숭吳如嵩,《손자병법 15강》, 북경 중화서국, 2010.

오원철,《박정희는 어떻게 경제 강국 만들었나》, 동서문화사, 2006.

온창일,《한민족전쟁사》, 집문당, 2013.

왕 쉬엔밍王宣銘,《삼십육계》, 북하우스, 1997.

우든, 존 ; 제이미슨, 스티브 공저,《88연승의 비밀》, 클라우드나인, 2014.

웨더포드, 잭,《칭기스칸 – 잠든 유럽을 깨우다》, 사계절, 2005.

위단,《위단의 논어심득》, 에버리치홀딩스, 2007

윌슨, 에드워드,《지식의 대통합-통섭》, 사이언스북스, 2005.

육군본부 군사연구소,《한국군사사》 개설 및 제1~14권, 경인문화사, 2012.

윤종용,《초일류로 가는 생각》, 삼성전자, 2004.

이근,《기업 간 추격의 경제학》, 21세기북스, 2008.

이나모리 가즈오,《왜 일하는가?》, 서돌, 2010.

이민웅,《이순신 평전》, 책문, 2012.

이병철,《호암자전》, 중앙M&B, 1986.

이시카와 요시미《손정의 21세기 경영 전략》, 소담출판사, 1999.

이종호,《한국의 유산 21가지》, 새로운 사람들, 1999.

이태진,《새한국사−선사시대에서 조선후기까지》, 까치, 2012.

임원빈,《이순신 병법을 논하다》, 신서원, 2005.

임원빈,《이순신 승리의 리더십》, 한국경제신문사, 2008.

장한식,《이순신 수국水國 프로젝트 : 경제를 일으켜 조선을 구하다》, 행복한나무, 2009.

정수현, 바둑에서 배우는 경영의 지혜, 한국능률협회 제471회 최고경영자 조찬회, 2012. 10.

정수현,《바둑 읽는 CEO》, 21세기북스, 2009.

정토웅,《세계전쟁사 다이제스트 100》, 가람기획, 2010.

제장명,《이순신 파워인맥 33》, 행복한미래, 2012.

조병호,《성경과 고대전쟁》, 통독원, 2011.

조용기,《창세기 강해》, 서울말씀사, 1994.

조일해,《손자병법 : 경쟁에서 승리하는 길》, 자유문고, 1999.

주춘재,《황제내경》, 정창현 외 옮김, 청홍, 2007.

최재천,《개미제국의 발견》, 사이언스북스, 1999.

카너먼, 대니얼《생각에 관한 생각》, 김영사, 2012.

카와이 아츠시河合 敦,《하룻밤에 읽는 일본사》, 랜덤하우스, 2000.

코비, 스티븐,《성공한 사람들의 7가지 습관》, 김영사, 1994.

클라우제비츠 지음, 김만수 옮김,《전쟁론》, 제1~3권, 갈무리, 2005.

클라우제비츠 지음, 류재승 옮김,《전쟁론》, 책세상, 1998.

키스터 주니어, 에드윈,《그들이 세상을 바꾸기 전》, 황소자리, 2012.

키신저, 헨리,《중국 이야기On China》, 민음사, 2011.

텔루슈킨, 조셉,《죽기 전에 한번은 유대인을 만나라》, 북스넛, 2012.

톤, 존 ; 세갈, 마이클 공저,《세계의 명품커피》, 세경, 2008.

판슈즈樊樹志,《100가지 주제로 본 중국의 역사》, 고려대학교출판부, 2007.

포셋, 빌,《역사를 바꾼 100가지 실수》, 매일경제신문사, 2013.

프리드먼, 로렌스,《전략의 역사 1~2》, 비즈니스북스, 2014.

하세가와 게이타로,《초격차 확대의 시대》, 우곡출판사, 2008.

하야가와 이쿠오,《이상한 생물 이야기》, 황금 부엉이, 2005.

하트, 마이클,《세계사를 바꾼 사람들(100인)》, 에디터, 1998.

한동韓冬,《신新 36계》, 프라임, 2006.

함규진,《108가지 결정–한국인의 운명을 바꾼 역사적 선택》, 점자, 2009.

홍하상,《일본의 상도》, 창해, 2010.

홍학지洪學智,《중국인이 본 한국전쟁》, 한국학술정보(주), 2008.

황병태,《박정희 패러다임》, 조선 뉴스프레스, 2011.

후지와라 마시히코,《국가의 품격》, 광문각, 2006.

후지와라 아키라《일본군사사》, 제이앤씨, 2013.

**중문**

郭化若,《孫子兵法译注》, 上海古籍出版社, 2006.

蘇桂亮,《日本孫子書知見錄》, 中國齊魯書社, 2009.

李零,《孫子譯注》, 北京中華書局, 2007.

中国统计局出版,《中国统计年鉴》, 2015.

千藝,《活用三十六计》, 上海大学出版社, 2003.

洪兵,《孫子兵法與 經理人統帥之道》, 中國社會科學出版社, 2005.

黃朴民,《解讀 孫子兵法》, 岳麓書社, 2011.

**일문**

久保田 章市,《百年企業 生き残るヒント》, 久保田草市, 2010.

守屋 洋,《兵法三十六計》, 三笠書房, 2004.

宮本武藏,《對譯五輪書 : The Books of Five Rings》, 講談社, 2001.

安藤彦太郎の共著,《日朝中三国人民連帯の歴史理論》, 日本朝鮮研究所, 1964.

仏教伝道協会,《仏教聖典》第1272版, 2009.

일본 성미당출판사,《도해 세계사 100인》, 2012.

일본 상세일본사도록편찬위원회,《상세일본도록》, 제4판, 2010.

일본 야마카와출판사,《상세일본사 도록》, 4판, 2010.

黒田慶一との共著,《秀吉の野望と誤算―文禄・慶長の役と関ケ原合戦》, 文英堂, 2000.

プレジデント社 編集部,《孫正義の考える力》, 2011.

**영문**

Abdelnour, Ziad K., "Economic Warfare", Wiley, 2012.

Acemoglu, Daron; James A. Robinson, "Why Nations Fail: The Origins of Power, Prosperity, and Poverty", Crown Business, 2013.

Alexander, Bevin, "How Great Generals Win", Norton, 1993.

Allison, Graham, and R. D. Blackwill, "Lee Kuan Yew", The MIT Press, 2013.

Altman, Daniel, "Connected: 24 Hours in the Global Economy", FSG, 2007.

Ames, Roger T., "Sun Tzu: The Art of Warfare", Ballantine Books, 1993.

Ballard, George A., "The Influence of the Sea on the Political History of Japan", Hard Press, 1921.

Barney, Jay B., and William Hesterly, "Strategic Management and Competitive Advantage", 5th ed., Prentice Hall, 2014.

Baylis, John, "Strategy in The Contemporary World", 3rd ed., Oxford University Press, 2010.

Beyer, Rick, "The Greatest War Stories Never Told: 100 Tales from Military History to Astonish, Bewilder, and Stupefy", Harper, 2005.

Blech, Benjamin, "Understanding Judaism", 2nd ed., ALOHA, 2003.

BN Publishing abridged, "On War" translated by J. J. Graham, 2007.

Bradberry, Travis and Jean, Greaves, "Leadership 2.0", TalentSmart, 2012.

Breiding, R. James, "Swiss Made", Profile Books, 2013.

Brodie, Bernard, 'A Guide to the Reading of On War' in Howard & Paret tr., "Carl von Clausewitz on War", Princeton University Press, 1976.

Brodie, Bernard, 'The Continuing Relevance of On War', in Howard & Paret tr., "Carl von Clausewitz on War", Princeton University Press, 1976.

Brzezinski, Zbigniew, "Strategic Vision: America and the Crisis of Global Power", Basic Books, 2012.

Chomsky, Noam & R. Trivers, 'On Deceit', "Seed", April 6, 2006.

Christakis, Nicholas A. and James H. Fowler, "Connected", Little, Brown & Co., 2009.

Cleary, Thomas, "Sun Tzu: The Art of War", Shambhala Classics, 1991.

Clegg, Stewart et el., "Strategy: Theory & Practice", Sage, 2011.

Collins, Jim, "Good to Great", HarperBusiness, 2001.

Collins, Jim, "How The Mighty Fall", HarperCollins, 2009.

Collins, Jim, and Jerry I. Porras, "Built to Last", HarperBusiness, 2004.

Collins, Jim, and Morten T. Hansen, "Great by Choice", New York; Harper Business, 2011.

Cunningham, James, and Brian Harney, "Strategy & Strategists", Oxford University Press, 2012.

D'Aveni, Richard, "Hypercompetition", Free Press, 1994.

D'Aveni, Richard, "Hypercompetitive Rivalries", Free Press, 1995.

D'Aveni, Richard, "Strategic Capitalism", McGraw Hill, 2012.

DK, "The Encyclopedia of War: From Ancient Egypt to Iraq", Dorling Kindersley, 2012.

Drucker, Peter, "Management", Revised, Collins, 2008.

Drucker, Peter, "The Daily Drucker", HarperBusiness, 2004.

Drucker, Peter, "The Essential Drucker", HarperBusiness, 2001.

Drucker, Peter, "The Five Most Important Questions", Jossey-Bass, 2008.

Duggan, William, "Strategic Intuition: The Creative Spark in Human Achievement", Columbia Business School, 2007.

Durant, Will and Ariel, "The Lessons of History", Simon & Schuster, 1968.

Edersheim, Elizabeth, "The Definitive Drucker", McGraw-Hill, 2007.

Elliot, Jay, "The Steve Jobs Way", Vanguard Press, 2012.

Falcon, Ted, and David Blatner, "Judaism for Dummies", Hungry Minds, 2001.

Ferraro, Gary P., "The Cultural Dimension of International Business", 6th ed., Pearson, 2010.

Fisher, Roger, and William Ury, "Getting to Yes", Penguin, 1981.

Florida, Richard, "The Rise of the Creative Class", Basic Books, 2003.

Freedman, Lawrence, 'Does Strategic Studies Have a Future', in John Baylis, et al ed., "Strategy in The Contemporary World", 3rd ed., Oxford U Press, 2010.

Freedman, Lawrence, "Strategy: A History", Oxford University Press, 2013.

Gatzke, Hans W., "Carl von Clausewitz Principles of War", Dover Publications, 2003.

Gharajedaghi, Jamshid. "Systems Thinking: Managing Chaos and Complexity", 3rd ed., MK, 2011.

Graham, J. J. tr., "On War", London: Trubner, 1873.

Grant, R. G., "Battle", IRIS Press, 2005.

Grant, Robert M., "Contemporary Strategy Analysis", 8th ed., Wiley, 2013.

Gray, Colin S., "Modern Strategy", Oxford University Press, 1999.

Griffith, Joe, "Speaker's Library of Business: Stories, Anecdotes and Humor", Prentice Hall, 1990.

Griffith, Samuel B. tr., "Sun Tzu, The Art of War", New York: Oxford University Press, 1971.

Haichen, Sun. "The Wiles of War: 36 Military Strategies from Ancient China", Beijing: Foreign Languages Press, 1991.

Handel, Michael, "Masters of War: Classical Strategic Thought", 3rd ed., Routledge, 2001.

Handel, Michael, "Masters of War: Sun Tzu, Clausewitz and Jomini", Frank Cass, 1992.

Handel, Michael, "Sun Tzu & Clausewitz", Strategic Studies Institute of the US Army War College, 1991.

Hart, Michael H., "The 100: A Ranking of the Most Influential Persons in History", rev. ed., Citadel Press, 1992.

Hartley, Robert F., "Management Mistakes and Successes", 10th ed., Wiley, 2011.

Harvard Business Review, 'Lessons from Top-Tier Companies', "HBR", 2013.

Hayes, Robert H., "Operations, Strategy, and Technology: Pursuing the Competitive Edge", Wiley, 2004.

Heuser, Beatrice, "The Evolution of Strategy: Thinking War from Antiquity to the Present', Cambridge U Press, 2010.

Holt, Rinehart and Winston, "Holt World History: the Human Journey", HRW, 2003.

Howard, Michael, and Peter Paret ed. & tr., "On War", Princeton University Press, 1976.

Huff, Anne S. et al., "Strategic Management: Logic and Action", Wiley, 2009.

Kennedy, Paul ed., "Grand Strategies in War and Peace", Yale University Press, 1991.

Keough, Donald R., "The Ten Commandments for Business Failure", New York: Portfolio/Penguin, 2011.

Kim, W. Chan & Renee Mauborgne, "Blue Ocean Strategy", Harvard business School Press, 2005.

Kissinger, Henry, "On China", Penguin, 2011.

Lewis, Flora, "Europe: Road to Unity", Touchstone Books, 1992.

Lowndes, Leil, "Talking the Winner's Way", CB, 1999.

Maddison, Angus, "Contours of the World Economy", Oxford University Press, 2007.

Magretta, Joan, "Understanding Michael Porter", Harvard Business Review Press, 2012.

Man, John, "Ghenghis Kahn: Life, Death & Resurrection", St. Martin's, 2007.

Manken, Thomas G. 'Strategic Theory', in John Baylis et al., "Strategy", 3rd ed., Oxford U Press, 2010.

Mason, Edward S. et al., "The Economic and Social Modernization of the Republic of Korea", Harvard University Press, 1980.

McNeilly, Mark R., "Sun Tzu and the Art of Business", 2nd ed., Oxford University Press, 2012.

Meadows, Donella H. "Limits to Growth", Signet, 1972.

Meadows, Donella H., "Thinking in Systems: A Primer", Chelsea Green, 2008.

Micklethwait, John and Wooldridge, Adrian "The Company", Modern Library, 2003.

Minford, John, "Sun Tzu: The Art of War", Penguin Books, 2006.

Morita, Akio, "Made in Japan: Akio Morita and Sony", E. P. Dutton, 1986.

Morris, Ian, "The Measure of Civilization", Princeton University Press, 2013.

Murray, Williamson et al. ed., "The Making of Strategy: Rules, States, and War", Cambridge U Press, 1994.

Naisbitt, John, "Megatrends", Warner Books, 1984.

National Geographic, "History Book: An Interactive Journey", National Geographic, 2010.

Neumann, John von and Oskar, Morgenstern, 《Theory of Games and Economic Behavior》, Princeton University Press, 2007.

Nye, Joseph, Jr., "Soft Power: the Means to Success in World Politics", Public Affairs, 2004.

Nye, Joseph, Jr., "The Future of Power", New York: Public Affairs, 2011.

Oxford U Press, "Concise Dictionary of Politics", 2003.

Paret, Peter et al., "Makers of Modern Strategy", Princeton University Press, 1986.

Parker, Geoffrey ed., "The Cambridge History of Warfare", Revised, Cambridge University Press, 2005.

Parry, Aaron (Rabbi), "The Complete Idiot's Guide to the Talmud", ALPHA, 2004.

Pearson Education, "Building A Nation", Scott Foresman, 2008.

Porter, Michael, "Competitive Advantage: Creating and Sustaining Superior Performance", Free Press, 1985.

Porter, Michael, "Competitive Strategy", Free Press, 1980.

Porter, Michael, "On Competition", Updated & Expanded ed., Harvard Business School Publishing, 2008.

Porter, Michael, "The Competitive Advantage of Nations", Free Press, 1990.

Reeves, Martin et al., 'Your Strategy needs a Strategy', "Harvard Business Review", September, 2012.

Root-Bernstein, Robert S., "Sparks of Genius", Mariner Books, 2001.

Rosenbaum, Steven, "Curation Nation: How to Win in a World Where Cosumers are Creators", McGraw-Hill, 2011.

Rothkopf, David, "Superclass", Farrar, Straus and Giroux, 2009.

Samuelson, Paul, "Economics", 19th ed., McGraw-Hill/Irwin, 2009.

Sawyer, Ralph D., tr. "Sun Tzu: Art of War", Basic Books, 1994.

Schelling, Thomas, "The Strategy of Conflict", Harvard University Press, 1980.

Schermerhorn, John, "Exploring Management", Wiley, 2011.

Schweizer, Peter. "Reagan's War", Anchor Books, 2003.

Sigmund, Neumann & M. Hagen, "Engels and Marx on Revolution, War, and the Army in society," in Peter Paret ed., "Makers of Modern Strategy", Priceton U Press, 1986.

Simon, Herbert A., "The Sciences of the Artificial", 3rd ed., The MIT Press, 1996.

Smith, Adam, "The Wealth of Nations", Modern Library, 1991.

Song, Byung-Nak, "The Rise of the Korean Economy", Oxford University Press, 3rd ed. 2003.

Swint, Kerwin, "Mudslingers: The 25 Dirtiest Political Campaigns of All Time", Praeger, 2005.

Thompson, Arthur, "Crafting & Executing Strategy", 17st ed., McGraw-Hill, 2009.

Thurow, Lester C. "Head-to-Head", Warner Books, 1993.

Time Magazine, "TIME 100 Ideas that Changed the World", Time, 2011.

Toffler, Alvin. "40 for the Next 40", forthcoming.

Tokitsu, Kenji, "Miyamoto Musashi: His Life and Writings", Shambhala, 2004.

Trompenaars, Fons, "Riding the Waves of Cultures: Understanding Diversity in Global Business", 3rd ed., McGraw-Hill, 2012.

US CIA, "The CIA World Factbook 2015", New York: Skyhorse, 2015.

US National Intelligence Council, "Global Trends, 2025, 2030", Cosino, 2008.

Verstappen, Stefan H., "The Thirty-Six Strategies of Ancient China", China Books & Periodicals, 1999.

Wang, Xuanming, "Thirty-Six Stratagems", Singapore: Asiapac Books, 1992.

Warren, Rick. "The Purpose Driven Life", Expanded ed., Zondervan, 2012

Weatherford, Jack, "Genghis Khan and the Making of the Modern World",

Broadway Books , 2005.

Wilmot, Louise, "On War" tr., abr., Wordsworth Classics, 1997.

Wing, R. L., "The Art of Strategy", New York: Broadway Books, 2000.

# 전략의 신

2015년 5월 29일 초판 1쇄 | 2024년 9월 2일 18쇄 발행

**지은이** 송병락
**펴낸이** 이원주, 최세현 **경영고문** 박시형

**기획개발실** 강소라, 김유경, 강동욱, 박인애, 류지혜, 이채은, 조아라, 최연서, 고정용, 박현조
**마케팅실** 양근모, 권금숙, 양봉호, 이도경 **온라인홍보팀** 신하은, 현나래, 최혜빈
**디자인실** 진미나, 윤민지, 정은예 **디지털콘텐츠팀** 최은정 **해외기획팀** 우정민, 배혜림
**경영지원실** 홍성택, 강신우, 김현우, 이윤재 **제작팀** 이진영
**펴낸곳** (주)쌤앤파커스 **출판신고** 2006년 9월 25일 제406-2006-000210호
**주소** 서울시 마포구 월드컵북로 396 누리꿈스퀘어 비즈니스타워 18층
**전화** 02-6712-9800 **팩스** 02-6712-9810 **이메일** info@smpk.kr

© 송병락 (저작권자와 맺은 특약에 따라 검인을 생략합니다)
ISBN 978-89-6570-250-4 (03320)

쌤앤파커스(Sam&Parkers)는 독자 여러분의 책에 관한 아이디어와 원고 투고를 설레는 마음으로 기다리고 있
습니다. 책으로 엮기를 원하는 아이디어가 있으신 분은 이메일 book@smpk.kr로 간단한 개요와 취지, 연락처
등을 보내주세요. 머뭇거리지 말고 문을 두드리세요. 길이 열립니다.